本书是刘婷主持的北京市社会科学基金项目
"京津冀高科技中小企业信用评级体系构建及应用效果研究"
（编号：18GLB027）的研究成果

The Construction and Application of
CREDIT RATING
System for High-tech SMEs in Beijing-Tianjin-Hebei

京津冀高科技中小企业信用评级体系构建及应用效果研究

刘 婷 ◎ 著

中国财经出版传媒集团

经济科学出版社
Economic Science Press

前　言

　　当前，中国正进入依靠科技创新推动经济转型升级的关键时期。党的十八大提出实施创新驱动发展战略；党的十九大报告强调，建立以企业为主体、市场为导向、产学研深度融合的技术创新体系，加强对中小企业创新的支持。根据京津冀协同发展这一重大国家战略，"十四五"规划要求北京作为全国科技创新中心，强化全国科技创新中心地位，发挥产业引领辐射示范作用。高科技中小企业作为市场上最活跃、最具创新意识的主体，成为打造京津冀创新共同体的重要力量。然而，2014年起，我国经济从高速增长转为中高速增长，经济进入新常态。2016年，我国政府提出"去杠杆"；2018年至今，中美贸易摩擦愈演愈烈，股市下跌，债券违约频发；2020年至今，新冠肺炎疫情在全球蔓延，使得高科技中小企业的生存与发展愈加艰难。直接融资困难，成为束缚我国高科技中小企业的首要障碍。根源之一在于未能对高科技中小企业予以合理的信用评级。目前主要信用评级机构并未专门设计面向中小企业，尤其是高科技中小企业使用的信用评级体系。现行信用评级体系主要是针对一般大型企业设计的，无法适用于高科技中小企业，无法体现高科技中小企业高知识投入、高资本投入、高收益性和高风险性等特点，导致高科技中小企业信用评级过低，影响其贷款能力。尽管现有文献研究了多种数学方法在信用评级中的应用，但其往往过于复杂，并未考量其实际操作性；在指标选取方面，也未曾看到专门面向高科技中小企业设计的信用评价体系。

　　在此背景下，作者撰写了本书《京津冀高科技中小企业信用评级体系构建及应用效果研究》，聚焦京津冀地区高科技中小企业融资难问题，从构建具有针对性的信用评级体系视角，寻求解决之策。本书的贡献与创新在于：

第一，本书提出了信用评级的作用机理。运用信息不对称理论、资本结构理论等理论分析工具，对信息评级存在的必要性和信息评级对促进投融资交易的达成、优化企业资本结构调整、提高资本市场有效性方面的作用机理进行研究，能够深化信息不对称理论、资本结构理论、有效资本市场假说在信用评级方面的解释。此外，将高层梯队理论、产品/技术创新理论、国家干预理论与福利经济学理论运用于信用评级的影响因素研究，突破了传统信用评级相关研究仅限于讨论企业偿债能力、盈利能力、可抵押物等因素对企业信用的影响范畴，拓展了信用评级与风险评估相关理论。

第二，本书创建了面向高科技中小企业使用的信用评级体系。目前国内外主要信用评级机构并未专门设计面向中小企业，尤其是高科技中小企业使用的信用评级体系。本书在充分借鉴现有金融机构采用的通用信用评级体系的基础之上，针对高科技中小企业重视研发投入、可抵押品少等特点，根据高层梯队理论、产品/技术创新理论、国家干预理论与福利经济学理论等，设计了适用于高科技中小企业的信用评级指标体系，纳入了创新能力评级要素。该信用评级体系还考虑京津冀地区市场化程度较高、法治环境较好的特点，纳入了诸如实际控制人信用、经营异常等定性指标，以及行政处罚、不良信用记录等向下调整因素，以及绿色因素、股东与政府支持等调整因素。

第三，本书提出了主客观综合赋权方法。现行主要信用评级体系主要采用专家打分法这种主观赋权方法，虽然具有一定的专业性、逻辑性与前瞻性，但是，由于专家打分法主观性较强，赋权结果可能会受到样本分布的影响、被调查者经验、知识结构、回答问卷认真程度，甚至性格特征等多重影响。本书创新性地采用了主客观赋权相结合的方式，获得了综合权重，以期最大程度上克服主客观赋权各自的缺陷。一方面，本书采用大样本主成分法这种客观赋权法，反映指标统计特征决定的客观权重，能够克服主观赋权法的缺陷；另一方面，采用专家打分层次分析法，克服了客观赋权法难以获取大样本定性指标的数值、赋权范围受限的缺陷。

　　本书成果应用于京津冀地区高科技中小企业信用评级，将有助于高科技中小企业缓解融资约束、实现发展壮大，从而有助于京津冀一体化战略的实施。预计该成果还将在全国范围内进行推广，为帮助全国中小企业纾困，实现国家创新驱动发展战略提供助力。

　　本书的写作过程中，作者所指导的研究生张琼、杜珊珊、刘悦参与了实证研究设计的讨论，王超毅提供了国内部分信用评级机构的资料，方琰、郭伟梁、阴晓芬、李岱徽、张博参与了文献的整理、资料与数据的搜集与数据分析，阴晓芬、李岱徽、王雅然、雷仪、郭钰、张梓城参与了本书案例的数据整理工作。此外，本书的修改与完善获益于外审专家以及北京工商大学张伟华副院长、张宏亮教授和张继德教授的指导。在此深表谢意！最后，感谢北京市社会科学基金与北京工商大学的资助，感谢毛新述院长的支持，感谢经济科学出版社为本书的出版付出的努力！

　　受作者水平的限制，书中疏漏在所难免，欢迎广大读者批评指正！

刘　婷

2022 年 7 月

目　录

第 一 章

引 言

第一节 研究背景

　　中小企业是中国经济的隐形冠军。工信部的公开信息显示，截至 2018 年底，中国已经有超出 3 000 万家的中小企业，超过 7 000 万户的个体工商户，贡献了全国超过一半的税收，贡献的 GDP 达 60% 以上，形成的技术创新成果达 70% 以上，还有提供劳动力岗位 80% 以上。另据商务部的信息，2019 年，民营企业以中小企业为主，进出口占比升至 43.3%，首次成为第一大主体。其中，中国 68% 的出口是来自中小企业，而非大银行、大电信公司。

　　当前，中国正进入依靠科技创新推动经济转型升级的关键时期。党的十八大提出实施创新驱动发展战略；党的十九大报告强调，建立以企业为主体、市场为导向、产学研深度融合的技术创新体系，加强对中小企业创新的支持。促进科技型中小企业发展，是推动作为我国国民经济和社会发展的主要支柱之一的组织发展，也是保持国民经济平稳较快发展的重要基础，更是关系民生和社会稳定的重大战略任务。截至 2019 年，我国共有创业孵化载体数量 13 206 家，其中孵化器 5 206 家、众创空间 8 000 家，还有 169 家国家高新区，形成了创新服务的生态网络和生态环境。根据京津冀协同发展这一重大国家战略，京津冀正着力打造创新共同体。北京是我国的科技创新中心，拥有的高校超过 90 所、科研院所超过 300 家、国家高科技企业超过 1.2 万家、国家级科技创新基地超过 300 家，聚集了全国超 50% 的中国科学院、中国工程院院士。2017 年发布的《北京市"十三五"时期现代产业发展和重点功能区建设规划》要求，强化北京市的全国科技创新中心地位，发挥其在产业引领中的辐射示范作用。截至 2020 年 12 月，北京中关村企业累计在天津和河北设立了 8 816 家分支机构，包括 4 847 家子公司和 3 969 家分公司。北京输出到天津和河北省技术合同成交额累计超 1 400 亿元，科技成果转移"灯下黑"状况显著变好。京津冀区域发展差距缩小，一体化发展的最终目标实现。作为市场上最活跃、最具创新意识的主体的科技型中小企业，在其中正发挥着愈来愈重要的作用。

然而，自 2014 年起，我国经济从高速增长转为中高速增长，经济结构不断优化升级，从要素和投资驱动转为创新驱动，经济进入新常态，对中国企业，尤其是民营企业的生存和发展提出了挑战。2016 年起，我国提出"三去一降一补"，其中，"去杠杆"旨在控制企业财务风险。2018 年，以中小企业为主的民营企业总贷款余额为 32.8 万亿元，仅占中国全部企业总贷款余额的 40.7%，中小企业的融资约束问题更为严重。2018 年以来，中美贸易摩擦频繁，使得中小企业生存与发展雪上加霜。我国高科技中小企业的寿命平均数只有 3.5 年，能存活 5 年的企业不到 10%。现金储备率低，融资难、融资成本高成为中小企业发展的最大阻碍。

新冠肺炎疫情在全球蔓延，使得中小企业的生存愈加艰难。自 2020 年 3 月 12 日，世卫组织总干事谭德塞将新型冠状病毒肺炎列为"全球性大流行病"（pandemic）以来，新冠肺炎疫情在全球肆虐。截至 2022 年 1 月 25 日 14 时 39 分，全球确诊为新冠肺炎的病例累计为 355 537 849 例，死亡 5 617 626 例①。据日本共同社报道，七国集团（G7）首脑 2021 年 3 月 16 日在紧急电视电话会议后发表联合声明，指出新冠肺炎疫情的大流行是"全球范围内的健康危机，对世界经济造成了重大风险"。德国政府总理默克尔、新加坡总理李显龙、美国财政部长史蒂文·姆努钦、日本经济再生担当相西村康稔、欧洲央行行长拉加德、英国央行行长卡尼纷纷指出，新

---

① 统计数据引自 https：//voice.baidu.com/act/newpneumonia/newpneumonia/？from = osari_aladin_banner#tab4。

冠肺炎疫情对经济的影响堪比、甚至已经超过 2008 年的全球金融危机。新冠肺炎疫情暴发，导致企业正常经营活动无法展开，供应链断裂，收入下降，生产成本升高，利润严重下滑，严重威胁企业的生存与发展。清华大学与北京大学对 1 435 家受新冠肺炎疫情影响的中小企业进行联合调查发现，受疫情影响，35.96% 的企业只有能维持 1 个月的现金，31.92% 的企业有能维持 2 个月的现金，17.03% 的企业有能维持 3 个月的现金。即合计 67.88% 的企业可以持续生存 2 个月，84.91% 的企业最多可以坚持 3 个月。有 31.08% 的企业预计疫情会导致企业 2020 年的营业收入下降超过 50%，27.80% 的企业预期营业收入下降区间为 20%~50%，以上两项合计为 58.88% 的企业预期 2020 年营业收入下降 20% 以上。[①] 因此，相比大型企业，中小企业的生存问题更亟待重视和研究。

中小企业的现金流危机主要源于融资难。在我国的 3 000 万家企业中，仅有 26.67% 的企业（即 800 万家企业）有银行借贷；而且，我国有超过 2 000 万家中小企业基本上无法从银行借贷。还有一个统计数据表明，约占我国企业总数量 90% 的小型企业，其贷款仅占银行贷款总额的 15%。另外，由于缺乏资金，大约有 30% 的创新创业型企业最后创业失败。在科技型的中小企业中，约有 7/10 的企业主要依靠企业本身积累和自筹资金，有 9/10 以上的企业长期处于不稳定的资金融通状态。

造成上述问题的重要根源之一，是高科技中小企业并未获得合理的信用评级。目前国内外主要信用评级机构的信用评级体系设计的对象主要是面向一般大型企业，并未专门设计针对中小企业，尤其是高科技中小企业的信用评级体系。现有的面向大型企业通用的信用评级体系，普遍重视企业的市场地位、企业规模、盈利能力、抵押物等。然而，中小企业往往处于初创期或成长期，尚未形成较高的市场地位，缺乏可抵押不动产，现金流紧张。如果按照上述信用评级体系进行评级，则很可能会得出信用不足、信用评级过低等结果，导致其在资金紧张的关键发展阶段融资困难，甚至因资金链断裂而夭折。对于高科技中小企业，除了拥有上述中小企业

① 朱武祥，刘军，魏炜. 疫情中的中小企业如何自救？调研 1 435 家中小企业后，我们提出这些建议［EB／OL］.（2020 - 02 - 17）. https：//www. phbs. pku. edu. cn/2020/media_0217/6868. html.

的特点之外，还应考虑该类企业有大量的研发投入，对现金流有更高需求，由此导致此类企业融资需求更为旺盛。在进行间接融资时，如果金融机构能用一套优化的信用评级体系对高科技中小企业评估（张泽珩等，2020），那么可能既减少了审核程序的繁文缛节，也提高了评估结果的适配性，从而能对中小企业作出更为合理的信用评估。

为了缓解高科技中小企业的融资约束，合理评估其信用风险，本书致力于建立一套适用于京津冀高科技中小企业的信用评级体系，并期望在应用成功的基础上，向全国进行推广。

第一，运用信息不对称理论、资本结构理论等理论分析工具，对信息评级存在的必要性和信息评级对促进投融资交易的达成、优化企业资本结构调整、提高资本市场有效性方面的作用机理进行研究。并以京津冀高科技中小企业为样本，通过实证研究，检验现有信用评级对企业资本结构决策的影响。通过证明评级机构对民营中小企业所作出的信用评级可能存在歧视或不合理，进一步论证构建适用于高科技中小企业的信用评级体系的必要性和紧迫性。

第二，立足于京津冀高科技企业的特点、发展现状与融资需求，结合高层梯队理论、产品/技术创新理论、国家干预理论与福利经济学理论，参考国内外信用评级体系与最新技术方法，建立适用于京津冀高科技企业的信用评级体系，使其具有科学合理性与实践可行性，为京津冀高科技企业拓宽融资渠道、缓解融资约束、控制财务风险、促进京津冀地区高科技中小企业健康成长，为缓解中小企业与银行之间的信息不对称、降低来自银行信贷的风险，提供理论指导与应用指南。

第二节　研究对象、内容与方法

一、研究对象

本书的研究对象是高科技中小企业的信用评级体系的构建及应用效果。本书所述高科技中小企业是依据 2017 年《科技型中小企业评价办法》

和 2016 年《高科技企业认定管理办法》认定的，即指对企业主要产品（服务）发挥核心支持作用的技术属于《国家重点支持的高科技领域》规定的范围，依托一定的数量科技人员从事的科学技术研究开发活动，取得了自主知识产权，并将其转化为高科技产品或服务，从而实现可持续发展的中小企业。该类企业不同于传统产业的企业，具备高智力投入、高资金投入、高风险性、高收益性、时效性，以及无形资产比重高等特点。

二、研究内容

本书的逻辑思路如图 1-1 所示。

（1）引言。总领全书，涵盖整个研究背景、逻辑思路与主要内容等。

（2）文献综述与理论基础。现有文献表明，信用评级在降低信息不对称、信号传递、降低资本市场风险与优化企业资本结构等方面都具有重要作用，但上述结论均出自债券信用评级研究，对我国高科技中小企业的适用性有待验证。此外，尽管现有文献研究了多种数学方法在信用评级中的应用，但其往往过于复杂，并未考量其实际操作性；在指标选取方面，目前国内外主要信用评级机构的信用评级体系基本是以一般大型企业的公司特征为基础设计的，也未曾看到适用于高科技中小企业较为客观的信用评级体系。对于处于发展期或成长期的中小企业，如果按照一般大型企业通用的信用评级体系，则很可能会导致信用评级过低，造成融资困难。通过对信息不对称理论、高层梯队理论、资本结构理论、产品/技术创新理论、国家干预理论与福利经济学理论的梳理，我们认为，信用评级的作用机理如下：信息不对称是影响资本市场有效性的关键，为了降低信贷风险、节约交易费用，商业银行与贷款客户之间进行多轮博弈，在此过程中产生逆向选择与道德风险问题，最终形成信用评级。在此过程中，一方面高管的个人特质可能影响企业的绩效进而影响企业信用评级，另一方面产品/技术创新对高科技中小企业的未来成长性具有重要决定性作用，在进行信用评级时不能仅仅关注过去，比如历史积累的可抵押物，更应该关注企业的未来成长能力。此外，政府支持也是影响企业信用风险的重要正向因素。

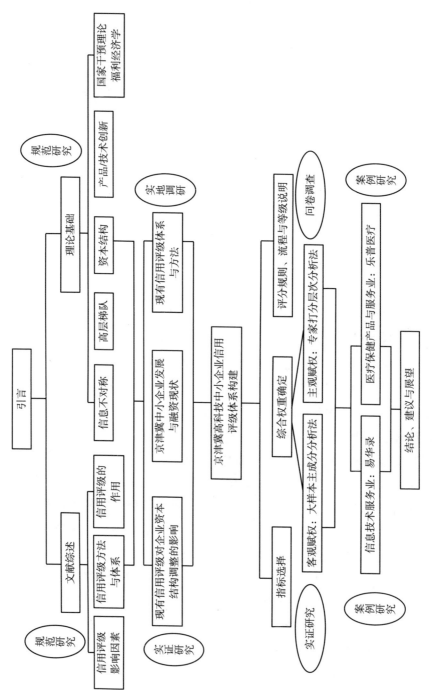

图 1-1 本书的技术路线

（3）研究信用评级与企业资本结构调整之间的关系。本书以 2006 ~ 2014 年 1 145 家上市公司样本数据为依据，通过实证研究检验信用评级及其变动对资本结构调整速度的影响，发现在控制资本结构的影响因素后，信用评级及其变动会影响公司资本结构的动态调整。信用评级越高，公司资本结构调整速度越快，在同等条件下能够更快地向目标资本结构进行调整；当信用等级发生变动时，也会对资本结构的调整造成影响。具体表现为当信用等级提高时，公司的资本结构调整会加快。在负债不足的公司中，信用评级对资本结构调整的影响程度更大。信用评级变动对资本结构调整的影响只在负债不足时显著。在国有企业中，信用评级对资本结构调整的影响更大。信用评级变动对资本结构调整的影响仅在国有企业中显著。由此表明，民营企业信用评级尚未对其融资能力发挥显著导向作用，可能表明，金融机构在对民营企业，尤其是民营中小企业信用评级时可能存在歧视与不合理。

（4）梳理中小企业信贷政策与对京津冀高科技中小企业发展现状进行统计。通过研究京津冀地区高科技中小企业的发展现状、融资需求与融资方式，发现京津冀地区高科技中小企业依靠北京这一国际科技中心，具有技术与人才优势，该类企业主要采取电商平台模式、智能商业消费体验模式等商业模式，偏好内源融资与股权融资方式。京津冀政府都为扶持中小企业的发展制定了优惠的信贷政策，尤其是在新冠肺炎疫情期间，信贷政策有效帮助了京津冀地区高科技中小企业摆脱困境，实现持续生存与发展。

（5）总结现有主要信用评级体系。本书对标准普尔、穆迪、东方金诚、中诚信、大公国际的信用评级体系进行了详尽阐述。其共性在于关注企业规模、市场地位与竞争力、盈利能力与运营实力、财务政策与偿债能力。但标准普尔和大公国际信用评级体系的评级要素因考虑了调整项，纳入了更多非财务指标，更为全面。不过，上述评级体系的评级要素中鲜有考虑企业研发水平与技术创新相关评价指标。而且目前各评级机构大多采用单一信用评级体系，尚未制定针对高科技中小企业的信用评级体系，可能因这类企业缺乏可担保资产、企业规模较小、市场地位较低、盈利能力较弱，导致现行通用信用评级体系对该类企业信用评级过低，不利于该类企业获取信贷融资。

（6）构建京津冀高科技中小企业信用评级体系。本书构建了京津冀高科技中小企业信用评级体系，评级要素包括行业状况、企业素质、经营管理、财务状况、创新能力、偿债能力和发展前景。在上述一级指标下继而设置26个二级指标，指标的选择要根据受评企业所处的行业以及企业本身情况而定。考虑到高科技中小企业"创新性强"的特点以及京津冀市场化进程较高、法治环境较好的特点，该信用评级体系具有三个特点：一是该评级体系纳入了创新能力评级要素；二是该评级体系充分考虑了京津冀市场化程度与法治水平；三是该评级体系采用主客观相结合的赋权方法，获得了综合权重，最大程度上克服主客观赋权各自的缺陷。

（7）应用构建的京津冀高科技中小企业信用评级体系对案例公司进行评级。选取深交所创业板信息技术服务行业上市公司北京易华录信息技术股份有限公司及医疗保健设备与服务行业上市公司乐普（北京）医疗器械股份有限公司为案例，证明该评级体系具有先进性与可行性。

（8）结论、建议与展望。提出可行性建议。从政府监管部门、信用评级机构及高科技中小企业三个视角，提出了以下建议，包括：新冠肺炎疫情期间，政府应从引导改进信用评级角度帮助高科技中小企业纾困；金融机构应积极探索构建高科技中小企业信用评级体系；高科技中小企业应提高信息透明度等。

三、研究方法

第一，规范研究法。通过搜集并整理中外学术文献，了解相关领域的研究成果；根据信息不对称理论、高层梯队理论、资本结构理论、产品/技术创新理论等，推导出研究假设及模型；通过对京津冀中小企业相关统计报告、京津冀中小企业融资帮扶政策的梳理，以及对新冠肺炎疫情期间全国中小企业融资政策的梳理，对京津冀中小企业的发展现状、经营风险、融资政策进行综述，并提出政策建议。

第二，案例研究法。通过研究京津冀高科技中小企业信用评级体系在北京易华录信息技术股份有限公司以及乐普（北京）医疗器械股份有限公司的应用，能够进一步验证本信用评级体系的可行性与科学性，并根据应用结果与公司既有信用评级进行对比，以期进一步完善体系的构建，以便引入京津冀地区甚至全国高科技中小企业信用评级的实际应用中。

第三，实证研究法。首先，本书以 2006～2014 年中国上市公司为样本，检验了企业信用评级对资本结构调整的影响，以验证企业信用评级对企业融资能力具有重要影响；其次，本书选取 2018～2020 年的中小板、创业板和科创板的上市公司作为研究样本。从企业素质、经营管理、盈利能力、创新能力、偿债能力、发展前景六个方面选择衡量指标，采用主成分分析法、多元回归分析法对全样本及其中的京津冀上市公司子样本的信用水平影响因素进行实证研究，从客观上确定信用评级体系各个定量指标的权重。

第四，实地调研法。本书采用实地调研法，调研了中债资信评估有限责任公司关于信用评级体系的构建情况，并了解了其他几家知名信用评级机构现行的信用评级体系及方法，帮助确定适合高科技中小企业的信用评级指标体系及评级方法。

第五，问卷调查法。本书采用问卷星发放问卷，通过微信朋友圈及微信群等渠道，针对高校财经专业教师、全国会计领军人才（含企业类、学术类）、独立董事培训班及"985"高校毕业博士等人群进行问卷调查，让专业人士对影响高技术中小企业信用评级各个因素的重要性进行判断，从而采用层次分析法确定信用评级指标权重。

第三节　创新与贡献

第一，本书提出了信用评级的作用机理，具有理论贡献。本书运用信息不对称理论、资本结构理论等理论分析工具，对信息评级存在的必要性和信息评级对促进投融资交易的达成、优化企业资本结构调整、提高资本市场有效性方面的作用机理进行研究。该作用机理的提出能够深化信息不对称理论、资本结构理论、有效资本市场假说在信用评级方面的解释，具有理论贡献。此外，将高层梯队理论、产品/技术创新理论、国家干预理论与福利经济学理论运用于信用评级的影响因素研究，突破了传统信用评级相关研究仅限于讨论企业偿债能力、盈利能力、可抵押物等因素对企业信用的影响范畴，拓展了信用评级与风险评估相关理论。

第二，本书创建了面向高科技中小企业使用的信用评级体系，具有实践贡献。目前国内外主要信用评级机构并未专门设计面向中小企业，尤其是高科技中小企业使用的信用评级体系。现行信用评级体系主要是针对一般大型企业设计的，无法适用于高科技中小企业，无法体现高科技中小企业高知识投入、高资本投入、高收益性和高风险性、时效性、无形资产比重高等特点；尽管现有文献研究了多种数学方法在信用评级中的应用，但其往往过于复杂，并未考量其实际操作性；在指标选取方面，也未曾看到专门面向高科技中小企业设计的信用评级体系。因此，在充分借鉴现有金融机构采用的通用信用评级体系的基础之上，充分考虑了高科技中小企业重视研发投入、可抵押品少等特点，根据高层梯队理论、产品/技术创新理论、国家干预理论与福利经济学理论等，设计了适用于高科技中小企业的信用评级指标体系，纳入了创新能力评级要素。该信用评级体系还考虑京津冀市场化进程较高、法治环境较好的特点，纳入了诸如实际控制人信用、经营异常等定性指标，行政处罚、不良信用记录等向下调整因素，以及绿色因素、股东与政府支持等调整因素。

第三，本书进行了主客观综合赋权方法的创新。客观赋权法中，本书采用的是大样本主成分分析法，该方法反映的是指标统计特征决定的客观权重；主观赋权法中，采用的是专家打分层次分析法，该方法反映的是专家根据经验与逻辑判断而得出的主观权重，二者各有优缺点。大样本主成分法虽然反映了数据分布特征，具有客观性，不受主观偏见的干扰；但是，由于大样本数据采用的是历史数据，其分布特征可能与现在数据及未来数据有所差别，而且该方法难以获取大样本定性指标的数值，赋权范围受限。专家打分层次分析法虽然能够对所有指标进行全面赋权，具有一定的专业性、逻辑性与前瞻性；但是，由于专家打分法主观性较强，赋权结果可能会受到样本分布的影响、被调查者经验、知识结构、回答问卷认真程度，甚至性格特征等多重影响。本书创新性地采用了主客观赋权相结合的方式，获得了综合权重，以期最大限度上克服主客观赋权各自的缺陷。

第二章 ▶

文献综述

第一节 信用评级的影响因素研究

对于信用评级的影响因素，国外较为经典的文献主要是针对公司内部特征进行研究，阿什博－斯凯夫等（Ashbaugh-Skaife et al.，2006）以及阿拉利等（Alali et al.，2011）认为公司治理对信用评级具有重要影响，具体而言，钱和罗兰（Qian & Roland，1998）以及王等（Wang et al.，2008）认为股权性质，博伊拉杰和森古塔（Bhojraj & Sengupta，2003）提出机构投资者持股比例等因素均会对信用评级产生影响。亚当斯等（Adams et al.，2003）以及雷森和克鲁克斯（Reusen & Croux，2017）则指出，盈利水平对信用评级具有重要影响，阿什博－斯凯夫等（Ashbaugh-skaife et al.，2006）则指出，盈余质量会影响信用评级。波蒂尔和萨默（Pottier & Sommer，1999）以及普恩等（Poon et al.，2013）研究认为，企业杠杆水平是信用评级的重要影响因素。博奈梅等（Bonaime et al.，2016）认为，融资约束是信用评级的重要影响因素。此外，企业规模（Bottazzi & Secchi，2006）、企业年龄（Livingston et al.，2018）也是信用评级的影响因素。阿提格等（Attig et al.，2013）还提出，企业社会责任是信用评级的重要影响因素。

国内目前已有的文献研究领域则较为宽泛，首先，部分学者对国外研究进行拓展，马榕和石晓军（2015）通过对中国债券市场的研究，发现应计盈余管理质量显著影响信用评级。其次，部分学者从公司内部治理角度进行研究，敖小波等（2017）发现企业的信用评级与公司内部控制质量正相关，融资成本也相应降低，在民营企业中尤为明显。林晚发等（2019）发现管理层特征中高管财务经历与企业信用评级的高低至关重要。再次，部分学者从外部监督角度进行研究，常莹莹和曾泉（2019）认为环境信息可以通过传递公司的特征信息——公司的特质风险、盈余持续性以及盈余质量等来影响企业的信用评级。韩斯玥等（2015）认为政府可以通过加强对信用机构的监管力度进而提高企业信用评级中的信息含量。陈超和李镕伊（2013）发现审计质量以及审计师水平与企业信用评级正相关。此外，朱松等（2013）发现除财务指标外，股权特征与宏观环境也会影响企业债券信用评级。邹纯（2015）发现企业所有权性质会影响高信用等级公司债券的发行定价。方红星等（2013）发现国家信用的隐形担保会降低国企信用风险，进而提高企业信用评级。

第二节　信用评级方法与信用评级体系的研究

于和肖（Yu & Xiao，2014）、孟和池（Meng & Chi，2015）、西尔维娅（Silvia，2015）、杜（Du，2018）、陈等（Chen et al.，2013）、张洪祥（2011）、胡海青等（2012）、杜永强和迟国泰（2015）、迟国泰等（2016）、杨龙光和吴晶妹（2016）、迟国泰和于善丽（2019）、夏利宇和何晓群（2018）、张金宝（2018）、庞素琳等（2017）、史小康和常志勇（2015）、丁东洋和周丽莉（2010）、张双双等（2016）、丁等（Ding et al.，2019）、施等（Shi et al.，2020）等文献从技术手段方面研究了模糊层次分析法、Probit 回归模型、向量机与 BP 神经网络、多维时间序列的灰色模糊方法、设置随机分割点区间、迭代半参数法、测算违约概率法、企业多层交叉信用评分模型、有偏 logistic 分布模型、主权信用风险评级法、贝叶斯法、打分卡模型、划分时间框架法、较高评级贷款 LGD 最小化作为风险评级匹配标准法等方法在信用评级中的应用。卿固和辛超群（2015）、谭中明和张京（2012）、樊锰等（2010）、郑大川（2013）、李鸿禧（2020）对多种信用评级方法进行了评价。此外，侯昊鹏（2012a、2012b）、殷建红等

（2014）、张奕等（2014）、杨思静和杜海霞（2015）等文献从非财务因素、平衡计分卡等角度对信用评级体系的指标选取进行了有益的探索。稚和杨（Zhi & Yang，2011）、李等（Li et al.，2019）分别运用非金融头寸的财务状况以及混合学习算法、主成分分析法、效率系数法、有序聚类法四法结合的方法构建了信用评级指标体系，侯昊鹏（2013）从多方面对信用评级指标体系做出了评价。赵志冲和迟国泰（2017）、周晓彧（2014）、孟庆福等（2011）、谭中明等（2012）、于善丽等（2020）等文献运用似然比检验、CAMEL 框架、主成分分析法及 Logit 模型、多元自适应回归样条模型、因子分析法与聚类分析法结合法、指标体系违约鉴别能力最大标准法、制造型扫描电子显微镜法等方法对工业小企业、中小企业、民营企业、非上市公司、保险公司、制造业企业等类型企业的信用评级体系进行了具体研究。

然而，目前的银行等金融机构的信用评级体系更注重全面性，资产规模的广度等，相较于中小企业的特点，这些指标体系这很显然导致与中小企业难以完全匹配（侯昊鹏，2013），由此所得出的信用评级也就可能有失公允。具体而言，张泽珩等（2020）指出，科技型中小企业在信用评级的过程中，资产规模较之大型企业更小，财务信息公开性较低，银行等机构对中小企业无法准确评估；各类评级机构，包括各种商业银行，对中小企业的信用评级的体系和方法都存在诸多的不匹配性，其中很重要的一点就是没有对"互联网＋"因素的衡量以及对高科技中小企业的特性的考虑，这使得中小企业的融资难问题一直存在，不利于金融资源和科技资源的匹配。除此之外，现有的评级体系大多存在评估周期长、步骤多、过程烦琐等问题，这都影响着评级结果和效率。李明明等（2015）呼吁，信用评级机构应特殊情况特殊考虑，独立于普通企业之外制定一套适合中小企业的评级体系。

第三节 信用评级的作用

一、具有减少信息不对称的作用

对中小企业融资难起决定作用的缘由之一是银企信息之间的不对称

（Stiglitz & Weiss，1981）。胡等（Hu et al.，2019）认为信用评级有效地降低了中国债券市场的信息不对称性。梅（May，2010）认为信用评级在一定程度上掌握着诸如公司计划、资本支出、未来红利政策等信息，这些信息都是投资者难以获得的。博世和史蒂芬（Bosch & Steffen，2011）认为由于大多数公司缺乏流动的信贷违约互换市场，评级行为成为资本市场信息的关键来源。何等（He et al.，2011）、阿明等（Amin et al.，2018）认为公司的股票信息不对称性以及分析师的收益预测差异会随着公司的债券评级升级而大大减少。卡姆等（Kam et al.，2011）认为公司首次公开募股之前提供信用评级可以减少信息不对称进而提高市场效率。博世和史蒂芬（Bosch & Steffen，2011）认为信用评级较之于公司从证券交易所上市对信息不对称的减少作用更加明显，进而可以公司改善获得资本的渠道。马蒂斯（Matthies，2013）、林晚发等（2014）认为信用评级通过以评级为基础的法规直接或间接地影响资本市场，信用评级的直接影响暗示了评级包含的有市场未公开的信息，以及市场并非是有效的。张瀚文（2013）、沈红波和廖冠民（2014）认为市场竞争效应下的信用评级可以提高投资者中普通群众获取企业信息的程度与能力，缩小其与机构投资者之间的信息不对称，使投资者中的普通群众获取信息利用效益的能力更强，进而增加证券投资信心，促进其进行投资。陈和李（Chen & Li，2013）认为当债券或发行人的审计质量较好时，发行人的信用评级也较高，信息不对称性也随之降低。张奕等（2014）指出，无论在发行市场或是交易市场，信用评级均发挥着重要作用，提供着重要信息。郭娜（2013）指出，信用评级体系对降低信息不对称有有利影响。侯昊鹏（2013）指出，优质的中小企业可以利用信用评级体系降低信息不对称的特性，向社会公众传递公司债券质量很好的信息。易（Rhee，2015）认为虽然评级机构几乎没有提供任何新信息，但通过对信贷市场中可用信息排序可以起到缓解信息不对称的作用。林晚发等（2020）认为信用评级虽然对分析师预测的私有信息并没有削弱作用，但通过增加其预测的公共信息，可以增强信息透明度，刷新股票市场信息环境。李明明等（2015）指出，信用评级有利于缓解中小企业发债的逆向选择问题。许友传（2017）认为信用评级可以对投资者信息需求进行有效供给，如政府隐性救助预期和银行风险特征等。洪等（Hung et al.，2017）认为企业在公开披露信用评级下调之前试图增加债务融资比例进而调整融资结构。

二、信用评级具有信号传递的作用

黄国平（2012）认为，由于信用评级机构在对风险进行评估时，所得出的评估结论是公开的，因此公司无形中受到了来自市场的压力与约束。从公司角度来看，有主动要求被评级的意愿，存在通过评级向公众传递公司质量信号的动机。比昂（Byoun，2014）指出考虑到评级成本问题，高信用评级的公司通过主动要求评级传递了信号；低信用评级的公司被动地被披露了评级结果。当公司资产负债率较低时，对于拥有高信用评级的公司，信用评级能够起到信号传递作用，为公司带来财力，甚至能够提高公司在信贷市场的认可度，获取更多的银行信用贷款。应用马尔可夫链原理，信用评级为 AA 的债券发生降级的可能性与它被评为 AA 级有多长时间（持续性）无关，与它是否是通过降级或是升级变成了 AA（动机来源）无关。但是，这种情况仅存在于完全理性的有效市场。张强和张宝（2010）认为信用评级机构担负着传递结构化金融产品的潜在风险的义务，而及时性的不到位会导致投资者的决策失误，进而成为金融危机爆发的一根导火索。吴育辉等（2017）认为企业较高的信用评级，表明企业管理层具有较高的能力。杨等（Yang et al.，2017）认为信用评级的升级（降级）会导致正（负）的股票回报，且股票价格对降级的反应比对升级的反应更为显著。张等（Zhang et al.，2018）认为相比于无担保债券，信用等级较低的债券发行人更愿意购买有担保债券。

三、信用评级能够影响资本市场的风险

甄（Zhen，2011）认为信用评级在资本市场中起着重要的作用：为市场提供与风险相关的信息，并对国内信用评级对中国债券市场的影响进行了实证研究。刘爱文（2012）通过对 2007 年国际金融危机的研究发现，信用风险可以通过信贷市场向资本市场转移。吴祖光等（2013）认为信用

评级能够减少公司信用违约的发生，也能阻止金融网络对公司信用风险的进一步扩散，信用评级对银行等金融机构的资本需求起着决定性作用，并且在货币市场上，影响着基金的投资选择。阿巴德和罗伯斯（Abad & Robles，2014）认为评级机构能够为市场提供新的信息，所有类型的评级报告对风险都有重大影响。代表信用等级提高的评级举措能够降低特定性风险，积极的前瞻性报告也能够降低系统性风险。相反，预示信用等级恶化的评级公告带来的是两种风险的重新平衡，通常是系统性风险增加，多样性风险降低。吴亮等（2017）在稀疏相关性理论的基础上进行拓展，构建模型来对信用评级波动带来的风险传播方式与程度进行分析。林晚发和陈晓雨（2018）研究发现，信用评级调整对市场敏感程度较高，且其调整方向与债券累计超额信用利差呈负相关关系。

四、信用评级影响企业债务融资成本

企业获得的信用评级是研究债务融资成本的关键组成部分（林晚发等，2014）。何平和金梦（2010）通过建立"真实利息成本（TIC）"回归模型对评级进行了细分，来研究评级中主体评级与债券评级对企业所负担的实际利息成本的影响，并发现债券评级是其中的首要因素。王雄元和张春强（2013）发现整体而言，对于中期票据，信用评级与其融资成本呈负相关关系，但当公司为上市公司或者产权性质为国有企业时，该相关关系受到弱化。朱松等（2013）在研究债券市场参与者的投资行为时发现，债券市场参与者对具有高信用评级公司的投资回报率要求较低，这说明拥有高信用评级的公司的融资成本较低。普恩等（Poon et al.，2013）发现信用评级可以减少中国股票增发（SEO）抑价的影响，进而降低融资成本。李明明和秦凤鸣（2015）、张旭昆和李晓红（2015）、邹纯（2015）认为企业的所有人性质能够通过影响企业主体信用评级影响公司的债券发行成本，这种情况在高信用评级公司中表现得比低信用评级更显著，非国有企业的债券发行成本受信用评级的影响更大。达万和于（Dhawan & Yu，2015）通过对比中国与美国的相关数据，发现投资者确实是用信用评级来确定中国企业债券的风险溢价。马黎政和杨奔（2015）认为对于中国上市公司，增发折价率可以反映股权融资成本，而信用评级信息对定向增发折价有显著影响。寇宗来等（2015）针对既有的相关文献，通过构建各地区评级机构的竞争程度与债券评级的工具变量模型来进行研究，发现二者呈反向变动。顾小龙等（2017）研究了公司的风险承担水平、信用评级以及公司债券的融资成本三者之间的关系，发现企业良性的主体信用评级可以一定程度反映公司的风险承担水平，从而削弱企业负担的融资成本（李亚平和黄泽民，2017；沈红波等，2019）。耿得科（2018）发现在交易所市场发行的公司债券以及中期票据等与信用评级的敏感系数比在银行间债券市场发行的公司债券与信用评级的敏感系数大。常莹莹和曾泉（2019）发现环境信息透明度可提高企业信用评级，在污染行业中，更会削减企业融资成本。赵雨晴等（2020）通过研究发现，评级调整产生的财务引导效应与信息传递效应会影响公司债券的信用利差。

五、信用评级影响企业资本结构

劳和苏菲（Rauh & Sufi，2010）在传统资本结构的研究基础上，发现低信用质量的公司比高信用质量的公司更可能具有多层资本结构，进而减少激励冲突。纳伊姆和沙米拉（Naeem & Shammyla，2012）发现当公司被调高信用等级或被降级时，原高信用评级的公司倾向于发行债券；原低信用评级的公司仅在被升级时减少债务，为维持信用等级或未来获得更高的信用评级努力。田强（2013）指出，在我国信用评级调高时，公司的债券融资增加。肯珀和拉奥（Kemper & Rao，2013）通过研究发现信用评级不是资本结构决策中的首要问题。黄和沈（Huang & Shen，2015）发现金融发展以及法律和制度环境比评级改变的方向对杠杆比率调整的影响更为关键。黎智俊（2015）认为，公司信用评级会影响企业的目标资本结构，即信用评级与企业财务杠杆呈正相关关系，其中产权性质为国有的公司该关系更显著（潘越和邢天才，2015）。克里琴和库夫（Krichene & Khouf，2015）发现当年信用评级的上调和下调都会显著影响下一年公司的杠杆决策，进而得出信用评级是资本结构决策的一个重要因素的结论。沃耶沃兹基等（Wojewodzki et al.，2018）发现在金融体系更加市场化的国家中，信用评级对企业资本结构的影响更大。萨哈德和扎卡里亚（Sajad & Zakaria，2018）通过对具有最小二乘、固定效应和广义矩估计技术的面板数据进行分析，对信用评级与企业价值最大化时的资本结构之间的关系进行考证。施燕平和刘娥平（2018）发现发债公司在获得首次评级前有向下调整负债比率的倾向。吴育辉等（2019）发现信用评级不仅与企业财务报表中的负债水平负相关，还与企业管理用财务报表中的净负债水平负相关，且企业在获得该信用评级后会强化这一相关关系。林晚发和刘颖斐（2019）认为信用评级对企业资本结构的影响对管理层而言是"被动的"，即降低信用评级会提高融资约束与融资成本，企业会在解决外部融资需求时会更倾向于发行股票而非发行债券，从而降低财务杠杆，最终影响企业资本结构。赵立军和张瑾（2019）验证了信用评级会对上市公司的股利政策产生影响。麦地那和彼得罗（Medina & Pietro，2019）认为信用评级会降低公司调整至目标杠杆率的速度。

第四节　文献述评

　　现有文献表明，信用评级在降低信息不对称、信号传递、降低资本市场风险与优化企业资本结构等方面都具有重要作用，但上述结论均出自债券信用评级研究，对我国高科技中小企业的适用性有待验证。此外，尽管现有文献研究了多种数学方法在信用评级中的应用，但其往往过于复杂，并未考量其实际操作性；在指标选取方面，目前国内外主要信用评级机构的信用评级体系基本是以一般大型企业的公司特征为基础设计的，也未曾看到适用于高科技中小企业较为客观的信用评级体系。对于处于发展期或成长期的中小企业，如果按照一般大型企业通用的信用评级体系，则很可能会导致信用评级过低，造成融资困难。要求信用评级机构应特殊情况特殊考虑，为中小企业建立一套区别于普通企业的评级体系（李明明等，

2015）。对于高科技中小企业，除了拥有上述中小企业的特点之外，还应考虑该类企业有大量的研发投入，这对中小企业的资金流提出较高要求，由此导致此类企业融资需求旺盛。在进行间接融资时，如果商业银行能用一套优化的信用评级体系对科技型中小企业评估（张泽珩等，2020），那么可能既减少了审核程序的繁文缛节，也提高了评估结果的适配性，从而能对中小企业做出更为合理的信用评估。

第三章

理论基础

第一节 信息不对称理论与信用评级

信用评级的信息不对称通常是债权人与债务人间的信息不一致，这会导致两个问题：一是逆向选择问题，企业为了获得贷款，进而迎合银行，有选择性地给银行提供有好处的信息，而不提供不好的信息。因此需要通过信用评级来帮助银行正确判断贷款企业的真实偿债能力，降低银行的风险。二是道德风险问题，由于天然的信息不对称，市场交易双方中，有一方参与人不能观察另一方的行动，抑或当观察（监督）成本太高时，一方行为的变化可能损害到另一方的利益。

信用评级能够提供市场未知的公司质量信息。评级机构能够获取公司的未公开重大信息。比如公司在向市场披露信息时，不愿披露关于他们战略项目的信息，特别是与他们的竞争对手有关的信息。评级机构在信息收集以及评估流程方面是专业的，因此能够提供可靠的衡量公司商誉的信息。评级机构被看作信息处理机构，能够加速信息在金融市场上的传播。对于处于市场信息劣势的投资者来说，评级能够通过传递公司信息质量的信号减少信息不对称。银行对贷款申请的审批受到公司信用的影响。从银行的角度考虑，申请贷款的公司信息质量越低，其偿债能力较差，银行面对的违约风险就越大。银行为了自身利益，可能会对该企业采取更为严苛的贷款政策，如较高的贷款利率或较少的贷款金额，甚至是不发放贷款。从而导致了企业的融资成本增加，影响了资本结构的调整。对于企业债券发行，信用评级可以减少事后信息不对称效应，具体而言，信用评级通过缓解债权人无法观察到的债务人发行结束后的违约风险与道德风险，进而减少债务人未来无法偿还债务的可能性。由于评级包含关于企业质量的信息，它将传递所有公司的信息，所有的公司将被归类到同样的评级类别。极端情况下，拥有同样评级的公司将被认定为拥有同样的违约可能性，这关系到它们的债券收益利差。

第二节 高层梯队理论与信用评级

高管高层梯队理论的基本观点是管理者作为有限理性的经济人，其战略决策过程与相关绩效成果必然与个人特质息息相关，如认知能力、感知能力以及价值取向等，而这些个人特质是高管年龄、教育背景、人生阅历、任期以及工作经历等多重因素形成的结果。甚至管理层的性格会对企业制定经营决策产生重要影响，进而影响企业风险。自恋的 CEO 会倾向于采取高风险高收益的激进策略（Buyl et al.，2019），如研发、资本支出和收购（Chatterjee & Hambrick，2011；Zhu & Chen，2015），采用新颖的、尚未被证实的技术，而忽略这些技术存在的固有风险（Gerstner et al.，2013）。总之，管理层异质性影响下的高管决策会进一步影响企业绩效，进而影响企业经营与财务风险，最终影响企业信用评级。由于管理者或企业对周围事物的态度具有一致的倾向性，所以可以基于他们在某一场景下的行为来预测其他情形下的表现（Funder & Colvin；1991）。基于此，评级机构会对具有环境信息透明度高（Moulton，2007）、内部控制质量高、外部审计结果好等优秀特质的企业更加"信任"，认为这些企业的未来风险较低，在经营与履约过程中发生舞弊行为的可能性更低，进而给出较高的信用评级。

第三节 资本结构理论与信用评级

莫迪利亚尼和米勒（Modigliani & Miller, 1958）提出了 MM 理论，分别从有无税收的情况下，分析了企业资本结构对企业价值的影响，为资本结构理论的提出奠定了坚实的基础。迄今为止，与资本结构相关的理论主要有权衡理论，融资优序理论和市场择时理论，这三个理论为企业资本结构的调整提供了理论支撑。静态权衡理论认为每个企业都存在最优资本结构，由于发行新股等其他原因使得企业的资本结构偏离了其目标资本结构时，企业会不断调整企业的资本结构以达到企业的最优资本结构。该理论同时指出企业的最优资本结构是由企业及个人所得税的成本及收益、潜在破产成本及代理成本等各种因素同时控制。迈尔斯和马吉卢夫（Myers & Majluf, 1984）提出的融资优序理论存在两个重要假设，一是企业内外部投资者信息不对称，二是股票发行以股东收益最大化为前提。该理论认为，企业是在综合考虑融资成本和融资收益后才做出相关的融资决策，如果企业采用股权融资方式，会给市场上的投资者带来企业股价被高估的警示，最终导致企业股价下跌。为了防止这种融资方式带来的不利后果，企业经营管理者通常遵从"内部资金—债务融资—股权融资"的融资顺序，优先选择债务融资方式。贝克尔和沃格勒（Baker & Wurgler, 2002）提出了市场择时理论，该理论认为，企业会在股价被高估时发行股票，而在股价被低估时回购股票，并且股票市场价值是否被高估对企业资本结构有显著影响，在股票市场价值被低估时企业会采取债务融资方式。对于企业，当内部融资无法满足资金需求时，发行债券进行融资成为首选，而构建有序债券市场、完善信用评级制度、拓宽债权人信息获取渠道的重要性更加凸显。

第四节 产品/技术创新理论与信用评级

新古典理论认为技术进步只是外生决定的、偶然的、无成本的资源，而索洛（Solow，1957）发现，人均国内生产总值（GNP）增长中仅有一小部分（美国非农业部门在1909～1949年为10%）与资本劳动比率的提高有关，更大比重源于技术进步在改善人类福利中的作用。新经济增长理论认为知识是一个生产要素，而经济活动中必然像在机器上投资一样在知识上投资。该理论的核心观点是，投资促进知识积累，知识能提高投资收益，从而知识又刺激投资，形成一种良性循环，从而得出投资的持续增长能永久性提高增长率的结论，解释了一定时期内投资收益率的现象和各国经济增长率的非收敛性及长期收益增长的原因。罗默（Romer，1986）指出，知识产品具有收益递增的性质，是长期增长的基础。最重要的知识产品是技术产品，因此，要研究知识的积累创新就需要研究技术进步。技术进步是经济长期增长的内生变量。罗默（Romer，1987）进一步指出，知识积累是投入品种类数连续的增加，是需要成本投入的，是人们有意识研发的结果。罗默（Romer，1990）将技术进步内生化，提出总量生产模型。该模型中，创新是指水平创新，创新的表现形式是中间产品不断出现。他认为，最终产品的生产需要中间产品的投入，中间产品市场是垄断竞争的，技术创新表现为中间产品数量不断增加，厂商通过研发活动开发新产品，通过专利制度垄断了新产品的生产，获得相应的垄断利润，新产品的垄断利润成为厂商研发投入的报酬。该模型为技术创新提供了一个广为接受的微观基础。根据该模型，厂商之所以进行研发投入，其动力就是为了追求创新产生的垄断利润。格罗斯曼和赫尔曼（Grossman & Helpman，1991）沿用罗默（Romer，1990）垄断竞争分析框架，提出了产品质量阶梯模型（quality ladders model），在该模型中，创新表现为垂直创新的形式，即企业的创新使得自己产品的质量沿着质量阶梯不断提高。高一个质量阶梯的产品相当于低一个质量阶梯产品效用的 λ 倍，市场竞争淘汰掉低质量的产品，高质量的产品将独占市场。水平创新主要指创造新的商品和劳务，垂直创新主要指工艺创新，旨在减少生产现有产品的成本。阿吉翁和豪伊特（Aghion & Howitt，1992）继续研究了熊彼特创造性破坏的理论，认为新产品的研发成功会淘汰掉旧产品，与此同时，旧产品的垄断租金也会被破坏掉。创新在给成功者带来垄断租金的同时，也会破坏掉另一部分人的垄断利润。技术进步在这种创造性破坏的过程中实现，而经济增长就是一个不断创造和破坏的过程。现有实证研究也表明，研发支出对成长性的正向促进作用非常明显（张信东和薛艳梅，2010），尤其是对高科技中小企业（Nunes et al.，2012；De Jong & Freel，2010；Ortega-argilés et al.，2010）。因此，在金融机构对高科技中小企业进行信用评级时，不应仅仅关注企业的过去，比如企业规模、历史积累的可抵押物，而因此给予企业很低的信用评级，拒绝给其贷款，而应更关注企业的未来成长能力与盈利潜力，加大对其产品/技术创新在信用评级中的权重。

第五节　国家干预理论、福利经济学与信用评级

由于重大突发公共卫生事件冲击类似于短期的经济危机，本书借鉴凯恩斯国家干预理论（Keynes，1936）的分析框架阐释政府在帮助高科技中小企业应对新冠肺炎疫情冲击的理由。当经济陷入危机时，"看不见的手"和萨伊定律并不能保证经济恢复繁荣，政府必须施以"看得见的手"，并且实施积极的货币政策和财政政策。实施积极的货币政策背后的逻辑如下：在经济危机时，企业家投资动机不足，进行投资引诱取决于两个方面，一是资本边际效率，二是利息率。资本边际效率也是一种贴现率，可以使所提供的预期收益的现值正好等于该资本资产的供给价格，即预期利润率。随着投资的增加，预期利润率会下降，对投资的激励越来越小，于是引起投资需求不足。利息率是投资的成本，只有当资本边际效率不小于利息率时，企业家才有投资的动力，即投资引诱。然而，由于预期利润率取决于大众心理，容易受到突发事件的影响，因此，资本边际效率很难控制，央行必须通过增加货币供给、降低准备金率、公开市场回购等操作降低利息率，形成投资引诱，增加产出和就业。不过，凯恩斯也提醒，在经济危机时期，预防性货币需求动机至上，人们的流动性偏好会趋于无穷大，无论货币当局增发多少货币，都会倾向于储蓄，于是，利息率难以继续下降，经济陷入"流动性陷阱"。当预期利润率下降而利息率不再下降时，人们就不愿进行投资。

鉴于通过增发货币次级有效需求作用有限，更有效的手段就是财政政

策。凯恩斯提倡将功能财政作为一种常态政策的地位，主张政府通过有目的、有意识地对国际财政收入与支出活动进行调节，来影响有效需求与总就业水平。在经济危机时期，政府应当扩大政府支出并减少税收，从而扩大总需求，即采取扩张性的财政政策。其逻辑如下：凯恩斯指出，失业和危机的原因在于有效需求不足。一方面，消费倾向偏低引起消费需求不足，政府可以通过改变赋税体系，如降低所得税、资本利得税、遗产税，改善社会收入分配状况。通过财政政策促进财富从高收入者向低收入者转移，如提高个人所得税的累进税率、给低收入者福利补贴等，能够极大地刺激消费倾向的提高，扩大消费支出。另一方面，由于短期内消费量不容易高速增长，而且边际消费倾向递减，则充分就业目标的实现更大程度上取决于扩大投资。投资量的增加不仅会直接增加就业量，还会在既定的消费倾向下通过乘数效应增加消费支出。据此，凯恩斯提倡国家直接投资，认为某种程度的全面投资社会化是获得充分就业唯一手段。此外，投资还包括对外投资，增加贸易顺差是政府增加对外投资的有效办法。

此外，本书用庇古（Pigou，1920）的福利经济学进行解释。庇古是从解决外部性的角度阐释政府补贴或减税的必要性的。外部性是指在消费和生产中，一个人或一群人的行动和决策使另一个人或一群人受损或受益，是经济主体（包括厂商或个人）的经济活动对他人和社会造成的非市场化影响，即社会成员（包括组织和个人）从事经济活动时其成本与后果不完全由该行为人承担（Samuelson & Nordhaus，1992）。庇古指出，由于外部性导致了社会成本和私人成本的差异，无论这种外部性是正面还是负面的，都导致了资源配置失效。为了实现资源最优配置，要求政府通过补贴或征税的方式对企业行为进行干预，以纠正无效的资源配置。据此，政府可以提供专项补贴，鼓励企业投入研发。

据此，根据国家干预理论、福利经济学理论，政府补贴或减税对引导企业服从国家战略、鼓励企业研发、提高企业业绩、帮助企业摆脱重大危机方面具有重要作用，进而有利于企业降低信用风险，实现可持续发展。

本章小结

信息不对称是影响资本市场有效性的关键，为了降低信贷风险，节约交易费用，商业银行与贷款客户之间进行多轮博弈，在此过程中产生逆向选择与道德风险问题，最终形成信用评级。在此过程中，一方面高管的个人特质可能影响企业的绩效进而影响企业信用评级，另一方面产品/技术创新对高科技中小企业的未来成长性具有重要决定性作用，在进行信用评级时不能仅仅关注过去，比如历史积累的可抵押物，更应该关注企业的未来成长能力，因此应该加大对产品/技术创新的重视。信用评级反过来为资本市场提供增量信息，促进借贷双方交易的达成，并降低融资成本，降低个别风险与市场风险，从而促进资本市场配置更高的效率，满足企业在债务融资方面的需求。同时，信用评级会发挥信号传递功能，引导企业作出最优资本结构决策。

第四章
信用评级对企业资本结构调整的影响实证研究

现代资本结构理论认为，在完全有效的市场环境下，资本结构与公司价值并无关系。然而由于资本市场具有不完善性，例如存在税收与破产成本等，使得资本结构能够影响公司价值，公司存在目标资本结构。克拉克等（Clark et al.，2009）通过研究来自 40 个国家的 26395 家样本公司发现，所有国家的样本公司均会向目标资本结构进行调整。孔爱国和薛光煜（2005）指出，公司存在着主动向目标资本结构调整的现象，且观察期越长，这种主动调整性越强。公司存在目标资本结构或目标资本结构区间，但公司实际资本结构与之存在差异。由于一系列外生的和内生的因素，目标资本结构随着时间的变化而变化。因此公司向目标资本结构的调整是一个不断优化的过程。

现有关于目标资本结构及资本结构调整的文献，主要是从公司特征角度进行研究（Mukherjee & Mahakud，2010；Nunkoo & Boateng，2010），或是从宏观经济环境角度进行研究（江龙等，2013；何靖，2010；王淑娜，2014）。目前有关信用评级对资本结构调整影响的研究不多，事实上，企业的融资能力很大程度上受信用评级的影响，信用评级会通过信号传递功能进而影响企业的资本结构。

梅（May，2010）认为信用评级在一定程度上掌握着诸如公司计划、资本支出、未来红利政策等信息，这些信息都是投资者难以获得的。吴祖光等（2013）认为信用评级能够减少公司信用违约的发生，也能阻止金融网络对公司信用风险的进一步扩散。信用等级的高低不仅决定着公司的发债资格，而且影响着公司的债务融资成本。对于作为公司重要外部融资来源的银行贷款，银行对贷款申请的审批受到公司信用的影响。卡普尔等（Kapoor et al. , 2013）认为可靠的信用评级能够给公司带来商誉及财力。中国银监会副主席周慕冰在 2015 年中国普惠金融国际论坛上指出，提高小微公司信用是解决其融资难的有效方式。潘越和邢天才（2015）、田强（2013）、李聪（2008）研究了信用评级对静态资本结构决策的重要作用。

然而，资本结构的动态调整反映了资本结构调整的效率，公司能否及时调整自身资本结构，影响着企业能否把握投资机会、实现价值最大化。此外，资本结构的动态调整还反映了实体经济恢复性增长效率，是管理当局检验为刺激经济实施制定政策的效果的重要依据。因此研究资本结构的调整比研究资本结构的高低更有意义。具体而言，当公司资产负债率较高时，如果信用评级较低，银行出于对公司的偿债能力的顾虑，会减少贷款的发放，进而会影响到公司的再融资能力，增加了破产成本，影响公司价值，甚至造成财务危机；当公司资产负债率较低时，对于拥有高信用评级的公司，信用评级能够起到信号传递作用，为公司带来财力，甚至能够提高公司在信贷市场的认可度，获取更多的银行信用贷款。因此，企业会根据信用评级对现有资本结构进行主动或被动的调整。本书以 2006 ~ 2014 年中国上市公司为样本，检验企业信用评级对资本结构调整的影响。本书的贡献在于：第一，本书利用现有数据，借鉴霍瓦基米安和李（Hovakimian & Li, 2009）、库克和唐（Cook & Tang, 2010）、福肯德和弗兰纳里（Faulkender & Flannery, 2012）利用弗兰纳里和兰甘（Flannery & Rangan, 2006）提出的标准部分调整模型为基础进行扩展，从动态的角度讨论了信用评级变动对资本结构调整的关系，为现有的资本结构动态调整的研究做出了贡献。第二，本书还进一步将不同负债水平、企业性质纳入考虑范围，分组回归讨论信用评级与资本结构调整在不同情况下的关系。为公司结合自身情况，利用信用评级减少融资约束、拓宽融资渠道、加快资本结构调整提供了依据。

第一节 假设推导

一、资本结构的动态调整

克拉克等（Clark et al.，2009）通过研究来自40个国家的26 395家样本公司发现，所有国家的样本公司均会向目标资本结构进行调整。这证明了资本结构调整不是特定国家的上市公司所特有的，而是普遍现象。

资本结构的动态调整会受到调整成本的影响。福肯德等（Faulkender et al.，2010）通过实证研究，考察了公司实际资本结构在向其目标资本结构调整时，调整成本所扮演的角色。福肯德和弗兰纳里（Faulkender & Flannery，2012）认为公司只有在调整收益较高或是调整成本极低时，才会调整自身的资本结构，特别是当这种调整与公司现金流相关时，更是如此。根据信息不对称理论与代理理论，融资约束不仅影响了企业的目标资本结构，而且对资本结构的调整也起着重要的作用。这与福肯德（Faulkender et al.，2010）的实证研究结果一致。

公司资本结构调整速度存在差异。蒂特曼和齐普拉科夫（Titman & Tsyplakov，2007）在研究股东与债权人之间的利益冲突时指出，财务困境成本会影响公司的财务杠杆水平，它同时还影响了资本结构的动态调整能力。当两者之间的代理冲突较轻时，容易陷入财务困境的公司会更快地调整资本结构以趋近目标资本结构。弗兰纳里和汉金斯（Flannery & Hankins，2007）指出调整成本是影响实际资本结构向目标资本结构调整的速度的重要因素，此外因与目标资本结构的偏差给公司带来的成本，同样关键。调整成本取决于交易成本和股票的市场价值，偏离目标资本结构的成本取决于陷入财务困境的可能性和税盾的价值。库克和唐（Cook & Tang，2010）最早研究了调整的不对称性，研究结果发现资本结构向上调整（实际资本结构低于目标资本结构）的速度与向下调整（实际资本结构高于目标资本结构）的速度存在差异，向上调整的速度要更快一些。科特韦格（Korteweg，2010）研究了实际资本结构高于或低于目标资本结构对公司价值的影响，研究指出，当公司的资本结构低于目标资本结构时，即使实际资本结构继续降低，未来公司价值并不会大幅下降；相反，当公司资本结构高于目标资本结构时，如果实际资本结构继续上升，则会导致公司价值大幅下降。福肯德和弗兰纳里（Faulkender & Flannery，2012）对调整成本和调整收益进行了探讨，他们认为当实际资本结构向目标资本结构进行调整时，负债不足或过度负债时，即使二者的调整成本相同，带来的调整收益也是非对称的。对于实际资本结构高于目标资本结构的公司，减小资产负债率带来的收益，比实际资本结构低于目标资本结构的公司，为调整资本结构增加资产负债率时带来的收益要高。未达到目标资本结构的公司享受了杠杆效应带来的税盾收益，财务困境成本较小。这一结果与库克和唐（Cook & Tang，2010）的研究结果相反。

　　由于一系列外生因素和内生因素，目标资本结构伴随着时间的推移，会产生相应的变化。弗兰纳里和兰甘（Flannery & Rangan，2006）发现，一般情况下公司每年会将实际资本结构与目标资本结构的差异缩小 1/3。史密斯等（Smith et al.，2012）认为不同行业的资本结构调整速度存在差异，是否存在财务亏损对调整速度也有影响。龚等（Gong et al.，2014）考虑到由于交易成本及非理性因素的存在，现实中的市场是非有效市场，利用中国上市公司数据考察了公司特点和管理特征对资本结构动态调整的影响。这几位学者的研究结果表明，规模较大、成长机会较多的公司资本结构的动态调整较大；实际资本结构偏离目标资本结构越多，资本结构的动态调整越小；越乐观的经理人所在的公司实际资本结构与目标资本结构的差异越小；规模大、成长机会多、实际资本结构与目标资本结构差异较小的公司，乐观的管理者资本结构的调整较慢。格茨曼等（Getzmann et al.，2014）在研究亚洲的目标资本结构调整速度时指出，以原杠杆率为基准，资本结构的年调整速度大约在 24%～25%。弗兰纳里和兰甘（Flannyery & Rangan，2006）认为资本结构的年调整速度为 34%，霍瓦基米安和李（Hovakimian & Li，2009）却认为资本结构的调整速度没那么快，约在 6%～13%。格茨曼等（Getzmann et al.，2014）认为亚洲公司的资本结构调整速度在 27%～39%，同时他们认为，资本结构调整速度对计量经济设计很敏感。

　　在国内，针对资本结构调整的研究学者们也做出了大量的贡献。何靖（2010）指出是否存在融资约束问题，对公司资本结构调整有着极大的关系。洪艺珣和王志强（2005）通过对中国7 092个公司年份样本进行回归分析指出，我国上市公司存在目标资本结构但实际资本结构与之存在差异，造成这一差异的主要原因在于调整成本的存在，而公司的融资约束程度影响了调整成本的大小。当调整成本较高，融资约束较大时，公司资本结构调整行为不明显，调整较慢；当调整成本较低，融资约束不大时，实际资本结构趋向目标资本结构的行为越显著，调整也越快。连玉君和钟经樊（2007）认为，公司在向目标资本结构进行调整时，调整成本的限制使得公司只能对差异进行部分的调整，即目标资本结构的调整不是完全的。

　　周和谢（Zhou & Xie，2015）将1999～2009年中国A股上市公司按企业性质分组，研究发现由于政策资源的优势，国有企业的资产负债率较高。白和黄（Bai & Huang，2011）通过提出实证研究框架检验资本结构调整时指出，在中国，企业所有人性质对资本结构调整影响较大，相较于国企，非国企发行股票对资本结构的调整影响更显著。何靖（2010）研究发现，公共经济环境对公司目标资本结构的影响是内外两方面的，它既影响了目标资本结构的选择，也影响了目标资本结构的调整，经济越繁荣，公司目标资本结构调整越快。这一研究成果与库克和唐（Cook & Tang，2010）的研究成果一致。姜付秀等（2008）从产品市场竞争的视角，考察了资本结构的动态调整问题，研究结果发现，相较于竞争较小的产品市场，产品竞争激烈的市场中，实际资本结构与目标资本结构的差异较小。至于向目标资本结构调整的速度快慢，他们认为，由于中国公司实际资本结构与目标资本结构的差异并不大，因此在产品市场竞争上，调整速度表现出不显著的结果。姜付秀和黄继承（2011）基于之前的研究基础，又以资本结构动态调整模型为基础，从市场化调整的视角研究了资本结构动态调整的问题。研究结果发现了二者存在正相关关系，即上市公司所在地市场化程度越高，该公司的实际资本结构与目标资本结构之间的差异越小，调整速度越快。这与他们之前的研究猜测，即认为是由于我国实际资本结构与目标资本结构之间的差异较小而导致的在产品市场竞争中调整速度的不显著，是不符的，证明了原来猜想的错误。他们通过对资本结构动态调整模型进行了进一步的扩展，发现市场化的变化速度依然正向影响着资本结构的动态调整速度。

二、信用评级与资本结构调整

梅（May，2010）认为信用评级在一定程度上掌握着诸如公司计划、资本支出、未来红利政策等信息，这些信息都是投资者难以获得的。中村和罗斯巴赫（Nakamura & Roszbach，2010）认为信用评级能够预测破产风险和债务风险，信用评级发生任何的变动都是公司异常收益发生的信号。马蒂斯（Matthies，2013）认为信用评级通过以评级为基础的法规直接或间接影响着资本市场。信用评级的直接影响暗示了评级包含的有市场未公开的信息，以及市场并非是有效的。

基斯根（Kisgen，2006）首次提出了信用评级—资本结构假说，他指出，由于不同评级水平下存在的离散成本（收益），信用评级直接影响着公司经理人的资本结构决策。陈燕（2010）认为，企业在向目标资本结构调整资本结构时，会考虑信用评级机构的意见。中外学者通过不断研究探索了信用评级对资本结构变动的影响。福肯德和彼得森（Faulkender & Petersen，2006）发现，是否进入债券市场对公司财务杠杆有着重要的影响。米图和张（Mittoo & Zhang，2010）肯定了这一认识。史学勇和李元（2004）通过建立信用评级指标体系探讨信用预警方法时指出，信用评级在微观方面会影响公司的目标资本结构。黎智俊（2015）认为，公司信用评级影响了资本结构的决策，信用评级较高的公司更倾向于采用债务融资；当公司信用评级没有被上调或下降时，公司会采用股权融资。潘越和邢天才（2015）研究发现，信用评级为 AAA 级的国有公司会增加债务融资，即高信用评级带来了资本结构的变动。李聪（2008）经过实证研究发现，就非 ST 公司的债务融资和股权融资而言，信用评级较高的公司比信用评级较低的公司具有优势，这种优势在债务融资方面更加显著。

标准普尔在 2009 年的公告指出，评级中的"＋""－"符号仅仅是

"表明主要评级类别的相对位置标志",评级机构并不希望传递信用评级未来可能的发展的信息。麦克尔森和克莱因(Michelsen & Klein, 2011)认为,投资者看待含有"+"或"-"符号的信用评级时,将它们定位为独立的离散违约率的评级数据。基斯根(Kisgen, 2006)试图验证资本结构会受到信用评级变动的事前影响,研究信用评级大多程度上直接影响着资本结构决策。他检验了债务融资的离散成本与收益,在不同信用等级下的变化趋势。他发现信用评级带有"+""-"符号时公司信用评级发生变动的可能性较大。他在实证回归中设立了公司是否将发生变动的虚拟变量,研究结果表明,信用评级直接影响着公司经理人的资本结构决策,与信用评级稳定的公司相比,公司拥有上调或下降可能性较大的信用评级时,在接下来的会计年度中会减少债务融资增加股权融资。我国学者李琦等(2011)针对我国上市公司进行实证研究也同样指出,企业信用评级中含有"+""-"符号时,信用评级向上或向下的调整可能性比不带符号的公司要大,企业也更有动力为上调信用评级做出努力。

基于权衡理论,公司是存在有目标资本结构的,为了使得公司价值最大化的目标得以实现,公司会不断对自身资本结构进行调整以接近最优。

一方面,从企业主动进行资本结构调整的角度,公司在决定是否进行资本结构调整时是对调整成本与调整收益的博弈,公司只有在调整收益较高或是调整成本极低时,才会调整自身的资本结构。信用评级直接影响着公司经理人的资本结构决策,企业在向目标资本结构调整资本结构时既有自己的分析,也会考虑信用评级机构的意见。

另一方面,从企业调整资本结构时所处的环境看,信用评级机构能够获得企业的非公开信息,补充已公开信息,以相对客观的第三方的角度对上市公司进行专业的判断。信用评级能够向信息使用者传递关于公司质量的信息。从银行的角度看,公司向银行申请贷款时,银行会对公司的经营能力、偿债能力、破产风险等一系列因素进行评估,较高的信用评级可以帮助企业更顺利地获得贷款。从投资者的角度看,债券市场参与者对具有高信用评级公司的投资回报率要求较低。信用评级能够通过降低市场信息不对称,缓解融资约束。公司的融资约束程度影响着调整成本的大小,而调整成本的大小能够决定资本结构调整的快慢。

总之，信用评级影响着公司的资本结构调整，较高的信用评级能够为公司创造出更有利的资本结构调整环境。公司信用评级越高，融资约束问题越小，资本结构调整成本越低，实际资本结构向目标资本结构趋同的调整也越快；反之亦然。由此提出假设1。

假设1　公司信用评级与资本结构调整速度正相关。

三、信用评级变动与资本结构调整

信用评级并非是一成不变的，卡维亚尼亚（Kaviania et al.，2015）、霍瓦基米安和李（Hovakimian & Li，2009）、基斯根（Kisgen，2009）认为公司存在信用评级目标，信用评级机构会通过对公司的评估以调整其信用评级。当信用评级发生变动时，公司的融资行为也会受到影响。基斯根（Kisgen，2006）分析了信用评级变动对资本结构调整的影响的背后的原因。他将评级变动分为大变动（如从 AA 调至 AAA）和小变动（如从 AA 调至 AA +），认为造成大的信用评级调整变动的原因是经理人考虑到了评级引发的给公司带来的成本与效益影响，以及对债券投资者的管理影响；造成评级小变动的影响与经理人将评级看作是公司质量的信号有关。

霍瓦斯米安和李（Hovakimian & Li，2009）、基斯根（Kisgen，2009）指出，无论是在理论上还是在实际中，被评级公司拥有稳定的资产负债率。卡维亚尼亚（Kaviania et al.，2015）研究了随时间变化中信用评级对公司资本结构的影响。他们发现在长达27年的时间里，拥有信用评级的公司比没有信用评级的公司杠杆率更加稳定，拥有信用评级显著减少了杠杆率随时间变动的可能性。通过对公司拥有信用评级的偏好进行匹配，他们发现信用评级的稳定性影响着公司的杠杆率的稳定性；信用等级越稳定（如长期处于高质量的信用评级）的公司杠杆率越稳定。当信用评级提高一个标准差时，会给公司杠杆率高达91%的减少。这一研究成果与迪安杰洛和罗（DeAngelo & Roll，2011）的研究一致。纳伊姆和沙米拉（Naeem & Shammyla，2012）发现当公司被调高信用等级或被降级时，原高信用评级的公司倾向于发行债券；原低信用评级的公司仅在被升级时减少债务，为维持信用等级或未来获得更高的信用评级努力。基斯根（Kisgen，2009）基于之前的研究，研究了信用评级变动对资本结构的事后影响。当公司某年度的信用评级下调，公司之后一年的净债务相对股本减少了1.5%~2%。这种信用评级变动的事后影响在被从投资降至投机类别的公司中更加显著。米歇尔森和克莱因（Michelsen & Klein，2011）通过实证研究指出，投资级别的评级与投机级别的评级对被评级公司的经理人有着重要的意义。可能失去或获得投资级别对于发债有着重大的影响，然而这种影响对发行股票影响不如对发债的影响大。

史学勇和李元（2004）通过建立信用评分模型研究信用评级对资本结构的预警作用，他认为信用评级将要上调或下降的公司，其资产负债率对信用评级更加敏感。何平和金梦（2010）指出，由于拥有高信用评级公司的债务融资成本较低，信用评级有可能上调的公司为保证评级上调，会减少发行债券。李聪（2008）认为，公司信用风险增加时，公司更倾向于选择股权融资。田强（2013）以委托代理理论和股东财富最大化理论为基础，定量分析了信用评级对资本结构的影响，结果表明，在我国信用评级调高时，公司的债券融资增加。潘越和邢天才（2015）通过实证研究指出，在我国，公司的信用评级从 AAA 降至 AA + 时，公司会显著减少债务融资。

乔和派尔斯（Khieu & Pyles，2011）通过研究自1985年起近二十年的债务评级变动时发现，在信用评级发生变动的一年以后，相较于没有发生变动的公司，信用评级上调的公司，其长期债务也有所增加；信用评级下调的公司会相应减少短期债务在总债务中的比例。戈亚尔（Goyal，2015）通过实证研究发现，信用违约风险会随着公司发行短期债券增加，随着公司发行长期债券减少。

公司的信用评级反映了评级机构对公司整体商誉、偿债能力等多方面的综合意见，信用评级机构会通过对公司的评估以调整其信用评级。当信用评级发生变动时，会影响到债券的异常收益、公司的融资行为，也会影响到公司随后的资本结构决策。信用评级的稳定性影响着公司的杠杆率的稳定性，信用等级越稳定的公司杠杆率越稳定。

当信用等级提高时，公司的债务融资问题相较于之前会得到缓解，公司的融资成本降低，公司能够更容易获得债务融资，调整自身的资本结构。当公司信用等级降低时，市场认为企业面临的破产风险较大，公司的债务融资成本增加，为了获取原有的较高的评级，公司会通过偿还债务降低负债率。当公司信用等级提高时，公司的债务融资成本降低，公司进行资本结构调整的成本较低，会更容易地进行资本结构调整。由此提出假设 2。

假设 2   公司信用评级变动时，公司会进行资本结构调整。

四、不同负债水平下信用评级对资本结构调整的影响

公司实际资本结构向目标资本结构调整是对调整成本与调整收益的博弈。福肯德和弗兰纳里（Faulkender & Flannery，2012）指出公司只有在调整收益较高或是调整成本极低时，才会调整自身的资本结构。不同负债水平情况下，公司资本结构的调整存在差异。陆正飞等（2015）指出，企业资本结构是否合理并非取决于实际负债水平的高低，而是看其实际负债率是否偏离目标资本结构。参考陆正飞等（2015），笔者利用公司实际资本结构 Lev 与目标资本结构 Lev^* 的差异衡量公司的负债水平，当 $Lev - Lev^* > 0$ 时，公司负债过度；反之，当 $Lev - Lev^* < 0$ 时，表明公司负债不足。

低于目标资本结构的公司，面临的违约风险和破产风险较小，信用评级较高，为实现企业价值最大化，资本结构就需得到向上的调整，并增加债务融资。因此，负债不足的公司能够利用自身信用评级向外传递信号，以便更容易地获得银行贷款或进行发债，调整自身的资本结构。对于高于目标资本结构的公司，已拥有足够的负债，此时面临的主要问题是较大的破产风险以及偿债问题。由于该类公司面临的破产风险较大，其信用评级低于预期，为了实现目标资本结构，获取较高的评级水平，会偿还债务，调整自身资本结构。

由此进一步考察了不同负债水平下，信用评级对资本结构调整的影响，提出假设 3a 和假设 3b。

假设 3a   在不同的负债水平下，信用评级对资本结构调整的影响存在差异。

假设 3b　在不同的负债水平下，信用评级变动对资本结构调整的影响存在差异。

五、不同企业性质下信用评级对资本结构调整的影响

信用评级能够向外界传递关于公司质量的信息，具有相同评级的公司会被认定为具有同样的公司质量。但由于我国特殊的制度背景，资本结构理论受到制度环境的影响，信息使用者在利用公司的信用评级对其违约风险进行判断时，会考虑到公司实际控制人性质。

国有企业比民营企业在获取信用评级方面具有天然的优势，二者在进行资本结构调整时，受信用评级的影响亦存在差异。对于国有企业而言，由于其受到的融资约束较小，加之预算软约束，更容易获取债务融资，因此，在融资顺序上，国有企业更倾向于优先进行债务融资，债务融资所占比例较大，当信用评级发生变化时，对其再融资能力影响更为显著。加之，对其而言，资本结构调整成本较低，因此，国有企业更愿意进行相应的资本结构调整，并利用信用评级向市场传达出有利的信息。对于民营企业而言，由于其大多存在着较大的融资约束，在债务融资方面相对缺乏优势，因此在融资顺序上，更倾向于先进行股权融资，其股权融资比例较大，债务融资比例相对较小，所以对于资本结构调整方面的余地较小，资本结构调整的成本较高，因此，较少会因为信用评级的变化而调整资本结构。

由于我国特殊的制度背景，不同企业性质的公司获取信用评级难易程度及融资约束大小存在差异，因此不同企业性质的公司在进行资本结构调整时，信用评级的影响力以及对信用评级传递的消息的重视程度有所不同。由此提出假设 4a 和假设 4b。

假设 4a　在不同企业性质中，信用评级对资本结构调整的影响存在差异。

假设 4b　在不同企业性质中，信用评级变动对资本结构调整的影响存在差异。

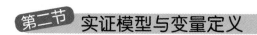

一、目标资本结构及动态调整模型

国内外文献在考虑目前资本结构时，通常寻找替代变量或是通过线性回归拟合出来。如目标资本结构通过公司的年度均值来确认；将行业平均值等作为目标资本结构的替代变量。以上文献是从静态的角度利用替代变量作为公司目标资本结构的，并没有考虑目标资本结构的动态性。现如今更多的学者（Hovakimian et al.，2001；Mukherjee & Mahakud，2010）认为，目标资本虽然无法被直接观测，但是可以通过考察其相关影响因素而被拟合出来。本书参考霍瓦基米安等（Hovakimian et al.，2001）、弗兰纳里和兰甘（Flannery & Rangan，2006）、姜付秀等（2008）以及姜付秀和黄继承（2011），构建如下模型拟合目标资本结构：

$$Lev_{i,t}^* = \alpha_0 + \beta X_{i,t-1} + v_i \tag{4.1}$$

其中，$Lev_{i,t}^*$ 为 i 公司第 t 年度的目标资本结构。向量组 $\beta X_{i,t-1}$ 代表影响公司目标结构的一系列变量。根据文献回顾，指标主要包括公司规模、有形资产比率、盈利能力、成长性、非债务税盾和资产流动性。

关于资本结构动态模型，选用大多数文献（Hovakimian & Li，2009；Faulkender & Flannery，2012）采用弗兰纳里和兰甘（Flannery & Rangan，2006）提出的标准部分调整模型对公司资本结构的动态调整过程进行描述，标准部分调整模型为

$$Lev_{i,t} - Lev_{i,t-1} = \lambda(Lev_{i,t}^* - Lev_{i,t-1}) + \varepsilon_{i,t} \tag{4.2}$$

其中，$Lev_{i,t}$ 为 i 公司第 t 年末资本结构的实际资本结构，$Lev_{i,t-1}$ 为 i 公司第 t 年初的实际资本结构。λ 即为模型（4.2）估计得到的样本公司的资本结构调整速度，反映了样本公司实际资本结构向当年的目标资本结构调整的快慢。当公司资本结构向着目标资本结构调整时，λ 的值介于 0 和 1 之间，资本结构调整速度越快，λ 值越大。$\lambda > 1$ 时，表示当年资本

结构超额调整；$\lambda = 1$ 时，表示 t 年度公司的资本结构即为目标资本结构，实现了当年的目标资本结构；$\lambda < 0$ 时，t 年度公司做出了资本结构调整，但于目标资本结构相背离；$\lambda = 0$ 时，表示公司未做出资本结构的调整。

根据弗兰纳里和兰甘（Flannery & Rangan，2006）、霍瓦基米安和李（Hovakimian & Li，2009）、史密斯等（Smith et al.，2012）、姜付秀和黄继承（2011），将式（4.1）代入式（4.2）整理得到：

$$Lev_{i,t} = (1 - \lambda) Lev_{i,t-1} + \lambda \beta X_{i,t-1} + \upsilon_i + \varepsilon_{i,t} \qquad (4.3)$$

此时，可以利用差分广义估计（GMM）通过式（4.1）和式（4.3）拟合估计出公司目标资本结构。

为了研究信用评级对资本结构调整的影响，本书按照公司信用评级的高低对样本进行分组，将高于平均信用评级的样本设为高信用评级组，将低于平均信用评级的样本设为低信用评级组。通过分组回归，比较不同信用评级水平下的资本结构调整速度的差异。

为了研究信用评级变动资本结构调整的影响，本书按照公司信用评级是否被调高对样本进行分组，将信用评级调高的样本设为信用评级调高组，将信用评级未调高的样本设为低信用评级组。通过分组回归，比较信用评级变动与否的资本结构调整速度的差异。

二、信用评级与资本结构调整模型

通过阅读文献发现，在研究公司资本结构调整过程的问题上，现有文献（Byoun，2014；Cook & Tang，2010；姜付秀和黄继承，2011）以弗兰纳里和兰甘（Flannery & Rangan，2006）提出的标准部分调整模型为基础进行扩展。为了进一步研究不同企业性质、不同负债水平的公司，信号评级对资本结构调整影响程度的差异。本书借鉴现有文献研究，在弗兰纳里和兰甘（Flannery & Rangan，2006）的标准部分调整模型的基础上，引入信用评级变量与资本结构的交互项 $Score_{i,t-1} \times Lev_{i,t-1}$、信用评级变量 $Score_{i,t-1}$，并分组回归。在式（4.3）的右边加入信用评级、信用评级与资本结构的交互项，得到扩展部分调整模型：

$$Lev_{i,t} = (1 - \lambda) Lev_{i,t-1} + \gamma Score_{i,t-1} \times Lev_{i,t-1} + \beta_0 Score_{i,t-1}$$

$$+ \lambda \beta X_{i,t-1} + \upsilon_i + \varepsilon_{i,t} \tag{4.4}$$

此时，资本结构的调整速度为 $\lambda' = \lambda - \gamma Score$ 越大，$|\gamma|$ 信用评级对资本结构调整的影响越大。

三、信用评级变动与公司资本结构调整模型

式（4.4）从静态的角度考察了信用评级与资本结构调整速度的关系，为从动态的角度研究信用评级变动对资本结构调整速度的影响，设置信用评级变动与资本结构的交互项 $\Delta Score_{i,t-1} \times Lev_{i,t-1}$ 和信用评级变动变量 $\Delta Score$。通过分组回归，研究不同性质的公司、不同负债水平的公司，公司信用评级变动对资本结构调整影响的程度。同时，再次对标准部分调整模型进行扩展，在式（4.3）右边加入信用评级变动变量、信用评级变动与资本结构的交互项，得到拓展部分调整模型：

$$Lev_{i,t} = (1 - \lambda) Lev_{i,t-1} + \gamma \Delta Score_{i,t-1} \times Lev_{i,t-1} + \beta_0 \Delta Score_{i,t-1}$$

$$+ \lambda \beta X_{i,t-1} + \upsilon_i + \varepsilon_{i,t} \tag{4.5}$$

此时，资本结构的调整速度为 $\lambda' = \lambda - \gamma Score$。$|\gamma|$ 越大，信用评级变动对资本结构调整的影响就越大。

表 4-1 列出了本书实证分析所用变量的定义。

表 4-1　　　　　　　　　　　　　　变量定义

变量类别	变量名	含义	计算公式
被解释变量	Lev	资产负债率	Lev = 期末负债总额/期末资产总额
解释变量	$Score$	信用评级得分	参考林晚发等（2014），考虑到样本公司的实际评级最低为BB，将公司主体信用评级进行赋值：AAA = 13，AAA − = 12，AA + = 11，AA = 10，AA − = 9，A + = 8，A = 7，A − = 6，BBB + = 5，BBB = 4，BBB − = 3，BB + = 2，BB = 1
	$\Delta Score$	信用评级变动	$\Delta Score_{i,t} = Score_{i,t} - Score_{i,t-1}$
控制变量	$Lnassets$	资产规模	总资产的自然对数，代表资产规模
	ROA	总资产报酬率	ROA = 息税前利润/期末资产总额，代表盈利能力
	Q	托宾 Q	以托宾 Q 代表公司成长性

续表

变量类别	变量名	含义	计算公式
控制变量	$Tang$	有形资产比率	$Tang = ($固定资产净值 + 存货净值$)/$总资产
	Liq	资产流动性	$Liq = $流动资产$/$流动负债，以流动比率代表资产流动性
	$Ndts$	非债务税盾	$Ndts = $固定资产折旧$/$总资产
	$Industry_j$	行业	虚拟变量，$j = 1,2,\cdots,20$
	$Year_t$	年度	虚拟变量，$t = 1,2,\cdots,8$

第三节　实证分析

一、样本选取

选取 2006~2014 年中国沪深两市 A 股一般上市公司作为研究对象。选取样本时剔除了 ST、*ST、PT 的公司以及金融、保险类的上市公司，同时对当年增股或配股的上市公司和数据缺失及异常值样本进行了剔除。本书选取的样本数据均来自 2006~2014 年上市公司相关数据，其中公司主体信用评级来源于万德数据库，其余全部数据来源于国泰安数据库，数据均具备可得性。需要特别说明的是，当企业在一年内多次发债时，会出现多次公司主体评级，本书仅保留公司该年度最后一次评级得分，作为该年的信用评级数据。

从表 4-2 可以看出，处于 B 级的企业仅有 1 家，这源于现阶段国内的债券市场，企业要发行公司债、企业债或者债务融资工具，对其信用的要求还是较高的。现实中，即使是以注册制发行短期融资券，基本上只有 A 或 A 以上等级的企业才能顺利发行。另外，大 AA 级别（包括 AA−，AA，AA+）的企业占到了全部样本的 76%，AAA 级别企业占样本的 16%，这两者合计占到了全部样本的 82%。

表4-2　　　　　　　　样本企业主体信用评级分布　　　　　　　单位：家

信用评级	2006年	2007年	2008年	2009年	2010年	2011年	2012年	2013年	2014年	总计
AAA	1	4	8	12	17	22	32	46	47	189
AA +	0	2	9	8	11	23	37	44	59	193
AA	0	1	8	14	31	44	97	145	150	490
AA −	0	3	10	17	25	26	21	42	43	187
A +	0	4	13	8	6	10	9	12	11	73
A	0	1	2	0	2	1	1	1	2	10
A −	0	0	0	0	0	1	1	0	0	2
BBB	1	0	0	0	0	0	0	0	0	1
总计	2	15	50	59	92	127	198	290	312	1 145

二、描述性统计

表4-3对选取的2006～2014年样本上市公司的资产负债率、信用评级得分、资产规模、有形资产比率、资产流动性、总资产报酬率、非债务税盾、托宾 Q 进行了描述性统计。样本研究期间所选样本公司的资产负债率的均值、中值、偏度分别为55.52%、56.34%、-0.1599，样本整体频数分布的高峰向右偏移，长尾向左延展，即表明大多数样本上市公司的资产负债率超过行业平均水平。信用评级的均值为10.2316，与表4-2统计一致，说明我国大多数样本上市公司的信用评级集中在大AA级。

表4-3　　　　　　　　描述性统计（ $N = 1\ 145$ ）

变量	均值	中位数	最大值	最小值	标准差	偏度
资产负债率	0.5552	0.5634	1.5559	0.0481	0.1603	−0.1599
信用评级得分	10.2316	10.0000	13.0000	1.0000	1.4732	0.2145
资产规模	23.1946	23.0146	28.5087	20.0002	1.3033	0.8461
有形资产比率	0.4517	0.4449	0.9709	0.0043	0.1843	0.0138
资产流动性	1.5083	1.1958	23.0266	0.0385	1.4019	5.1623
总资产报酬率	0.1279	0.1385	11.4108	−19.2066	0.6119	−17.6911
非债务税盾	0.0239	0.0224	0.1194	0.0002	0.0157	0.7308
托宾 Q	1.1016	0.8143	14.7643	0.0619	1.0201	3.5448

三、回归分析

1. 信用评级与资本结构调整实证分析

为分析信用评级对资本结构调整的影响，笔者在对模型（4.3）进行了分组回归和模型（4.4）进行全样本回归时，同时采用了 OLS 稳健标准误回归和固定效应模型，并同时将两种回归结果进行了列示（见表 4 - 4）。

表 4 - 4　　　　　　　　　信用评级与资本结构调整

变量 （t - 1 年）	OLS 稳健标准误回归			固定效应回归		
	（1）信用 评级高	（2）信用 评级低	（3）全样本	（4）信用 评级高	（5）信用 评级低	（6）全样本
资产负债率	0.661 *** （0.0343）	0.791 *** （0.0237）	0.753 *** （0.0813）	0.661 *** （0.0343）	0.709 *** （0.0416）	0.483 *** （0.1020）
资产负债率× 信用评级			- 0.0114 ** （0.0045）			- 0.0169 *** （0.0057）
信用评级			0.0044 （0.0076）			0.0152 （0.0096）
公司规模	0.0184 *** （0.0052）	0.00943 *** （0.0035）	0.0120 *** （0.0024）	0.0184 *** （0.0052）	0.0146 （0.0093）	0.0171 *** （0.0033）
盈利能力	0.0111 （0.0326）	0.0012 （0.0036）	0.0005 * （0.0035）	0.0111 （0.0326）	- 0.00822 ** （0.0033）	0.0007 * （0.0032）
成长性	- 0.0004 * （0.0053）	- 0.00910 *** （0.0026）	- 0.00919 *** （0.0023）	- 0.0004 * （0.0053）	- 0.00954 ** （0.0040）	- 0.0105 *** （0.0026）
有形资产 比率	- 0.0162 （0.0342）	- 0.0079 * （0.0155）	- 0.0095 * （0.0129）	- 0.0162 （0.0342）	- 0.0128 * （0.0345）	0.0012 （0.0178）
流动资产 比率	- 0.00913 * （0.0047）	- 0.00463 * （0.0025）	- 0.00340 * （0.0019）	- 0.00913 * （0.0047）	- 0.0036 （0.0037）	- 0.00658 *** （0.0024）
非债务税盾	- 0.4890 （0.4510）	- 0.487 ** （0.1980）	- 0.424 *** （0.1610）	- 0.4890 （0.4510）	- 0.4100 （0.4950）	- 0.664 *** （0.2300）
年度	控制	控制	控制	—	—	—
行业	控制	控制	控制	控制	控制	控制

续表

变量 ($t-1$ 年)	OLS 稳健标准误回归			固定效应回归		
	（1）信用 评级高	（2）信用 评级低	（3）全样本	（4）信用 评级高	（5）信用 评级低	（6）全样本
截距项	-0.219* (0.1230)	-0.0526 (0.0763)	-0.0079 (0.0616)	-0.219* (0.1230)	0.1490 (0.2080)	0.0248 (0.0847)
样本量	340	805	1 145	340	805	1 145
Adj - R^2	0.7160	0.7950	0.8140	0.6720	0.6830	0.8490

注：括号内为系数估计的标准差。*** 、** 、* 分别表示在 t 分布下 0.01、0.05、0.1 的水平上显著（双尾），后表符号含义均相同，不再赘述。

先看 OLS 回归结果。从表 4 - 3 可以看出，企业的信用评级的平均得分为 10.2316。为了进行信用评级变动与资本结构调整速度的初步研究，将信用评级分为两组，对模型（4.3）进行分组回归，高于平均值的为高信用评级组，反之为低信用评级组，结果如表 4 - 4 所示。从表 4 - 4 第（1）~（2）列可以看出，资本结构的回归系数分别为 0.661 和 0.791，且都在 1% 的水平上显著。通过计算得出，信用评级较高的公司资本结构的调整速度 $\lambda = 1 - 0.661 = 0.339$；信用评级较低的公司资本结构调整速度为 $\lambda = 1 - 0.791 = 0.209 < 0.339$。由此，得出初步结论信用评级越高，公司资本结构的调整速度越快。进一步考察信用评级与资本结构调整速度的影响，加入资本结构与信用评级交互项，对表 4 - 4 第（3）列进行分析。此时，资本结构的调整速度为 $\lambda' = \lambda - \gamma Score_{i,t-1}$，$\gamma$ 为信用评级与资本结构交互项的系数。从表 4 - 4 第（3）列可以看出，$\gamma = -0.0114 < 0$，在 1% 的水平显著为负，说明信用水平 $Score$ 越高，公司实际资本结构向目标资本结构的调整就越快，与初步得出的结论相一致。

再看固定效应回归结果。从表 4 - 4 第（4）~（5）列可以看出，资本结构调整速度 λ 的值分别为 $\lambda = 1 - 0.661 = 0.339$，$\lambda = 1 - 0.709 = 0.291 < 0.339$。第（6）列 $\gamma = -0.0169 < 0$。得出的结果依然是信用评级越高，信用评级与资本结构调整速度正相关。两种回归结果一致，假设 1 得证。这是因为拥有高信用评级的公司能够向市场传递关于自身高质量的信号，使得公司面对的融资约束问题较少，能够更快地调整自身资本结构。

2. 信用评级变动与资本结构调整实证分析

为分析信用评级对资本结构调整的影响,笔者在对模型4－3进行分组回归和4－5进行全样本回归时,同时采用了OLS稳健标准误回归和固定效应模型,并同时将两种回归结果进行了列示(见表4－5)。

表4－5　　　　　　　信用评级变动与资本结构调整回归分析

变量 ($t-1$ 年)	OLS 稳健标准误回归			固定效应回归		
	(1) 信用评级变动	(2) 信用评级未变	(3) 总样本	(4) 信用评级变动	(5) 信用评级未变	(6) 总样本
资产负债率	0.793 *** (0.0516)	0.822 *** (0.0181)	0.884 *** (0.0190)	0.659 * (0.1840)	0.822 *** (0.0181)	0.717 *** (0.0241)
资产负债率× Δ信用评级			− 0.0194 *** (0.0026)			− 0.0101 *** (0.0025)
Δ信用评级			0.0117 *** (0.0015)			0.00664 *** (0.0014)
公司规模	0.0081 * (0.0060)	0.00414 ** (0.0019)	0.00420 ** (0.0018)	0.0005 * (0.0282)	0.00414 ** (0.0019)	0.00955 *** (0.0026)
盈利能力	0.0005 * (0.0014)	− 0.0206 * (0.0258)	0.0023 * (0.0034)	− 0.0056 * (0.0065)	− 0.0206 (0.0258)	0.0019 * (0.0032)
成长性	0.0003 ** (0.0064)	− 0.00939 *** (0.0025)	− 0.00935 *** (0.0022)	− 0.0161 ** (0.0153)	− 0.00939 *** (0.0025)	− 0.0110 *** (0.0026)
有形资产 比率	0.0022 * (0.0328)	0.0001 (0.0136)	− 0.0034 (0.0126)	− 0.0336 (0.1530)	0.0001 (0.0136)	0.0045 (0.0171)
流动资产 比率	0.0127 * (0.0071)	− 0.00485 ** (0.0020)	− 0.00342 * (0.0019)	− 0.0123 (0.0181)	− 0.00485 ** (0.0020)	− 0.00619 *** (0.0024)
非债务税盾	− 0.1050 (0.4790)	− 0.484 *** (0.1690)	− 0.393 ** (0.1580)	− 0.9140 (3.1610)	− 0.484 *** (0.1690)	− 0.620 *** (0.2220)
年度	控制	控制	控制	—	—	—
行业	控制	控制	控制	控制	控制	控制
截距项	(0.0718) (0.0499)	0.0457 (0.0502)	(0.0001) (0.0533)	0.5990 (0.0499)	0.0457 (0.0502)	(0.0234) (0.0533)
样本量	186	959	1 145	186	959	1 145
Adj-R^2	0.7110	0.8270	0.8200	0.6300	0.7140	0.7520

同样先看 OLS 回归结果。为了进行信用评级变动与资本结构调整速度的初步研究，将信用评级按照是否下调分为两组，对模型（4.3）进行分组回归，结果如表 4-5 所示。从表 4-5 第（1）~（2）列可以看出，资本结构的回归系数分别为 0.793 和 0.822，且均在 1% 的水平上显著。通过计算得出，信用评级变动的公司资本结构的调整速度 $\lambda = 1 - 0.793 = 0.207$；信用评级未变动的公司资本结构调整速度为 $\lambda = 1 - 0.822 = 0.178$，二者存在显著差异。由此，得出初步结论信用评级变动时，会影响公司资本结构调整。进一步考察信用评级变动与资本结构调整速度的影响，对模型（4.5）进行回归分析。考虑到资本结构与信用评级变动交互项的影响，此时，资本结构的调整速度为 $\lambda' = \lambda - \gamma \times \Delta Score_{i,t-1}$，$\gamma$ 为信用评级与资本结构交互项的系数。从表 4-4 第（3）列可以看出，γ 在 1% 的水平显著，表明信用水平变动时，公司会进行资本结构调整。由于 $\gamma = -0.0194 < 0$，表明当 $\Delta Score_{i,t-1} > 0$ 即信用水平提高时，公司资本结构的调整速度 λ' 加快，信用评级提高得越大公司实际资本结构向目标资本结构调整的速度越快；当 $\Delta Score_{i,t-1} < 0$ 信用水平下降时，公司资本结构向目标资本结构的调整速度减慢。

再看固定效应回归结果。从表 4-5 第（4）~（5）列可以看出，资本结构调整速度 λ 的值分别为 $\lambda = 1 - 0.659 = 0.341$，$\lambda = 1 - 0.822 = 0.178$，二者显著存在差异。第（6）列 $\gamma = -0.0101 < 0$，在 1% 的水平显著为负。得出的结果与之前一致，假设 2 得证。这是因为评级变动反映了公司破产风险的变动，市场会对公司偿债能力做出新的评价，影响了公司能够获得的债务融资规模，使得其调整速度发生改变。

3. 基于不同负债水平的实证分析

为了考察不同负债水平情况下信用评级对资本结构调整速度的影响程度，笔者利用差分广义估计对目标资本结构进行估计，然后参考陆正飞等（2015）利用公司实际资本结构与目标资本结构的差异衡量公司的负债水平，分为负债过度组和负债不足组。笔者在对模型（4.4）和模型（4.5）进行分组回归时，利用 F 检验、xttest0 检验和 Hausman 检验在混合效应、固定效应和随机效应之间对模型适用的效应做出最终的选择。具体回归结果如表 4-6 所示。

表 4-6　　　　不同负债水平下信用评级变动与资本结构调整回归分析

变量 ($t-1$ 年)	静态		动态	
	(1) 过度负债	(2) 负债不足	(3) 过度负债	(4) 负债不足
资产负债率	0.598 *** (0.1690)	0.383 ** (0.1550)	0.394 *** (0.0284)	0.371 *** (0.0318)
资产负债率 × 信用评级	-0.0397 *** (0.0153)	-0.0802 *** (0.0156)	-0.0002 (0.0007)	-0.00254 ** (0.0013)
信用评级	-0.0391 *** (0.0102)	-0.0299 *** (0.0073)	0.00533 *** (0.0023)	0.00656 * (0.0029)
公司规模	0.0023 * (0.0087)	0.00845 * (0.0043)	0.0153 *** (0.0035)	0.0114 ** (0.0046)
盈利能力	-0.0036 (0.0023)	-0.0603 (0.0417)	-0.0022 (0.0023)	-0.0828 * (0.0428)
成长性	-0.00918 * (0.0051)	-0.0112 *** (0.0027)	-0.0044 (0.0038)	-0.0113 *** (0.0028)
有形资产比率	-0.0737 *** (0.0275)	-0.0004 (0.0234)	-0.0167 (0.0169)	0.0063 (0.0242)
流动资产比率	-0.0119 ** (0.0054)	-0.00743 *** (0.0024)	-0.0073 (0.0046)	-0.00745 *** (0.0025)
非债务税盾	0.5900 (0.3960)	-0.866 *** (0.3110)	-0.2250 (0.2270)	-1.035 *** (0.3190)
行业	控制	控制	控制	控制
截距项	0.2510 (0.2120)	0.525 *** (0.1090)	0.167 ** (0.0713)	0.1260 (0.0903)
样本量	897	221	897	221
Adj-R^2	0.6790	0.6510	0.5400	0.5010
xttest0 检验	0.0000	0.0000	0.0000	0.0000
F 检验	0.0000	0.0000	0.0000	0.0000
Hausman 检验	0.0013	0.0000	0.5200	0.0000
效应选取	固定效应	固定效应	随机效应	固定效应

从表 4-6 静态信用评级的角度看，资本结构的调整速度为 $\lambda' = \lambda - \gamma \times$

$Score_{i,t-1}$，具体看信用评级资本结构调整速度的影响 $|\gamma|$。在负债过度与负债不足组中 γ 均在 1% 的显著性水平下显著，且负债不足组中 $|\gamma|=0.0802$ 是负债过度组中 $|\gamma|=0.0397$ 的 2 倍多，说明在不同的负债水平下，信用评级对资本结构调整的影响存在差异，负债不足的公司，资本结构调整速度受到信用评级的影响更大。假设 3a 得证。这反映了企业负债水平不同，在进行资本结构调整时对信用的利用程度存在差异。对于信用评级较低的公司，为了达到目标资本结构，需向上调整，此时更有动机利用自身的信用评级向市场传递信号，以便获得更多的债务。

从表 4-6 动态评级变动的角度看，资本结构的调整速度为 $\lambda'=\lambda-\gamma\times\Delta Score_{i,t-1}$。从回归结果可以看出，负债过度组的 γ 并不显著，负债不足中信用评级变动与资产负债率交互项系数在 5% 的显著性水平下显著。说明负债不足企业中，信用评级变动对资本结构调整速度有影响，而过度负债企业中信用评级变动对资本结构调整速度影响不显著。假设 3b 得证。这是因为负债过度的公司面临的主要问题是偿还债务降低负债率，相较于负债不足的公司，不会特别重视信用评级变动的信号作用。

4. 基于不同企业性质的实证分析

从表 4-7 静态信用评级的角度看，资本结构的调整速度为 $\lambda'=\lambda-\gamma\times Score_{i,t-1}$，具体看信用评级资本结构调整速度的影响 $|\gamma|$。非国有企业和国有企业的 $|\gamma|$ 分别为 0.0259 和 0.0678，并均在 1% 的显著性水平下显著。可以看出后者是前者的 2 倍，说明在不同企业性质中，信用评级对资本结构调整的影响存在不同，且国有企业中，信用评级更加能够对资本结构的调整速度产生影响。假设 4a 得证。

表 4-7　　　　　信用评级变动与资本结构调整：不同企业性质

变量 （$t-1$ 年）	静态		动态	
	（1）非国企	（2）国企	（3）非国企	（4）国企
资产负债率	0.683 * (0.1440)	1.084 *** (0.1490)	0.703 *** (0.0289)	0.704 *** (0.0472)
资产负债率 × 信用评级	− 0.0259 *** (0.0145)	− 0.0678 ** (0.0124)	− 0.0041 (0.0031)	− 0.0208 *** (0.0046)
信用评级	− 0.0411 *** (0.0078)	0.0046 (0.0076)	0.00347 ** (0.0017)	0.0135 *** (0.0029)

续表

变量 ($t-1$ 年)	静态		动态	
	（1）非国企	（2）国企	（3）非国企	（4）国企
公司规模	0.0146 ***	0.0167 ***	0.0112 ***	0.00811 *
	（0.0045）	（0.0042）	（0.0037）	（0.0048）
盈利能力	-0.0542 *	0.0021	-0.0699 **	0.0029
	（0.0319）	（0.0039）	（0.0321）	（0.0035）
成长性	-0.00959 ***	-0.0113 *	-0.00868 ***	-0.0142 **
	（0.0029）	（0.0060）	（0.0029）	（0.0063）
有形资产比率	0.0235	-0.0455 *	0.0257	-0.0644 *
	（0.0198）	（0.0288）	（0.0197）	（0.0369）
流动资产比率	-0.00624 **	-0.0059	-0.00663 **	-0.00758 *
	（0.0029）	（0.0036）	（0.0029）	（0.0044）
非债务税盾	-0.694 ***	-0.737 *	-0.729 ***	（0.5220）
	（0.2610）	（0.3740）	（0.2610）	（0.5010）
行业	控制	控制	控制	控制
截距项	0.297 **	-0.250 **	（0.0524）	0.0571
	（0.1180）	（0.1190）	（0.0830）	（0.1130）
样本量	857	288	857	288
Adj-R^2	0.4490	0.4110	0.4340	0.4130
xttest0 检验	0.0000	0.0000	0.0000	0.0000
F 检验	0.0000	0.0000	0.0000	0.0000
Hausman 检验	0.0000	0.0000	0.0050	0.0000
效应选取	固定效应	固定效应	固定效应	固定效应

从表 4-7 动态评级的角度看，资本结构的调整速度为 $\lambda' = \lambda - \gamma \times \Delta Score_{i,t-1}$。从回归结果可以看出，非国有企业的 γ 并不显著，国有企业信用评级变动与资产负债率交互项系数在 1% 的显著性水平下显著。说明在不同企业性质中，信用评级对资本结构调整的影响存在差异。假设 4b 得证。

这是因为国有企业存在的融资优势以及预算软约束，拥有较低的融资约束问题，选择融资时更倾向于利用债务融资，使其在进行资本结构调整时，更加重视信用评级及信用评级变动向市场传递的信息。

第四节 稳健性检验

通过利用考虑了截面存在异方差和序列相关情况的 GLS 回归进行了稳健性检验。检验结果支持原实证结果，具体结果表 4 – 8 ～ 表 4 – 11 所示。

表 4 – 8　　　　　　信用评级与资本结构调整 GLS 回归分析

变量 （$t-1$ 年）	（1） 信用评级高	（2） 信用评级低	（3） 全样本
资产负债率	0. 744 *** (25. 83)	0. 762 *** (31. 11)	0. 6919 *** (17. 8300)
资产负债率×信用评级			− 0. 0104 *** (− 2. 9300)
信用评级			0. 0101 *** (4. 74)
公司规模	0. 00913 ** (2. 74)	0. 0106 ** (2. 94)	0. 00733 *** (5. 78)
有形资产比率	0. 0110 (0. 42)	− 0. 000950 (− 0. 05)	0. 00388 (0. 49)
成长性	− 0. 00621 * (− 1. 98)	− 0. 00436 (− 1. 73)	− 0. 00343 *** (− 4. 87)
流动资产比率	− 0. 0375 (− 1. 09)	0. 0002 * (0. 07)	− 0. 00151 * (− 0. 24)
盈利能力	− 0. 482 * (− 1. 39)	− 0. 255 (− 1. 10)	− 0. 370 *** (− 3. 93)
非债务税盾	− 0. 0208 ** (− 3. 16)	− 0. 0122 *** (− 4. 42)	− 0. 0130 *** (− 8. 65)
行业变量	控制	控制	控制
年度变量	控制	控制	控制
截距项	− 0. 0723 (− 0. 61)	− 0. 0059 (− 0. 1100)	0. 1038 ** (2. 04)
Wald chi2	Wald chi2(24) = 2 182. 80	Wald chi2(27) = 76 163. 97	Wald chi2(30) = 49 053. 6900
Prob > chi2	0. 0000	0. 0000	0. 0000
样本量	304	805	1 145

注：括号内为 t 值，表 4 – 9 ～ 表 4 – 11 同。

表 4 - 9 信用评级变动与资本结构调整 GLS 回归分析

变量 ($t-1$ 年)	(1) 信用评级变动	(2) 信用评级未变动	(3) 全样本
资产负债率	0.7460 *** (27.0600)	0.8171 *** (83.7400)	0.8876 *** (67.6800)
资产负债率 × Δ 信用评级			- 0.0146 *** (- 10.2500)
Δ 信用评级			0.0092 *** (11.3100)
公司规模	0.0134 *** (8.3400)	0.0039 *** (5.5700)	0.0032 *** (4.1100)
有形资产比率	0.0068 (0.4900)	0.0118 * (1.5100)	0.0023 (0.3000)
成长性	0.0076 *** (3.7000)	- 0.0035 *** (- 6.7500)	- 0.0030 ** (- 2.0900)
流动资产比率	- 0.0058 * (- 0.7400)	- 0.0140 (- 1.0500)	- 0.0063 * (- 1.0100)
盈利能力	0.0777 (0.4800)	- 0.4314 *** (- 4.4800)	- 0.2591 *** (- 2.5700)
非债务税盾	- 0.0009 (- 0.2500)	- 0.1293 *** (- 10.7300)	- 0.0114 *** (- 8.0600)
行业变量	控制	控制	控制
年度变量	控制	控制	控制
截距项	- 1.3285 ** (- 2.4100)	0.0775 *** (1.8200)	0.0435 (1.1000)
Wald chi2	Wald chi2(23) = 25 449.7400	Wald chi2(27) = 56 353.90	Wald chi2(30) = 25 393.43
Prob > chi2	0.0000	0.0000	0.0000
样本量	186	959	1 145

表 4 - 10   不同负债水平下信用评级变动与资本结构调整 GLS 回归分析

变量 ($t-1$ 年)	静态		动态	
	（1）负债过度	（2）负债不足	（3）负债过度	（4）负债不足
资产负债率	0.6503 *** （11.1800）	0.0734 * （0.2800）	0.9127 *** （81.6600）	0.7014 *** （11.6800）
资产负债率 × 信用评级	- 0.0238 *** （- 4.7900）	- 0.0500 * （- 2.0100）	- 0.0088 （- 5.6500）	- 0.0224 *** （- 2.8800）
信用评级	0.0165 *** （4.9100）	0.0151 *** （1.7400）	0.0064 *** （6.9100）	0.0083 *** （2.8800）
公司规模	0.0023 * （1.6100）	- 0.0026 * （- 0.7000）	0.0009 * （1.0300）	- 0.0014 * （- 0.5600）
有形资产比率	- 0.0172 ** （- 2.2100）	0.0042 （0.0300）	- 0.0121 * （- 1.4900）	0.0136 （0.7700）
成长性	- 0.0009 * （- 0.4000）	- 0.0085 *** （- 6.3300）	- 0.0016 * （- 0.7100）	- 0.0079 *** （- 5.2700）
流动资产比率	- 0.0029 * （- 0.4700）	- 0.0962 ** （- 2.5500）	- 0.0045 * （- 0.7900）	- 0.0645 * （- 1.6800）
盈利能力	- 0.1036 * （- 1.2000）	- 0.6312 *** （- 3.1600）	- 0.1232 * （- 1.1500）	- 0.5013 ** （- 2.4700）
非债务税盾	- 0.0116 *** （- 5.600）	- 0.0133 *** （- 5.1900）	- 0.0145 *** （- 7.0200）	- 0.0145 *** （- 5.9900）
年度	控制	控制	控制	控制
行业	控制	控制	控制	控制
截距项	0.2401 *** （4.7800）	0.4324 *** （3.3400）	0.0972 *** （2.8900）	0.2156 *** （2.8500）
Wald chi2	Wald chi2(27) = 43023.55	Wald chi2(26) = 4299.99	Wald chi2(27) = 32096.35	Wald chi2(26) = 2501.40
Prob > chi2	0.0000	0.0000	0.0000	0.0000
样本量	897	221	897	221

表 4 – 11　　　　不同企业性质下信用评级变动与资本结构调整 GLS 回归分析

变量 ($t-1$ 年)	静态		动态	
	(1) 非国企	(2) 国企	(3) 非国企	(4) 国营
资产负债率	0.831 *** (7.12)	1.132 *** (7.69)	0.813 *** (32.98)	0.854 *** (21.92)
资产负债率 × 信用评级	−0.0125 ** (−1.12)	−0.0366 ** (−2.92)	−0.00939 (−2.95)	−0.0332 *** (−7.43)
信用评级	−0.00135 (−0.21)	0.00951 (1.26)	0.00579 *** (3.32)	0.0204 *** (7.21)
公司规模	0.0161 *** (4.72)	0.0174 *** (3.81)	0.00658 * (2.54)	0.00377 (1.06)
盈利能力	0.0311 (1.78)	−0.0511 (−1.72)	0.0348 * (2.13)	−0.0761 ** (−2.72)
成长性	−0.00720 ** (−2.75)	−0.00604 (−1.63)	−0.00584 * (−2.37)	−0.00505 (−1.45)
有形资产比率	−0.0301 (−1.00)	0.00142 (0.39)	−0.0587 * (−2.06)	0.00345 (1.00)
流动资产比率	−0.486 * (−2.17)	−0.279 * (−0.66)	−0.431 * (−2.04)	0.233 (0.59)
非债务税盾	−0.0114 *** (−4.01)	−0.0171 * (−2.40)	−0.00965 *** (−3.56)	−0.0236 *** (−3.59)
年度	控制	控制	控制	控制
行业	控制	控制	控制	控制
截距项	−0.143 (−1.55)	−0.345 * (−2.24)	0.00797 (0.12)	−0.0423 (−0.36)
Wald chi2	Wald chi2(28) = 3 493.50	Wald chi2(24) = 1 531.91	Wald chi2(28) = 3 995.17	Wald chi2(24) = 1 756.69
Prob > chi2	0.0000	0.0000	0.0000	0.0000
样本量	857	288	857	288

从表 4 – 8 第 (1) ~ (2) 列可以看出，资本结构调整速度 λ 显著，值分别为 $\lambda = 1 - 0.744 = 0.256$，$\lambda = 1 - 0.762 = 0.238 < 0.256$。第 (3) 列 $\gamma = -0.0104 < 0$。得出的结果依然是信用评级越高，信用评级与资本结构

调整速度正相关。

从表 4-9 第（1）~（2）列可以看出，资本结构调整速度 λ 均显著，值分别为 $\lambda = 1 - 0.746 = 0.254$，$\lambda = 1 - 0.8171 = 0.1829$，二者显著存在差异。第（3）列 $\gamma = -0.0101 < 0$，在 1% 的水平显著为负。信用评级变动会影响资本结构调整速度。得出的结果与之前一致。

从表 4-10 第（1）~（2）列可以看出信用评级与资本结构交互项 γ 分别在 1% 和 10% 的显著性水平下显著，负债过度和负债不足的 $|\gamma|$ 分别为 0.0238 和 0.0500，说明不同负债水平中，信用评级对资本结构调整的影响存在差异，且在负债不足中影响程度更大，与之前得出结果一致。从第（3）~（4）列可以看出在负债过度组中 γ 不显著而负债不足 γ 在 1% 的显著性水平下显著，得出结论与之前一致。

从表 4-11 第（1）~（2）列可以看出信用评级与资本结构交互项 γ 均在 5% 的显著性水平下显著，非国有企业和国有企业的 $|\gamma|$ 分别为 0.0125 和 0.0366，说明不同企业性质中，信用评级对资本结构调整的影响存在差异，且在国有企业中影响程度更大，与之前得出结果一致。从第（3）~（4）列可以看出在非国有企业中 γ 不显著而国有企业的 γ 在 1% 的显著性水平下显著，得出结论与之前一致。

本章小结

关于资本结构的调整速度的研究，国内外学者已经进行了大量的研究并且提出了实用有效的模型，但是对于信用评级对资本结构调整的影响，尚未见相关研究。基于信号传递理论，信用评级能够有效地向信息使用者提供公司的信息，从信息使用者的角度来看信息不对称有效减少，从公司的角度来看融资呈显著下降，从而影响着公司的资本结构。本书以 2006~2014 年 1 145 家上市公司年样本数据为依据，通过实证研究检验了信用评级及其变动对资本结构调整速度的影响，并且进一步考察了不同公司性质及不同负债水平下这种影响的差异。主要有以下发现。

首先，从总体来看，在控制资本结构的影响因素后，信用评级及其变动会影响公司资本结构的动态调整。信用评级越高，公司资本结构调整速度越快，在同等条件下能够更快地向目标资本结构进行调整；当信用等级发生变动时，也会对资本结构的调整造成影响。具体表现为当信用等级提高时，公司的资本结构调整会加快。

其次，在不同负债水平条件下，信用评级对资本结构调整的影响程度也显著不同，在负债不足的公司中，这种影响程度更大。信用评级变动对资本结构调整的影响只在负债不足时显著。

最后，在不同企业性质中，信用评级对资本结构调整的影响程度存在差异，在国有企业中，信用评级对资本结构调整的影响更大。信用评级变动对资本结构调整的影响仅在国有企业中显著。由此表明，民营企业信用评级尚未对其融资能力发挥显著导向作用，可能表明，金融机构在对民营企业，尤其是民营中小企业信用评级时可能存在歧视与不合理。呼吁我国金融机构改变其既有的信用评级体系，制定包括针对高科技中小企业在内的多层次信用评级体系，充分发挥信用评级这一有力工具，缓解高科技中小企业融资约束，提高其融资能力。

第五章

京津冀高科技中小企业概述

第一节 京津冀高科技中小企业发展现状

高科技中小企业对我国国民经济建设以及寻求社会发展有着不可或缺的重要性，促进其发展对我国国民经济长期稳定发展对实现民生和社会稳定有战略层面的重大意义。高科技中小企业注重科技人才、注重自己开发的知识产权、专有技术或先进的理论，通过投入先进的技术来开展生产经营活动，主要涉及的领域包括电子信息、生物与新医药、航空航天、新材料、高技术服务、新能源与节能、资源与环境、先进制造与自动化等，是我国科技创新的重要力量。

京津冀协同发展是国家重点发展战略，主要是为了使得北京、天津、河北区域发展差距缩小，使其形成互助共进的一体化经济区域。高科技中小企业是当前市场上流动性最强、创造力最强的主体，在该重点发展战略实现过程中发挥着愈加重要的作用。下面分别介绍北京、天津和河北高科技中小企业的发展状况。

一、北京高科技中小企业发展现状

北京作为我国的政治中心、文化中心、国际交往中心、科技创新中心，在京津冀协同发展战略中占据着最核心的地位，在安排部署方面也是处于主导的地位。同时，三区域中，北京的高科技中小企业的发展是最健全、最完善的。北京拥有完善健全的发展所需的基础配套和公共设施，为中小企业的发展提供相对比较优质、成熟的环境。北京地区的高科技企业中的中小企业在整体经济发展中作用显著，主要表现在推动地方科学技术发展、提高地方创新能力和促进地区经济进步方面，对于北京而言，这部分企业是促进地区经济健康稳定发展不可或缺的部分。

除了数量大、占比高之外，北京中小企业在领域分布上也是相当广泛的，基本上涉及了社会经济中的各行各业，包括但不限于交通物流、加工制造、商品零售等，就第三产业而言，中小企业更是其中的主力军，制造业紧随其后。北京地区的中小企业发展如此迅速，与其重视一区多园息息相关。中关村作为最大、最具典型的一区多园的示范区，拥有雄厚的知识背景和技术。此外，这些技术、知识可以最大化地应用到产品中，孵化很多新产品、新行业。各地区还出台了一系列促进科技型中小企业的产业发展政策，如金融支持政策、中关村科技园区的相关中小企业扶持政策等，这些政策进一步推动科技型中小企业的行业提高自己的技术含量，以强力的技术为依托，中小企业不断发展成为佼佼者。不管是从质量上还是数量上，中关村地区的高科技中小企业都可以作为北京地区该类型企业的一个缩影，反映出整个北京地区的发展现状。

本书统计了 2004~2021 年北京中小企业 IPO 数量，统计口径为我国中小板、创业板、科创板以及北交所上市且注册地为北京的上市公司，统计年度为 IPO 年份，如图 5-1 所示。2004~2021 年北京中小企业 IPO 总数为 232 家，IPO 数量在 2010 年和 2020 年分别达到高潮。

本书还统计了 2004~2021 年北京中小企业在新三板新增挂牌公司数，统计口径为新三板挂牌且注册地为北京的公司，统计年度为挂牌公告日所在年度，如图 5-2 所示。2004~2021 年北京中小企业在新三板挂牌的数量总计为 857 家，在 2016 年北京中小企业在新三板挂牌数量达到高潮 290 家。

如表 5-1 所示，北京市高新企业认定数总体在上升，在 2020 年增加了 1 333 家高新技术企业。这些高新企业分布在北京市的各个区域，中关村是其中较为集中的地区。

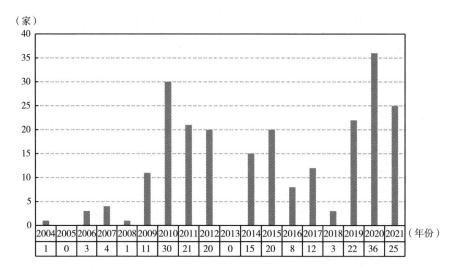

图 5 - 1　2004 ~ 2021 年北京中小企业 IPO 数量

注：包括中小板、创业板、科创板以及北交所上市的注册地为北京的上市公司。

资料来源：国泰安数据库。

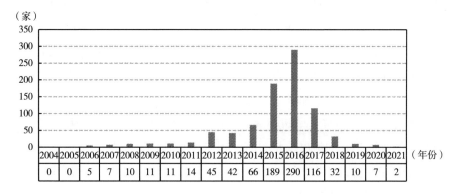

图 5 - 2　2004 ~ 2021 年北京新增挂牌中小企业数量

注：包括新三板新增注册地为北京的挂牌公司。

资料来源：国泰安数据库。

表 5 - 1　　　　　2000 ~ 2020 年北京中小上市公司中高新企业数量

年份	高新企业数量（家）
2000	1
2001	1
2002	1

续表

年份	高新企业数量（家）
2003	4
2004	4
2005	12
2006	31
2007	54
2008	236
2009	392
2010	495
2011	657
2012	783
2013	893
2014	1 029
2015	1 210
2016	1 438
2017	1 618
2018	1 779
2019	1 783
2020	1 333

资料来源：国泰安数据库。

　　中关村的历史比较久远，从 20 世纪 80 年代到 2021 年，历经了大约 40 年的飞速发展，从电子一条街（中关村最早的雏形）到现如今已经发展成为国家自主科技创示范地区。中关村广为人知的科技产业园区，如今已经变成了聚集大量国内科学教育平台与科技人才的区域，包括众多高等院校，还有清华科技园等。这几十年的变化得益于政府部门的大力支持，让该区域不仅限于单纯的电子产品生产和制造，而且成为高新科技示范区域。在政府推动的一区多园的形态中，中关村包含清华科技园区、中关村丰台园、中关村昌平园等众多园区。

中关村发展迅速，现在已经辐射到其他地区，范围除中关村科技城区、未来科学技术城区，还包含城北地区的海淀区以北、昌平区以南的高新技术产业园区、城南地区的经济技术开发区、通州区、大兴区、部分房山区的高新技术生产带与战略创新带。北京市中小上市公司地区分布如图 5 - 3 所示。

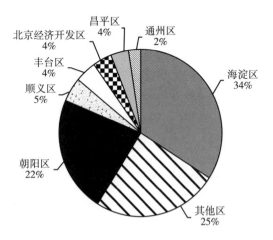

图 5 - 3　2020 年北京中小上市公司地域分布

从北京中关村地区科技型中小企业的发展历程来看，最初的电子一条街时期，企业之间的互联比较少，主要是在彼此竞争，没有产生一个区域的科技企业之间的互相促进的和谐共处的模式。这主要和当时的大环境有关。发展之初，市场还没有成型，信息流通不畅，互相之间了解不够，而科技产品需大于供，企业不需要互通信息完全不用担心产品销路，自给自足即可。随着市场的发展，市场逐渐饱和，各企业之间体系也在完善和发展，供给在不断增加，竞争变得激烈，自给自足的发展模式已经落后，企业开始寻求新的出路，包括做精做专，将自己擅长的发展壮大，然后利用其他高科技企业成果，分工合作，既能提高效率，也能提升产品性能。然而，北京地区由于资源供求关系失衡，人口膨胀、交通拥堵、环境污染、资源紧缺等导致北京地区的科技型中小企业如今面临空间资源紧张和成本不断攀升的问题，发展受到了限制。

二、天津高科技中小企业发展现状及融资概况

天津与北京的技术引领、河北的资源提供有所不同，它是大项目经济的时代引领者。天津是我国北方国际物流中心、北方国际航运中心，同时也是北方先进制造业基地，第二产业为主要产业结构，这一特征也符合中小企业。大多数的中小企业也是第二产业类型的，并且高科技中小企业在这一产业的产业结构优化、改造升级，以及推动天津整体经济跳跃式向前发展。天津与北京和河北相比还有一个比较特殊的地理优势在于，天津拥有港口优势，这给天津带来更多的吸引海外资本的便利条件，而且，天津可以利用首都丰富的技术和人才储备，有能力发掘一些强效应、高密度的大型项目，配合合理的产业安排，向外辐射状地开发，孵化出一系列的高科技中小企业。

由于天津中小企业 IPO 始于 2007 年，因此，本书统计了 2007 ~ 2021 年天津中小企业 IPO 数量，统计口径为我国中小板、创业板、科创板以及北交所上市且注册地为天津的上市公司，统计年度为 IPO 年份，如图 5 - 4 所示。2007 ~ 2021 年天津中小企业 IPO 总数为 25 家，IPO 数量在 2010 年和 2020 年分别达到高潮。

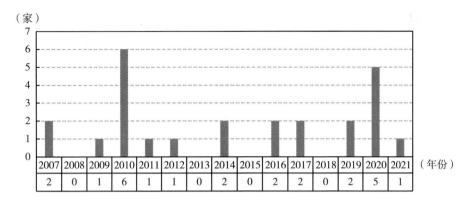

图 5 - 4　2007 ~ 2021 年天津中小企业 IPO 数量

注：包括中小板、创业板、科创板以及北交所上市的注册地为天津的上市公司。

资料来源：国泰安数据库。

本书还统计了2007~2021年天津中小企业在新三板新增挂牌公司数，统计口径为新三板挂牌且注册地为天津的公司，统计年度为挂牌公告日所在年度，如图5-5所示。天津中小企业在新三板挂牌始于2012年，2007~2021年天津中小企业在新三板挂牌的数量总计为128家，在2016年天津中小企业在新三板挂牌数量达到高潮为40家。

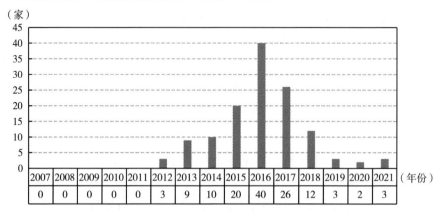

图5-5　2007~2021年天津新增挂牌中小企业数量

注：包括新三板新增注册地为天津的挂牌公司。

资料来源：国泰安数据库。

天津上市中小企业区域分布如图5-6所示。天津高科技中小企业在产业布局上存在着集中度不高且不合理的现象，缺乏具有一定规模和实力的产业集群，仅有单一的产业集群，且处于缺乏龙头企业的分散状态。

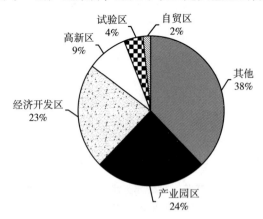

图5-6　2020年天津上市中小企业区域分布

资料来源：国泰安数据库。

如表 5-2 所示，天津与北京相比，高新企业数目相对量少很多，和河北相比，累计认定数也少 119 家，这与天津目前对高新企业的重视度不够有关。这些主要因为没有认识到高科技中小企业的战略作用、创新主力军作用，大部分都是作为解决就业问题和作为供应链、产业链上的一个环节，对该类型企业的发展不够重视。在这种认识不足的情况下，这些企业没有发挥在行业里的领导和风向标的作用，没有发挥他们的创新带动和突破作用，而且市场发展不充分，中小企业面临的竞争环境缺乏公平性。价值主流仍是偏向于大企业和需要更多劳动力的企业，而对知识密集型的企业的长久作用没有足够的认识。

表 5-2　　　　　　　2020 年天津上市高新中小企业数量

年份	公司总数量（家）
2006	1
2007	9
2008	31
2009	38
2010	44
2011	51
2012	60
2013	69
2014	87
2015	101
2016	120
2017	150
2018	175
2019	169
2020	100

资料来源：国泰安数据库。

天津对高科技的中小企业缺乏足够的重视，导致了天津的产业发展缺乏创新精神、高技术人才，反过来导致该地区对高科技、高素质人才缺乏吸引力，不仅阻碍了本地区高科技中小企业的发展壮大，也导致发展突破更为艰难。截至 2019 年末，天津市高科技企业为就业市场提供了平均 13.69 万个工作岗位，比北京的人数少，但是比河北的从业人数多。天津市中小企业的从业人员的领域分布中，电子及通信设备制造业从业人员平均人数为 9.48 万、医药制造业从业人员平均人数为 4.32 万，天津市制造业的人力资源相对还是比较丰富的。目前，虽然政府采取直接补助的形式促进高科技中小企业发展，但是，这种政府补助忽视了该类型企业的发展问题不仅仅是资金方面的问题，而是技术、人才能否在该地区获得持续发展的问题，换句话说，不仅需要依靠"输血"，更需要依靠"造血"能力。除了资金支持，企业更需要政府鼓励形成科学技术发展的社会氛围，促进天津地区形成像北京地区一样的科技的链条效应。另外，截至 2019 年底，天津的高科技企业数目在全国处于第 18 位，不仅比北京和河北少，比陕西、四川、湖南、湖北、河南、山东、江西、福建等地都少；在营业收入方面全国排名中处于第 16 位，利润总额处于第 18 位，整体的发展水平处于中等地位。这表明，天津需要更多的改善，采取措施促进高科技的发展，除了内生的动力之外，还要注重高科技、高素质人才引进，在整个城市形成崇尚高科技、崇尚知识、鼓励创新的氛围，在文化、经济、政治等多方面入手。

从教育方面来看，其实天津有很多其他城市不具备的优厚条件，南开大学科技园、天津大学科技园都坐落于天津。天津存在的问题就是虽然有著名的学府，有人才和高科技输出的机构，但是产学研不够紧密，不仅企业和大学联系不紧密，而且大学所培养的人才、所创新的理论知识、所开发的新技术与市场需求可能也是脱节的，大学的建设未能对企业起到产业化促进、输送具有创新精神的企业家、管理层、科研人才、技术成果没有转化成科技产品和服务等，科技园并未发挥其应有的作用。

三、河北高科技中小企业发展现状及融资概况

河北省与北京市的发展重点不一样，河北是以重工业为主，资源丰

富、地域辽阔，拥有着经济发展得天独厚的条件，是京津冀地区中生产资源最为丰富的地区，有着自然环境的加持，在自然基础方面提供给中小企业很好的发展条件。虽然在京津冀协同发展这一战略中，高科技中小企业在河北省的企业规模不是最大的，而且企业的科技水平、运营渠道，以及产品技术都稍逊于北京与天津，但是，由于河北省得天独厚的自然资源条件，其他两个地区在生产中所需的一些像制造高新材料需要的电脑晶片配件、矿质生产资源的原材料等都是采购、运输、加工、销售的河北省的中小企业的原材料，因而，河北省在协同中发挥着最基础的作用。

由于河北中小企业 IPO 始于 2005 年，因此，本书统计了 2005 ~ 2021 年河北中小企业 IPO 数量，统计口径为我国中小板、创业板、科创板以及北交所上市且注册地为河北的上市公司，统计年度为 IPO 年份，如图 5 – 7 所示。2005 ~ 2021 年河北中小企业 IPO 总数为 27 家，IPO 数量在 2010 年达到高潮。

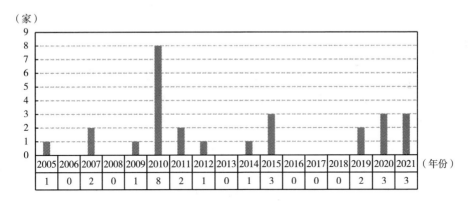

图 5 – 7　2005 ~ 2021 年河北中小企业 IPO 数量

注：包括中小板、创业板、科创板以及北交所上市的注册地为河北的上市公司。

资料来源：国泰安数据库。

本书还统计了 2005 ~ 2021 年河北中小企业在新三板新增挂牌公司数，统计口径为新三板挂牌且注册地为河北的公司，统计年度为挂牌公告日所在年度，如图 5 – 8 所示。河北中小企业在新三板挂牌始于 2014 年，2005 ~ 2021 年河北中小企业在新三板挂牌的数量总计为 179 家，在 2015 年、

2016 年河北中小企业在新三板挂牌数量达到高潮，每年 48 家。

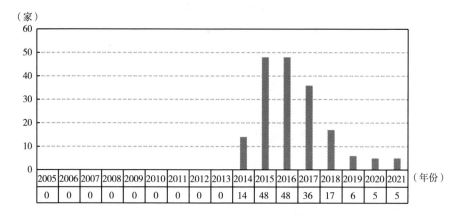

图 5 - 8　2005 ~ 2021 年河北新增挂牌中小企业数量

注：包括新三板新增注册地为河北的挂牌公司。
资料来源：国泰安数据库。

　　河北高科技中小企业的发展分布态势和北京一样，都是从分散逐步实现集中，但与北京不同的是河北的高科技中小企业以制造业为主。

　　从地区上来看，科技型中小企业布局在不断发生变化，整体的趋势是向集中靠拢，因而形成了各类科技园区、开发区等，这表明该类型企业发展在区域分布上是处于集群化发展态势。从图 5 - 9 可以看出，河北地区以经济开发区占主导，占整体的约 1/4，还包含高新技术产业园区、工业园区等，占整体的 1/5。如表 5 - 3 所示，河北地区的上市的高新技术中小企业也在不断增加，从 2002 年到 2020 年已经增加到 130 家，在 2014 年增长最为迅速，存量增加到 95 家；2020 年相比 2019 年有所回落，是受疫情的影响，2020 年的存量有所下降，但整体上来说仍处于快速扩张的过程。上市的高新技术企业作为科技型中小企业中的重要的一部分，它的发展在一定程度上可以看作是科技型中小企业的缩影。如图 5 - 10 所示，截至 2020 年，河北上市中小企业中，第二产业企业占比 52%，第三产业企业占比 35%，第一产业企业占比仅为 13%。

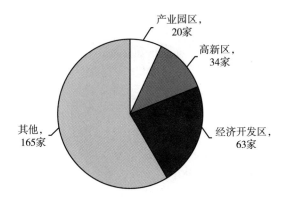

图 5 – 9 2020 年河北上市中小企业布局

资料来源：国泰安数据库。

表 5 – 3	2020 年河北上市高新中小企业数量
年份	高新中小企业数量（家）
2002	1
2003	1
2006	1
2007	1
2008	20
2009	45
2010	55
2011	69
2012	69
2013	5
2013	12
2014	95
2015	118
2016	144
2017	174
2018	189
2019	195
2020	130

资料来源：国泰安数据库。

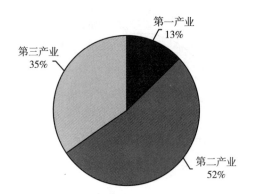

图5-10　2020年河北上市中小企业产业分布

资料来源：国泰安数据库—新三板数据库。

从涉及的技术领域来看，截至2020年，河北省科技型中小企业数量位居前三的依次是新材料占比22%、高技术服务占比21%、光机电一体化占比13%，三者占比合计超过一半（见图5-11）。制造业为主依然是河北的主流，但随着经济发展，河北的服务业也在不断发展，从分布就可以看出，服务业占比在1/5。其余的领域，包括农业与农村、电子与信息、资源与环境领域，科技型中小企业比例合计超过1/4。

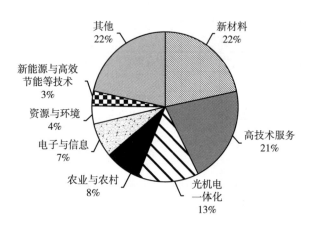

图5-11　2020年河北上市中小企业领域分布

资料来源：国泰安数据库—新三板数据库。

京津冀高科技中小企业的信贷政策与融资现状

一、京津冀高科技中小企业的信贷政策

2020 年 2 月以来，为了帮助中小微企业应对新冠肺炎疫情的冲击，京津冀地区出台了一系列地方性中小企业扶持政策，这些政策主要是通过减免税费、增加补贴、加大金融支持、稳定就业、加强培训等几大方面政策来实现的。

由于中小企业在初期及成长期阶段，通常很难因自身信用获取银行授信从而提取贷款，企业获取外界担保的能力也是相对较低的，这也是该类企业面临的融资现状。京津冀地区政府为了鼓励高科技中小企业的发展，纷纷制定了支持中小企业信贷的政策。本书统计了北京市、天津市、河北省三地的中小企业信贷政策，如表 5 - 4 ~ 表 5 - 6 所示，具体内容参见本书附录 C。这些政策为京津冀地区高科技中小企业的融资提供了助力，在新冠肺炎疫情的冲击下，一定程度上帮助中小企业渡过了资金紧张难关。

表 5 - 4　　　　2020 年以来北京市中小企业信贷政策

时间	发文单位	文件标题
2021 年 3 月 18 日	北京市政府办公厅	关于支持中小微企业和个体工商户做好常态化疫情防控加快恢复发展的若干措施
2021 年 3 月 15 日	北京市科学技术委员会、中关村科技园区管理委员会	关于建立实施中关村知识产权质押融资成本分担和风险补偿机制的若干措施
2020 年 12 月 29 日	北京市财政局	关于北京市进一步加大创业担保贷款支持力度 推动创业带动就业的补充通知
2020 年 11 月 4 日	北京市财政局、市经济和信息化局	北京市小微企业信用担保代偿补偿资金管理实施细则（修订）
2020 年 10 月 9 日	北京市人民代表大会常务委员会	北京市促进中小企业发展条例

时间	发文单位	文件标题
2020 年 2 月 29 日	北京市地方金融监督管理局	关于加快优化金融信贷营商环境的意见
2020 年 2 月 5 日	北京市政府办公厅	关于应对新型冠状病毒感染的肺炎疫情影响 促进中小微企业持续健康发展的若干措施

表 5 – 5   **2020 年以来天津市中小企业信贷政策**

时间	发文单位	文件标题
2020 年 11 月 12 日	天津市人民政府办公厅	关于进一步优化营商环境更好服务市场主体若干措施的通知
2020 年 2 月 7 日	天津市人民政府办公厅	天津市打赢新型冠状病毒感染肺炎疫情防控阻击战 进一步促进经济社会持续健康发展的若干措施
2020 年 3 月 15 日	天津市人民政府办公厅	天津市支持中小微企业和个体工商户克服疫情影响保持健康发展若干措施
2020 年 1 月 17 日	天津市促进中小企业发展工作领导小组	天津市支持中小企业高质量发展的若干政策

表 5 – 6   **2018 年以来河北省中小企业信贷政策**

时间	发文单位	文件标题
2020 年 2 月 20 日	河北省发展改革委、国开行河北分行	河北省发改委与国开行河北分行共同发起设立"促复产稳投资补短板"融资专项
2020 年 2 月 2 日	河北省工业和信息化厅、中国建设银行股份有限公司河北省分行	关于联合开展金融支持工业企业复工复产专项活动的通知
2018 年 12 月 19 日	河北省委、省政府	关于大力促进民营经济高质量发展的若干意见
2019 年 12 月 18 日	河北省人民政府办公厅	关于开展消费扶贫助力打赢脱贫攻坚战的行动方案
2018 年 11 月 17 日	河北省人民政府办公厅	河北省支持中小企业融资若干措施

二、京津冀高科技中小企业的融资现状

如图 5-12~图 5-15 所示，2020 年京津冀上市公司中，中小企业资产负债率大多数在 20%~70%，负债的构成主要是应付账款、短期借款和长期借款依次顺延，而且这类企业长期借款占比很低，基本上很难取得长期借款，债务融资压力大。

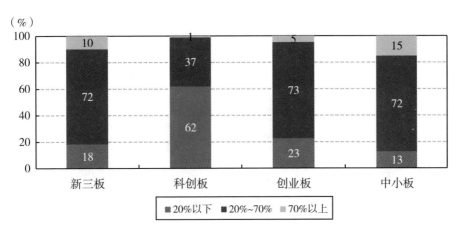

图 5-12 2020 年京津冀上市中小企业资产负债率

资料来源：国泰安数据库。

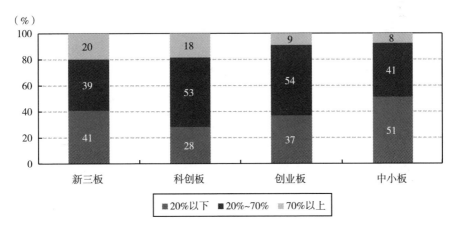

图 5-13 2020 年京津冀上市中小企业应付账款占总负债比重

资料来源：国泰安数据库。

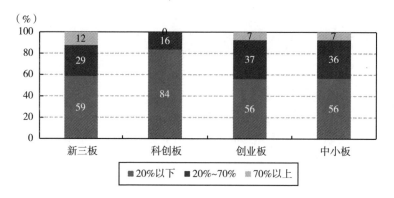

图 5 - 14　2020 年京津冀上市中小企业短期借款占总负债比重
资料来源：国泰安数据库。

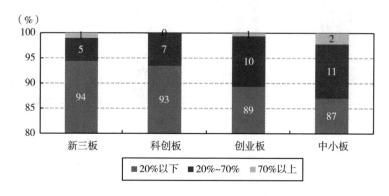

图 5 - 15　2020 年京津冀上市中小企业长期借款占总负债比重
资料来源：国泰安数据库。

京津冀高科技中小企业目前发展处于产业协同不断提升的阶段。整体来说，北京的高科技中小企业相对较为成熟，在区域内产业融合中心核心带动作用明显，而天津和河北可以解决北京所面临的资源空间狭窄和创业创新成本不断攀升的问题，作为科技成果孵化、转化、再投入生产的组织，促进高科技中小企业向着更好的方向发展。根据表 5 - 7 可知，高科技企业中的中小企业最终实际控制人主要以民营为主，在领域分布上，电子信息技术、高技术服务、高新技术改造传统产业这三个行业在高科技中小企业的领域中数量位居前三，占据 60% 以上，新材料技术、新能源与高效节能技术、生物与新医药技术等领域高科技企业中的中小企业数量增长相对较快，占比合计约 35%。

表 5－7　　　2020 年京津冀上市中小企业最终实际控制人与领域

类型	最终实际控制人	领域	数量（家）
新三板	国资委、中央国家机关、国企	电子信息技术	22
		高技术服务	25
		高新技术改造传统产业	17
		其他	14
		总计	78
	地方国资委、地方政府、国企	高技术服务	167
		电子信息技术	62
		高新技术改造传统产业	61
		新材料技术	53
		其他	32
		总计	375
	个人	电子信息技术	2 597
		高技术服务	2 019
		高新技术改造传统产业	1 220
		新材料技术	920
		生物与新医药技术	413
		新能源与高效节能技术	126
		航天航空技术	18
		总计	7 313
	其他	电子信息技术	161
		高技术服务	164
		高新技术改造传统产业	89
		新材料技术	66
		其他	55
		总计	535

续表

类型	最终实际控制人	领域	数量（家）
创业板	国资委、中央国有企业、地方政府、国企	电子信息技术	18
		高新技术改造传统产业	10
		其他	29
		总计	57
	个人	高新技术改造传统产业	200
		高技术服务	160
		电子信息技术	127
		生物与新医药技术	89
		新材料技术	87
		其他	36
		总计	699
	其他	高新技术改造传统产业	36
		电子信息技术	28
		高技术服务	23
		生物与新医药技术	20
		新材料技术	16
		其他	3
		总计	126
中小企业板	国资委、中央国家机关、国企	电子信息技术	18
		高新技术改造传统产业	8
		新材料技术	8
		高技术服务	7
		其他	7
		总计	48
	地方国资委、地方政府、国企	高技术服务	28
		高新技术改造传统产业	20
		新材料技术	21
		总计	98
	个人	电子信息技术	222
		新材料技术	172

续表

类型	最终实际控制人	领域	数量（家）
中小企业板	个人	高新技术改造传统产业	136
		生物与新医药技术	103
		其他	79
		总计	712
	其他	电子信息技术	44
		新材料技术	31
		高新技术改造传统产业	22
		高技术服务	15
		其他	13
		总计	125
科创板	国资委、中央国家机关、地方国资委	电子信息技术	2
		高技术服务	1
		高新技术改造传统产业	2
		生物与新医药技术	1
		新材料技术	1
		总计	7
	个人	电子信息技术	45
		高新技术改造传统产业	22
		生物与新医药技术	18
		新材料技术	15
		其他	8
		总计	108
	其他	电子信息技术	36
		生物与新医药技术	14
		高新技术改造传统产业	10
		其他	14
		总计	74

资料来源：Wind 数据库。

由表 5-8 可以看出，整体来讲，资产负债率集中在 20%～70%。负债主要构成对国企来讲，应付账款比重相对较高，而对私企来说，短期借款比重相对较高；而长期借款普遍占比较低。就各个板块来看，新三板企业中，资产负债率基本集于 20%~70% 这个区间范围，而短期借款主要集中于 20% 以下的区间，长期借款也是主要集中于 20% 以下的区间，应付账款主要集中于 20%~70% 的区间；创业板企业中，资产负债率基本集中于 20%~70% 这个区间范围，而短期借款主要集中于 20% 以下的区间，长期借款也是主要集中于 20% 以下的区间，应付账款主要集中于 20%~70% 的区间；中小企业板企业中，资产负债率基本集中于 20%~70% 这个区间范围，而短期借款主要集中于 20% 以下的区间，长期借款也是主要集中于 20% 以下的区间，应付账款主要集中于 20%~70% 的区间；科创业板企业中，资产负债率主要集中于 20% 以下的区间，而短期借款主要集中于 20% 以下的区间，长期借款也是主要集中于 20% 以下的区间，应付账款主要集中于 20%~70% 的区间。

表 5 - 8　　　　2020 年京津冀上市中小企业按实际控制人
不同划分负债情况

类型	区间	最终实际控制人	资产负债率	占比（%）	短期借款	占比（%）	长期借款	占比（%）	应付账款	占比（%）
新三板	<20%	国资委、政府、国企	72	5.13	293	6.96	355	5.21	176	6.15
		个人	1 304	92.88	3 856	91.59	6 357	93.35	2 643	92.38
		其他	28	1.99	61	1.45	98	1.44	42	1.47
		总计	1 404	100.00	4 210	100.00	6 810	100.00	2 861	100.00
	20%~70%	国资委、政府、国企	258	4.95	87	3.12	31	8.14	183	4.73
		个人	4 887	93.76	2 660	95.34	343	90.03	3 639	93.98
		其他	67	1.29	43	1.54	7	1.84	50	1.29
		总计	5 212	100.00	2 790	100.00	381	100.00	3 872	100.00
	>70%	国资委、政府、国企	58	9.93	8	4.00	2	22.22	29	6.21
		个人	516	88.36	191	95.50	7	77.78	425	91.01
		其他	10	1.71	1	0.50	0	0.00	13	2.78
		总计	584	100.00	200	100.00	9	100.00	467	100.00

续表

类型	区间	最终实际控制人	资产负债率	占比（%）	短期借款	占比（%）	长期借款	占比（%）	应付账款	占比（%）
创业板	<20%	国资委、政府、国企	13	7.14	39	8.80	58	8.19	13	4.48
		个人	151	82.97	369	83.30	592	83.62	248	85.52
		其他	18	9.89	35	7.90	58	8.19	29	10.00
		总计	182	100.00	443	100.00	708	100.00	290	100.00
	20%~70%	国资委、政府、国企	46	7.97	22	6.43	3	3.57	46	9.33
		个人	483	83.71	288	84.21	70	83.33	407	82.56
		其他	48	8.32	32	9.36	11	13.10	40	8.11
		总计	577	100.00	342	100.00	84	100.00	493	100.00
	>70%	国资委、政府、国企	2	5.88	0	0.00	0	0.00	2	20.00
		个人	29	85.29	6	75.00	1	100.00	8	80.00
		其他	3	8.82	2	25.00	0	0.00	0	0.00
		总计	34	100.00	8	100.00	1	100.00	10	100.00
中小企业板	<20%	国资委、政府、国企	15	10.42	99	19.60	133	15.56	75	17.73
		个人	112	77.78	358	70.89	644	75.32	308	72.81
		其他	17	11.81	48	9.50	78	9.12	40	9.46
		总计	144	100.00	505	100.00	855	100.00	423	100.00
	20%~70%	国资委、政府、国企	114	16.50	55	12.73	24	26.97	78	15.35
		个人	520	75.25	337	78.01	55	61.80	384	75.59
		其他	57	8.25	40	9.26	10	11.24	46	9.06
		总计	691	100.00	432	100.00	89	100.00	508	100.00
	>70%	国资委、政府、国企	27	24.77	3	42.86	—	0.00	4	30.77
		个人	67	61.47	4	57.14	—	0.00	7	53.85
		其他	15	13.76	—	0.00	—	0.00	2	15.38
		总计	109	100.00	7	100.00	0	0.00	13	100.00

续表

类型	区间	最终实际控制人	资产负债率	占比（%）	短期借款	占比（%）	长期借款	占比（%）	应付账款	占比（%）
科创板	<20%	国资委、政府、国企	—	0.00	3	3.90	3	3.53	1	3.85
		个人	44	68.75	54	70.13	58	68.24	19	73.08
		其他	20	31.25	20	25.97	24	28.24	6	23.08
		总计	64	100.00	77	100.00	85	100.00	26	100.00
	20%~70%	国资委、政府、国企	4	15.38	1	7.14	1	16.67	2	3.17
		个人	19	73.08	9	64.29	5	83.33	43	68.25
		其他	3	11.54	4	28.57		0.00	18	28.57
		总计	26	100.00	14	100.00	6	100.00	63	100.00
	>70%	其他	1	100.00	—	0.00	—	—	1	50.00
		总计	1	100.00	0	0.00	0	—	2	100.00

资料来源：Wind 数据库。

本章小结

京津冀高科技中小企业发展各有特色，且彼此协作创新，一方面可以解决北京科技型企业的空间资源紧张的问题，有利于促进科技成果落到实处；另一方面也可以有效发挥北京的创新带头作用，资源共享，带动河北和天津的科技型中小企业发展。通过研究京津冀高科技中小企业的发展现状、融资需求与融资方式，发现该类企业主要偏好内源融资与股权融资方式，因其信用评级不高，导致很难获得银行贷款。这些地区政府都为扶持中小企业的发展制定了优惠的信贷政策，尤其是在新冠肺炎疫情期间，信贷政策有效帮助了京津冀高科技中小企业摆脱困境，实现持续生存与发展。

第六章

现行主要企业信用评级
体系概述

一、信用评级要素及分析框架

本书参考标准普尔 2020 年 7 月 28 日发布的《标普信用评级（中国）——工商企业评级方法论》阐述其最新版信用评级体系。根据标准普尔信用评级体系，企业信用评级基准由经营状况和财务风险共同决定，并考虑其他评级调整因素，包括：多元化程度、资本结构、财务政策、流动性以及管理与治理，以形成个体信用状况，结合政府支持或集团支持最终形成主体信用评级。

（一）经营状况

经营状况分析通常结合定性和定量分析。在定性分析中，使用竞争优势来评估企业的竞争地位；在定量分析中，评估企业的盈利能力及其波动性。衡量经营状况的评级要素包括行业风险和竞争地位。

1. 行业风险

行业风险分析涉及企业在所属行业内面临的主要风险等因素。行业风险通常能够反映各行业之间的具体差别，也可能反映如行业趋势、技术因素、行业进入壁垒和行业周期性等其他因素。标准普尔用 1~6 分的分值来评估行业风险，1 代表最低的行业风险，6 代表最高的行业风险。具体分析的因素包括：周期性、竞争环境、竞争地位。周期性采用经济下行时期的营业收入和盈利比率，竞争环境分析进入壁垒、利润率的高低和走势、结构变化与替代风险、增长趋势面临的风险等。

2. 竞争地位

竞争地位分析涉及企业自身的状况，通常这些自身的因素能够增加或者部分抵消行业风险带来的影响。主要分析的因素包括：竞争优势；规模、范围和多样性；经营效率；盈利能力。其中，竞争优势包括：差异化、独特性、品牌实力；市场地位、领先程度、市场份额；收入、成长与盈利前景；进入壁垒、转业成本；资产或技术优势；定价能力以及在供应商面临的议价能力；以及承受经济或行业下行带来的负面影响的能力。规模、范围和多样性包括：产品、服务、品牌、客户、供应商的多样性；地域多样性；以及布局范围广泛带来的规模效益。经营效率包括：成本结构、管理、灵活性；生产与运营效率；营运资本管理；以及技术与自动化水平。盈利能力分析通常评估其盈利水平和盈利波动性。通常根据历史数据和预测值来计算盈利能力相关的财务比率。但在某些情形下，考虑到财务数据的完整性、重大事件（例如合并或收购）、周期性或其他干扰因素的影响，也可能会调整历史数据或预测值。此外，在评估时还会考虑相关比率的改善或弱化趋势。大部分情况下，标准普尔会将波动性评为一般，不影响对盈利水平的评估。但对于盈利波动性较大的企业，可能会下调对其盈利能力的评估；对于盈利非常稳定的企业，则有可能将其盈利能力评估往上调整。

（二）财务风险

财务风险分析主要使用现金流和财务杠杆。重点分析企业在不同阶段的现金流（即投入运营资本之前和之后、资本支出之前和之后、分红之前和之后）与债务的关系。

1. 核心财务比率

对于各类企业，一般计算两个核心财务比率，即营运现金流（FFO）/

债务和债务/息税折旧摊销前利润（EBITDA）。FFO 对债务比率通常是为了衡量经营活动产生的现金流及其用于企业还本付息的能力。债务对EBITDA 比率通常是为了衡量企业的杠杆高低。比率的应用可能因为行业的不同而不同，也可能随着时间的推移和企业财务状况的变化而变化。

2. 补充比率

除核心比率外，通常还会考虑一个或多个补充比率，以更全面地了解企业财务风险。包括：经营性现金流（CFO）/债务、自由经营性现金流（FOCF）/债务以及自由支配现金流（DCF）/债务。上述两个比率有助于评估企业财务风险的相对排名。此外，还考虑其他比率，如（FFO + 利息）/现金利息、EBITDA/利息等。

通常选取企业过去、当前和预测的信用比率进行评估，但同时也会考虑财务数据的完整性、重大事件或其他相关因素的影响等。在评级分析过程中，会对企业披露口径财务数据做调整，使企业披露数据与评级机构对其实际经济状况的看法更加吻合。此外，在诸如并购、处置之类的事件之后，通过例如在财务预测时调整剔除非经常项目等，体现出企业经常性业务的真实状况。

（三）其他评级调整因素

1. 多元化程度

多元化程度可能使企业的评级上调、下调，或保持不变。一般多元化程度对企业信用状况的影响会以经营情况为基础。当企业拥有多种不同的、相关性低的收入来源时（通常在业务状况部分的分析会涉及），其违约风险可能随之降低。如果企业在经历经济周期时的波动性可能因为跨业多元化或地域多元化，而低于不具备这类多元化因素的企业，则将多元化视为正面因素，在评级基准的基础上往上调整。一般情况下，多元化是中性因素，对评级基准没有影响。

2. 资本结构

资本结构揭示的风险通常是与资本结构相关的、且在标准的现金流和财务杠杆分析中无法体现的。企业的债务到期日集中、融资来源与资产或现金流之间存在币别错配等因素皆可能导致上述风险。除了进行财务杠杆分析之外，还需要在资本机构分析中考量下列因素：

（1）债务到期状况。通常考虑流动性分析覆盖的时间范围之外的再融资风险或优势。

（2）债务利率风险。如果由于企业固息债务与浮息债务构成的原因，利率的变动可能导致财务杠杆大幅上升，则将这一风险视为负面因素。

（3）投资。能够随时变现的重大非战略投资赋予企业灵活性，可能构成企业信用质量的正面因素。

（4）债务币种风险。如果由于未对冲外汇风险的缘故，汇率变动可能导致企业杠杆指标变差，则将这一风险视为负面因素。

综合以上各个因素形成资本结构评估。如果将资本结构评为正面，则可能在评级基准基础上往上调整；如果评为负面，则可能在评级基准基础上往下调整；评为中性，则一般不做调整。

3. 财务政策

通过现金流和财务杠杆分析，能够得到财务风险评估结果。在此基础上，进行财务政策分析以进一步完善风险评估。原因在于，财务政策有时可能会导致中短期突发事件风险或更长期的风险，若前瞻性分析难以预测上述风险，则在评估财务政策时纳入考量。

现金流和财务杠杆分析通常考虑经营性指标和现金流指标的历史数据及其未来趋势。未来趋势通常取决于对经营情况的假设以及可预测的财务政策，比如普通股股利支付或经常性并购支出。有时候企业的管理层或控股股东采取的财务政策可能会影响其财务风险。

当管理层有决心、有能力将财务杠杆降低至评级机构的基本预测之下且持续保持时，则将企业的财务政策视为正面因素，在评级基准基础上往上调整以得出个体信用状况。反之，如果企业过往杠杆水平超出预期或财务政策激进，则认为其对财务风险的容忍度显著高于机构的基本假设，则将其财务政策评为负面因素，从而在评级基准基础上向下调整以得出个体信用状况。如果将财务政策评为中性因素，评级基准便不作调整。评估财务政策时，应区分财务投资者所有的企业和非财务投资者所有的企业。

4. 流动性

现金流是衡量企业流动性状况的常用指标，流动性的评估重点是现金流来源和用途。流动性分析通常考虑企业违反限制性条款的可能性、对小概率重大事件影响的承受能力、银企关系、在信贷市场的地位以及财务风险管理水平等因素。

流动性评估通常不会带来等级的上调，但在某些情况下，可能是成为较低等级的主要原因。流动性的分析同时参考定量因素和定性因素，可能评估流动性为充足或不足。在进行流动性评估时，最重要的量化指标通常是流动性来源对用途比率。一般来讲，某一时段的流动性来源会包括现金以及扣税或变现时预期折扣的流动投资；评级机构预测的经营活动现金流（若为正数）；已签约资产出售所得；可获可靠授信额度中未使用且可动用的部分；来自母公司、政府或关联公司的明确且可量化支持。

流动性用途通常包括评级机构预测的经营活动现金流（若为负数）；预期的资本支出；所有可向企业追索或投资人预期企业将会予以支持的到期债务，含短期融资券；已签约的收购及预期的股利派发；以及可能因为违反限制性条款或其他事件而触发的追加保证金的要求（如有）。在承压时，如果企业有削减现金支出计划（如用于扩张的资本开支）的余地，并且评级机构相信管理层会削减现金支出，则在计量流动性用途时会予体现。

5. 管理与治理

管理与治理分析通常关注企业制定战略的能力、组织效率、风险管理和治理措施的实行，以及这些因素会如何影响其市场竞争力、财务风险管理实力和治理的稳健性。加强对重大战略和财务风险的管理有助于提升企业的信用水平。

标准普尔参考以下管理因素。

（1）战略与组织能力；

（2）战略的执行；

（3）风险管理；

（4）经营业绩；

（5）经营效能；

（6）管理人员的能力与经验；

（7）管理人员的深度和广度。

标准普尔参考的治理因素包括：

（1）董事会效能；

（2）股权结构；

（3）管理层文化；

（4）监管、税务、法律；

（5）内部控制；

（6）财务报告与透明度。

一般通过综合参考上面这些因素来形成管理与治理评估。较低的评估值对评级基准的影响程度通常取决于管理与治理的薄弱程度。

（四）补充调整

补充调整是得到企业的 SACP 前最后的一个步骤。在通过全面分析企业的信用特征后，我们可以通过补充调整对评级做出进一步的调整，最终得到 SACP。该分析是对企业个体信用状况的全面回顾，包括对企业信用特征的综合评估。如果分析结果是正面的，我们可能会上调评级；如果是负面的，我们可能会下调评级。

二、信用评级模型

根据图 6－1 标准普尔的信用评级方法框架，企业的经营状况由行业风险和竞争地位共同决定，财务风险主要从现金流和财务杠杆分析中体现。二者结合以作为企业信用评级基准。当评级基准确定后，进一步分析其他评级调整因素，包括：多元化程度、资本结构、财务政策、流动性以及管理与治理。这些因素可能导致评级的上调、下调，或者保持不变。最后，通过评估企业的整体信用状况及与同业进行对比分析，决定是否对评级做出进一步调整。企业的主体信用评级（ICR）由工商企业个体信用状况（SACP）和支持框架共同决定。如果企业受政府或集团影响，该影响会反映在支持框架中，从而使 SACP 和 ICR 产生差异。

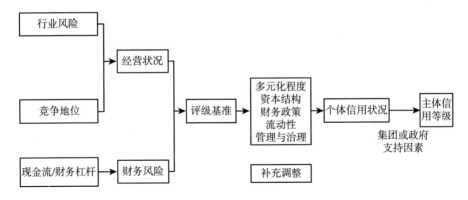

图6-1　标准普尔信用评级工商企业信用评级方法框架

资料来源：《标普信用评级（中国）——工商企业评级方法论》。

（一）关于经营状况的评价

标准普尔通过综合考虑行业风险和竞争地位来评估企业的经营状况。关于行业风险，标准普尔给出了各行业风险评估的一般标准[①]，例如：技术硬件及半导体行业，行业风险较高，评分为4；科技软件及服务行业、医疗器械行业，行业风险一般，评分为3。

评估企业竞争地位时，对竞争优势、规模范围和多样性、经营效率、盈利能力进行逐一评估，然后按照各要素的相对重要性加以综合，并对比同业情况，评出企业的竞争地位。竞争的性质和关键性因素一般取决于行业特征。如果服务、产品质量或品牌溢价是重要的竞争因素，则在综合评估时赋予竞争优势更高的权重。相反，如果企业生产的是大宗化产品，那么差异化的重要性就会下降，则对规模、范围和多样性，以及经营效率赋予更高的权重。在评分时，高于行业平均水平评分为1～2分，行业平均水平评分为3～4分，低于行业平均水平评分为5～6分。例如，一个要素评为"高于平均"，两个要素评为"处于平均"，还有一个要素评为"低于平均"，则机构利用行业分析和同业比较确定最相关的要素，可能会将竞争地位评估细化为4分。

将行业风险与竞争地位进行综合衡量，可以评估企业的经营状况。

---

① 参见《解读标普信用评级（中国）工商企业评级方法论》。

《标普信用评级（中国）——工商企业评级方法论》给出了评分示例，如表6-1所示。需要说明的是，给出分值越低，表示企业经营状况越好。在合适情况下，评级机构可能会调整对经营状况的评估，以更好地反映企业业务的整体强弱。

表6-1 标准普尔经营状况评分基准

竞争地位	行业风险					
	1	2	3	4	5	6
1	1	1	1	2	3	5
2	1	2	2	3	4	5
3	2	3	3	3	4	6
4	3	4	4	4	5	6
5	4	5	5	5	5	6
6	5	6	6	6	6	6

资料来源：《标普信用评级（中国）——工商企业评级方法论》。

（二）关于财务风险的评价

标准普尔通常选取企业过去、当前和预测的信用比率进行评估，但同时也会考虑财务数据的完整性、重大事件或其他相关因素的影响等。标准普尔提供了评价财务风险的评分基准，如表6-2所示。但是，标准普尔也表示，表中的比率范围和分值仅为示意，可能会因为主体或行业的不同而不同，也可能会随着时间的推移而调整。此外，也可能会选择不同于表6-2所对应的分值来更好地反映企业的财务风险状况。

表6-2 标准普尔财务风险评分基准

评分	债务/EBITDA（倍）	FFO/债务（%）
1	<1.5	>60
2	1.5~2.5	40~60
3	2.5~4	20~40
4	4~6	10~20
5	6~8	5~10
6	>8	<5

资料来源：《解读标普信用评级（中国）工商企业评级方法论》。

（三）评级基准的形成

标准普尔把企业业务状况评估和财务风险评估综合起来，便形成了评级基准。《标普信用评级（中国）——工商企业评级方法论》给出评级基准示意表，如表6-3所示。对于给定的业务状况和财务风险组合，如果评级机构认为某个备选评级基准能够更好地反映企业的强弱，那么可能就会选择该备选评级基准。如果评级机构认为企业的资本结构不可持续，或当前其债务不获兑付的可能性较大，并且其债务的偿付依赖于有利的业务、财务和宏观经济条件，那么可能会给出一个更低的评级基准。

表6-3　　　　　标准普尔综合经营状况和财务风险形成评级基准

经营状况	财务风险					
	1	2	3	4	5	6
1	aaa/aa +	aa +/aa	aa −/a +	a/a −	bbb	bb +
2	aa +/aa	aa −/a +	a/a −	bbb +	bbb −	bb
3	a +/a	a/a −	bbb +	bbb	bb +	bb −
4	bbb +	bbb	bbb −	bb +	bb −	b +
5	bb +	bb +	bb	bb −	b +	b
6	bb −	bb −	bb −	b +	b	b −

资料来源：《标普信用评级（中国）——工商企业评级方法论》。

（四）主体信用等级的形成

根据标准普尔信用评级方法，企业的主体信用评级由企业个体信用状况和支持框架共同决定。如果评级机构认为企业可能受集团或政府影响，该影响会反映在支持框架中。这种影响可能体现为支持，也可能体现为干预，因此既可能增强、也可能削弱企业的财务履约能力。大部分情况下影响都是正面的，因为集团或政府通常实力更加雄厚，信用质量更强。

标准普尔将企业对关联实体的重要性评为"极高""高""中等""偏低"或"有限"。标准普尔认为，支持力度与重要性通常是相关的。随着重要性的提高，上调企业评级的可能性也随之提高，二者关系如图6-2所示。在支持曲线上，每个重要性等级都对应着评级可以提升的范围。当评级机构评定了重要性以后，通常会以曲线上对应区间的中间点作为起始点（如果重要性为"极高"时，会选取更高的起始点），酌情在区间内上调或下调，从而得出最终的主体信用评级。视具体的情况不同，最终得出的主体信用评级并不一定落在曲线上。①

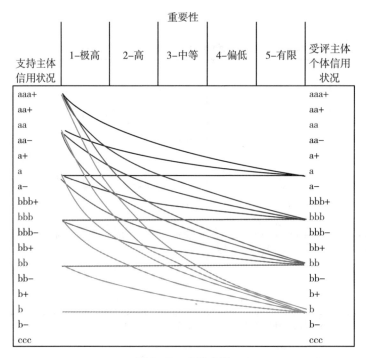

图6-2　支持曲线

资料来源：《标普信用评级（中国）——工商企业评级方法论》。

---

①　具体应用参见《解读标普信用评级（中国）评级调整因子及偿付顺序的通用考量因素方法论》和《解读标普信用评级（中国）在评级过程中运用的支持框架》。

穆迪信用评级体系概述

一、信用评级要素及分析框架

穆迪（中国）信用评级有限公司使用的是穆迪投资者服务公司的评级方法，于 2018 年 7 月 19 日发布了适用于中国市场的《信用评级方法政策》（中文版）。该评级方法分为四类：住宅建筑与房地产开发业、社会资本融资的公共基础设施（PFI/PPP/P3）项目的建设风险、政府相关发行人、运营性社会资本融资的公共基础设施（PFI/PPP/P3）项目。由于穆迪并未公布其针对高科技行业或中小企业的信用评级体系，因此，本书仅参考穆迪发布的住宅建筑与房地产开发业信用评级体系进行总结。该信用评级主要从规模、业务状况、盈利能力与效率、杠杆率与覆盖率和财务政策 5 个方面进行评价。

（一）规模

规模反映了公司的大小、市场地位和品牌。如果一家公司在多个市场上跻身规模大的领先企业之列，则有利于其与经验丰富的分包商合作，获得更顺畅的银行融资渠道，具备更强的购买和定价能力。同时，在经济衰退时保存实力，并有更大的财务与运营灵活性。此外，大公司的业务地域覆盖面往往较广，也可为其带来地域多元化的效益。

（二）业务状况

业务状况从定性的角度来衡量，包括对运营、业务与收购战略、产品种类、地域多元化和执行能力的综合评估。具有强健的执行能力、审慎的业务与收购战略、均衡的产品种类和地域覆盖面的公司往往有更稳定的运营和现金流，从而加强其抵御市场波动及市场衰退影响的能力。另外，执行能力和运营状况较弱的公司更易受经济放缓和消费者削减开支的影响。市场地位恶化的公司则难以在不提高薪酬的情况下吸引和挽留有经验的员工。此外这些公司也可能需要在促销活动方面投入更多的时间和资金，也难以以有竞争力的成本募集资本。

（三）盈利能力与效率

盈利能力是衡量业务成功与管理层效率的指标，也衡量公司支持运营及业务增长的能力。成本结构通过毛利润率来估测，其中包括计入已售产品成本中的利息，但不包括土地减值费用，从而侧重于当前的盈利能力和效率。

（四）杠杆率与覆盖率

该评级指标侧重于反映当市场或监管变化对企业的业务与财务状况造成冲击时，公司能否维持足够的财务灵活性。EBIT/利息覆盖率反映一家公司为支付利息款项提供资金的能力。

（五）财务政策

管理层和董事会对财务风险的容忍度是一个关键的评级考虑因素，原因是该因素直接影响公司债务水平、信用质量和负债杠杆率发生不利变化的风险。

财务政策有助于了解公司董事会和管理层的风险偏好，以及公司资本结构未来可能的方向。财务政策的主要内容包括负债杠杆率、覆盖率和回报目标、流动性管理、对股东的现金分红、收购战略。一家公司对上述各项的公开承诺、其承诺在评级机构与公司沟通过程中的一致性、其目标的实际可行程度均是重要的考虑因素。

公司的财务风险容忍度可表明其投资与资本配置方向。管理层致力于保持现有信用质量或持续改善的信用质量也是重要的评级考虑因素。评级会考虑管理层进行战略性收购、向股东发放现金分红或进行分拆或其他杠杆交易的可能性。相反，如果管理层有意在杠杆交易后将公司的信用指标恢复到交易之前的水平，并一直采用这种做法，则该公司的信用评级可以更好地承受一定的杠杆交易。

评级机构评估发行人的目标资本结构、过去行动的历史及是否信守承诺。特别注意发行人在经济周期的不同阶段如何使用现金流，另外，还会考察管理层应对重大事件的方式，例如信用市场流动性环境趋紧、法律行动、竞争挑战、监管压力和劳资纠纷等。

此外，也将评估管理层对并购活动的偏好，重点是交易类型（即核心业务或新业务）和融资决策。评级机构会评估并购的频率和规模及以前的融资方案。依靠举债进行收购或因收购而改变信用质量的历史会提高发行人的风险。

评级机构会考虑公司及其所有者过去平衡股东回报和债券持有人利益的情况。如果公司一贯倾向于股东回报，而牺牲债券持有人的利益，则为一个负面评级因素。

二、信用评级模型

（一）评价指标和权重

基础评分模型从规模、业务状况、盈利能力与效率、杠杆率与覆盖率和财务政策等方面对受评主体信用风险进行基础评分。采用主观确定的固定权重，指标级权重如表6-4所示。

表6-4　　　　　　　　　　穆迪基础评分指标

一级指标	权重（%）	二级指标	权重（%）
规模	15	营业总收入（亿元）	15
业务状况	25	业务状况	25
盈利能力与效率	10	毛利润率（%）	10
杠杆率与覆盖率	30	EBIT/利息覆盖率	15
		收入/债务比率（%）	15
财务政策	20	财务政策（%）	20

资料来源：穆迪（中国）《信用评级方法政策》（2018年7月19日）。

（二）评分规则

穆迪拟定了信用评级基础评分指标的得分规则、各档位对应的分值以及评级结果的映射关系，如表6-5～表6-7所示。

表6-5 穆迪基础评分指标各档位得分参考示意

指标	Aaa	Aa	A	Baa	Ba	B	Caa	Ca
收入（亿美元）	≥500	300~500	150~300	50~150	15~50	5~15	2~5	<2
业务状况	几乎不存在业绩波动；具有市场领先的市场地位、有效的成本管理、极为审慎的土地策略和优异的执行记录；全国范围内业务分布极为均衡	业绩波动极低；具有极稳定和领先的市场地位，能通过成本控制年固地抵御土地策略审慎，执行记录有力；在全国范围内业务分布均衡	业绩波动较低；具有强大的市场地位、明显的竞争优势和稳定的多元化特征；土地策略审慎，执行记录良异；在全国范围内开展业务	中度的业绩波动；具有稳定的市场地位，至少一项明确的竞争优势；良好的多样化程度如其意外的需求变化带来缓冲保护；土地策略执行，土地策略的波动性与流动性之间取得平衡；执行记录基本符合预期	业绩有时出现波动较大的情况；在多个核心市场具有稳固的市场地位及较为多样化的业务特征；降低了业绩的波动性；土地策略在较激进进；执行记录中等	业绩高度波动；市场地位会迅速下降；存在集中度风险；土地策略极为激进，执行记录不一致	业绩极为波动；易受市场新趋势影响；市场地位可能会下降；集中度风险较高；土地策略极为激进，执行持续不达标	业绩极为波动；极易受市场新趋势影响，集中度风险极高；土地策略规模很大涉及融资购的债务融资地活动；执行记录差
盈利能力与效率	≥65%	50~65%	36%~50%	28%~36%	21%~28%	14%~21%	7%~14%	<7%
EBIT/利息覆盖率	≥20倍	15~20倍	10~15倍	6~10倍	3~6倍	1~3倍	0~1倍	<0倍
收入/债务比率	≥250%	195~250%	145%~195%	115%~145%	85%~115%	65%~85%	45%~65%	<45%
财务政策	财务政策极为保守、财务指标评级稳定，长期保持致力于保持很高的信用质量	极稳定和保守的财务政策，财务指标评级稳定造成事件风险极低的事件风险小，长期公开目短暂；努力保持很高的信用质量	财务政策预期能保护债权人利益；存在一定的事件风险，但对杠杆率的影响可能较小且短暂；努力保持稳定质量保持稳定的信用质量	财务政策可平衡债权人和股东利益，存在一定信用风险，人和股东分红或举债收购致信用质量下可能导致信用降的一定风险	财务政策倾向有利于股东而非债权人，因股东分红、收购其他重大资本结构变化而产生的财务风险高于平均水平	财务政策会倾向于股东而有利于股东权益；因非债权人，因股东分红、收购其他重大资本结构的财务风险较高	财务政策会导致债务重组风险上升，即致各种经济环境下债务重组上升	财务政策会导致债务重组风险上升，即使在良好的经济环境下也会出现同样情况

资料来源：穆迪（中国）《信用评级方法政策》（2018年7月19日）。

表 6 - 6　　　　　　　　穆迪信用评级各档位对应分值

Aaa	Aa	A	Baa	Ba	B	Caa	Ca
1	3	6	9	12	15	18	20

资料来源：穆迪（中国）《信用评级方法政策》（2018 年 7 月 19 日）。

表 6 - 7　　　　　　　　**穆迪信用评级结果映射**

打分卡指示的评级	加权因素分数总计
Aaa	$x < 1.5$
Aa1	$1.5 \leqslant x < 2.5$
Aa2	$2.5 \leqslant x < 3.5$
Aa3	$3.5 \leqslant x < 4.5$
A1	$4.5 \leqslant x < 5.5$
A2	$5.5 \leqslant x < 6.5$
A3	$6.5 \leqslant x < 7.5$
Baa1	$7.5 \leqslant x < 8.5$
Baa2	$8.5 \leqslant x < 9.5$
Baa3	$9.5 \leqslant x < 10.5$
Ba1	$10.5 \leqslant x < 11.5$
Ba2	$11.5 \leqslant x < 12.5$
Ba3	$12.5 \leqslant x < 13.5$
B1	$13.5 \leqslant x < 14.5$
B2	$14.5 \leqslant x < 15.5$
B3	$15.5 \leqslant x < 16.5$
Caa1	$16.5 \leqslant x < 17.5$
Caa2	$17.5 \leqslant x < 18.5$
Caa3	$18.5 \leqslant x < 19.5$
Ca	$x \geqslant 19.5$

资料来源：穆迪（中国）《信用评级方法政策》（2018 年 7 月 19 日）。

第三节 东方金诚信用评级体系概述

一、信用评级要素及分析框架

东方金诚在官网公布了其信用评级方法与模型，但该信用评级方法与模型仅在 2014 年 5 月公布了通用《工商企业信用评级方法》，在此后 6 年的修订过程中，仅公布了对各个行业的评级方法，并未对通用方法进行更新。因此，本书仅以东方金诚国际信用评估有限公司 2020 年 4 月发布的《信息技术企业信用评级方法及模型》（2020 年 4 月修订版）为例，阐述其信用评级体系。其他行业的信用评级体系在要素基本相同，在具体评价指标和权重上有所差异。东方金诚对企业信用评级主要从市场环境、企业规模、市场地位、盈利能力和运营效率、债务负担和保障程度、公司治理、管理与发展战略、财务信息质量、流动性和外部支持等方面进行评价。

（一）市场环境

市场环境是企业共同面临的形势，包括经济环境、政策变动等方面，是分析预测企业业务和财务表现的基础。

（二）企业规模

一般企业的经营状况受规模影响十分明显，同时这也是企业获得优势竞争地位的关键因素，企业规模越大，也更能抵御风险。东方金诚通过企业总资产规模、营业总收入规模衡量企业规模。

（三）市场地位

东方金诚通过研发收入比、多样性来评价企业市场地位。持续的研发投入可使企业获得充足的新产品和新技术储备，为企业未来新产品和新业务的拓展提供支撑，有利于维持或提高其市场地位。而且产品与技术的垄断优势及先进性有利于提高进入壁垒。企业多元化程度不仅能反映公司市场地位，多元化经营区域还可以有效抵御单一区域市场风险，业态多元化也可分散某单一市场变化给企业带来的经营风险。

（四）盈利能力和运营效率

东方金诚通过对企业的收入和利润规模、构成及其稳定性、成本控制能力、盈利的可持续性和持续性影响因素等方面进行综合分析，其评级模型中以利润总额来考察企业的盈利能力。

运营效率这一财务指标反映了企业主要资产构成的周转状况，企业运营状况及管理水平也能一一反映。东方金诚采用应收账款周转率来衡量资金回流速度、对上下游议价能力以及企业管理水平。

（五）债务负担和保障程度

该指标体现的是企业对一定时期内到期债务的偿还、变现、再融资及抵抗风险的综合能力，东方金诚主要通过经营现金流动负债比、或有风险等财务指标来考察此评价指标，并将或有风险纳入考量。或有风险主要包括对外担保和涉诉等，东方金诚根据受评主体实际情况可能将重大或有风险纳入负债口径。

（六）公司治理、管理与发展战略

治理结构的意义在于明晰企业对社会和利益相关方的责任，在企业的各利益相关方之间建立相互监督且激励相容的制度，保障债权人在内各利益相关方利益，并防范出现因环境、社会责任等方面的负面事件对企业经营和融资产生冲击。东方金诚在公司治理方面主要考察权责落实得是否清楚和激励约束机制，其中包括股权结构情况、董事会的独立运作情况，监事会的监督职能、管理层及员工在日常工作中的激励、约束机制的安排是否能很好保障债权人利益以及环境保护、社会责任等方面，重点考察是否存在公司治理机制失效的情形，以及环境保护、社会责任方面是否发生了影响公司经营和融资的负面事件。企业的信用等级很大程度上受到企业的管理水平的影响，企业的管理水平是否与自己发展目标相匹配决定了企业是否能走得长远，从而能影响外界对企业的信心。东方金诚对企业管理水平的评估则可以从管理制度是否健全、是否有恰当的内控制度且实施情况、决策制定是否科学、危机应对是否及时有效等方面进行分析。管理层人员方面主要考察管理层是否普遍具备丰富的相关行业经验，能否高效地处理企业生产、管理中发生的常见问题；通过考察分析管理层对公司的在建、拟建项目的统筹投融资情况，能够反映管理层对项目集中偿付及流动性风险的管理能力。此外，通过对企业管理目标与达到的实际业绩之间的对比分析，体现出其在管理方面与公司的契合程度与自身能力；考察管理者在外部条件不利时的绩效水平，进而体现出其应对危机的能力。管理层是否能深刻认识到企业目前的位置，是否能在风云变化的市场里给企业寻得有利的发展方向，并推动企业稳步向前至关重要。发展战略分析是东方金诚预测企业未来发展状况的重要基础。

（七）财务信息质量

财务报表用数据信息反映出企业的经营状况，很多用于评估企业风险的财务信息都来源于此，财务信息的真实可靠对信用风险的判断有较大影响。审计机构作为专业机构，出具的审计意见可以对判断财务信息质量提供参考，从而有助于评级机构做出相关的评级决策。东方金诚在评级时会关注企业审计报告所使用的会计师事务所是否具有被监管机构认可的资格和事务所的更替情况等。由于选择不同会计政策会导致行业间丧失可比性，所以不能仅仅在财务数据上进行分析判断。为保证可比性，东方金诚可能会对财务数据进行调整。东方金诚对数据质量的考察还包括信息披露的准确性、及时性、完整性，并关注披露的信息是否存在不一致和矛盾情况。

（八）流动性

流动性体现了受评主体能否履行营运资金支出、债务兑付等现金偿付义务。保持充足流动性是受评主体保障正常生产经营从而维持盈利能力的基础，相反，流动性极度紧张情形下，受评主体甚至可能无法偿付到期债务而导致违约，因此，流动性极弱会严重影响其信用等级。东方金诚对流动性的考察采用定性和定量相结合的方式，对受评主体内部和外部可获取的流动性来源进行综合分析，以判定其陷入流动性危机的可能性。

（九）外部支持

受评主体其信用等级高低不仅受自身硬件的影响，还有其背后的支持力量影响，体现为外部支持。通常外部支持来源于政府、股东、实际控制人等。股东和实际控制人支持，重点关注控股股东或实际控制人的财务实力、公司对股东的相对重要性、股东对公司的支持历史等方面。

二、信用评级模型

（一）评价指标和权重

东方金诚信用评级基础评分模型从企业规模、市场地位、盈利能力和运营效率、债务负担和保障程度四个方面对受评主体信用风险进行定量评分，如表6-8所示。采用二级指标近两年及未来一期预测值进行测算，各年数据赋予40%、40%、20%的权重。但如果有足够理由认为该权重不能很好反映其预测值，项目组及信评委可能对各年权重进行调整。

表6-8 　　　东方金诚信息技术企业信用评级基础评分指标及其权重

一级指标	权重（%）	二级指标	权重（%）
企业规模	30	总资产（亿元）	15
		营业总收入（亿元）	15
市场地位	20	多样性	15
		研发收入比（%）	5
盈利能力和运营效率	20	利润总额（亿元）	10
		应收账款周转率（%）	10
债务负担和保障程度	30	资产负债率（%）	15
		经营现金流动负债比（%）	15

资料来源：东方金诚《信息技术企业信用评级方法及模型》（2020年4月修订版）。

（二）评分规则

东方金诚信用评级基础评分指标各档位评分如表 6–9 所示。其中，多样性指标一档的参考标准是：产品与服务具有垄断优势或技术含量很高、差异化或成本优势明显；产品与服务可替代性弱；行业技术壁垒或其他进入门槛较高；市场容量较大；新产品和新技术储备丰富。多样性指标五档的参考标准是：产品与技术已落后，市场需求萎缩，新产品和新技术储备不足。二至四档在上述一档和五档的参考标准之间按照程度评价。

表 6–9　　　　　　　东方金诚基础评分指标各档位得分参考

指标	一档	二档	三档	四档	五档	六档	七档	八档
总资产（亿元）	$x>600$	$600 \geq x>400$	$400 \geq x>100$	$100 \geq x>30$	$30 \geq x>10$	$10 \geq x>5$	$5 \geq x>3$	$x \leq 3$
营业总收入（亿元）	$x>500$	$500 \geq x>45$	$45 \geq x>25$	$25 \geq x>20$	$20 \geq x>10$	$10 \geq x>3$	$3 \geq x>1$	$x \leq 1$
研发收入比（%）	$x>9$	$9 \geq x>5$	$5 \geq x>3$	$3 \geq x>1.5$	$1.5 \geq x>1$	$1 \geq x>0.5$	$0.5 \geq x>0.1$	$x \leq 0.1$
多样性（档位）	1	2	3	4	5	—	—	—
利润总额（亿元）	$x>15$	$15 \geq x>3$	$3 \geq x>1$	$1 \geq x>0.3$	$0.3 \geq x>-1$	$-1 \geq x>-2$	$-2 \geq x>-3$	$x \leq -3$
应收账款周转率（次）	$x>6.3$	$6.3 \geq x>4.5$	$4.5 \geq x>1.5$	$1.5 \geq x>1.0$	$1.0 \geq x>0.5$	$0.5 \geq x>0.2$	$0.2 \geq x>0.1$	$x \leq 0.1$
资产负债率（%）	$x \leq 35$	$35<x \leq 50$	$50<x \leq 65$	$65<x \leq 70$	$70<x \leq 75$	$75<x \leq 80$	$80<x \leq 85$	$x>85$
经营现金流动负债比（%）	$x>25$	$25 \geq x>10$	$10 \geq x>0$	$0 \geq x>-10$	$-10 \geq x>-20$	$-20 \geq x>-30$	$-30 \geq x>-40$	$x \leq -40$

资料来源：东方金诚《信息技术企业信用评级方法及模型》（2020 年 4 月修订版）。

东方金诚评级调整因素包括财务信息质量、公司治理、流动性、外部支持等，信评委对受评企业在每个评级调整因素的表现进行分档，用于确定对信用等级的影响，如表 6–10 所示。

表 6－10　　　　　　　　东方金诚评级调整因素评价

调整因素	+3 档	+2 档	+1 档	0 档	−1 档	−2 档	−3 档
财务信息质量			财务信息质量高，会计政策合理，信息披露合规、及时、充分、准确	财务信息质量待改善，信息披露方面有被监管处罚，但负面影响不大	财务信息质量较差，信息披露方面有被监管处罚，产生了较大负面影响	财务信息质量较差，信息披露方面有被监管处罚，产生了较大负面影响	财务信息质量极差，信息披露方面频繁被监管处罚，产生持续重大的负面影响
公司治理			公司治理架构完善、有效，激励约束机制很好地保障了股东、债权人等各方利益	公司治理架构相对完善，激励约束机制能保障了股东、债权人等各方利益	公司治理架构有待完善，监管处罚、公司治理失效、环境和社会责任等负面事件较多，预计对其经营或融资将产生一定影响	公司治理架构有待完善，监管处罚、公司治理失效、环境和社会责任等负面事件较多，预计将对其经营或融资将产生较大影响	公司治理架构不完善，频繁受到监管处罚和发生公司治理失效、环境和社会责任等重大负面事件且对其经营或融资产生极大影响
流动性			自由现金流充足，资产变现能力和外部融资能力很强	自由现金流相对充裕，具备一定的资产变现能力和外部融资能力	自由现金流获取能力较弱，可变现资产规模较小，外部融资能力较弱	自由现金流接近枯竭，资产变现能力和外部融资能力均很弱	自由现金流枯竭，几乎无任何可变现资产，丧失融资能力
外部支持	可获得极强的外部支持	可获得很强的外部支持	可获得较强的外部支持	未获得明显的外部支持	有证据表明主体已经采取了可能不利于受评对象债权人的行动	支持主体采取了不利于债权投资人的重大不利行动	支持主体对受评对象采取的不利于债权人的行动掏空了受评对象的偿付能力

资料来源：东方金诚《信息技术企业信用评级方法及模型》（2020 年 4 月修订版）。

　　东方金诚根据实际情况，在进行信用评级时还会考虑受评主体的历史信用记录、行业风险、突发事件等对受评主体的信用等级影响。

第四节　中诚信国际信用评级体系概述

一、信用评级要素及分析框架

中诚信国际信用评级体系包括通用评级方法以及分行业评级方法，但是没有按照被评价企业规模以及特性专门开发针对高科技中小企业的信用评级方法。以下所介绍内容按照中诚信国际信用评级有限公司 2019 年 2 月发布的《中诚信国际通用评级方法与模型》进行阐述。通用评级方法的评级要素包括规模与多元化、盈利能力、财务政策与偿债能力、运营实力。各行业的信用评级方法在此基础之上对权重有一定调整。

（一）规模及多元化

企业的规模与多元化往往和实力是正相关的，多元化的经营模式使得企业分散了经营风险，拥有了更多的选择，在危机来临之时可以有效避免致命打击，同时可以通过灵活转变运营模式来恢复实力。同时大规模意味着资本实力的充足，意味着话语权。总体来说，规模和多元化发展意味着稳定，意味着拥有实现更好愿景的基础实力。

（二）盈利能力

一个企业能否持续健康地运转下去要看它的盈利能力，这个能力全面地反映出企业的经营模式与产品成本结构各个方面。拥有强的盈利能力的相当于可以源源不断地获取企业发展所需的资金，并且有利于自身积累资本，提升自身实力，拥有雄厚资本资本积累实力的企业更能够吸引外部资金的进入，更能够获得投资者的信心。

（三）财务政策与偿债能力

一个企业的财务政策与偿债能力反映出企业的运营风格，可以从财务政策的选择中看出管理层的风格是激进还是保守。而企业自身偿债能力的大小会使得管理层对风险的接受程度有所不同，从而对评级结果有很大影响，由此该评级指标成为中诚信国际参考的主要指标。如高于行业平均负债水平的企业可能面临更大的财务风险，未来应对重大变故的能力会略显不足。

（四）运营实力

中诚信国际在评价企业运营实力时，主要考察企业所具备的资源禀赋以及对资源禀赋的应用能力，资源禀赋具备优势、合理运用发挥最大效益的企业具备更强的竞争抗风险能力。

二、信用评级模型

（一）信用评级要素赋权

根据《中诚信国际通用评级方法与模型》，中诚信国际通过分析风险点，明确规模与多元化、盈利能力、财务政策与偿债能力以及运营实力等四大因素，通过十项指标数值分布区间来评定打分卡级别，该评级体系及要素赋权如表6-11所示。

表6-11 中诚信国际通用评级体系及要素赋权

一级指标	二级指标
规模与多元化	营业总收入（20%） 业务多样性（10%）
盈利能力	总资产收益率（10%） EBITDA利润率（10%）
财务政策与偿债能力	总资本化比率（10%） 总债务/EBITDA（7.5%） EBITDA利息保障倍数（7.5%） （CFO-股利）/总债务（5%）
运营实力	资源禀赋（10%） 资源控制力（10%）

资料来源：《中诚信国际通用评级方法与模型》。

（二）评级要素评分标准

1. 规模与多元化的衡量指标

（1）营业总收入。营业总收入可以反映出企业的经营规模与竞争实力，其之间的关系也呈正向关系。一般来说高的营业总收入意味着高的信用评级。其评价参考值如表6－12所示。

表6－12　　　　　中诚信信用评级体系营业总收入指标评价参考

评分	10	8	7	6	5	4	3	2	1
最近一年营业总收入（亿元）	≥300	[80,300)	[30,80)	[15,30)	[10,15)	[5,10)	[2,5)	[1,2)	[0,1)

资料来源：《中诚信国际通用评级方法与模型》。

（2）业务多样性。合理的多元化经营有一个显而易见的作用，即有效分散风险，也就是所谓的"不把鸡蛋放在同一个篮子里"。当身处环境稳定的行业中时，分散风险的作用可能还不够明显，但当处于发展较快，且环境不稳定的行业中时，多元化经营则会显示出其优秀的规避风险的能力。中诚信国际会结合多方面分析，判断企业在这方面的突出优势，从而给予较高的信用等级（见表6－13）。

表6－13　　　　　中诚信产品多元化指标评价参考

评分描述	评分
在行业领域或行业细分类别或产品类别具有极强的多元化能力	10
在行业领域或行业细分类别或产品类别具有很强的多元化能力	8
在行业领域或行业细分类别或产品类别具有较强的多元化能力	7
在行业领域或行业细分类别或产品类别具有一定的多元化能力	6
在行业领域或行业细分类别或产品类别的多元化能力一般	5
在行业领域或行业细分类别或产品类别的多元化能力较弱	4
在行业领域或行业细分类别或产品类别的多元化能力很弱	3
在行业领域或行业细分类别或产品类别的多元化能力极弱	2
在行业领域或行业细分类别或产品类别结构单一	1

资料来源：《中诚信国际通用评级方法与模型》。

2. 盈利能力的衡量指标

（1）EBITDA 利润率。EBITDA 利润率衡量了企业的经营效率和产品的获利能力，与信用等级也是一个正向的关系。

（2）总资产收益率（ROA）。总资产收益率反映了企业资产创造利润的能力，较高的总资产收益率通常将获得较高的信用等级。

盈利能力指标评价参考值如表 6 – 14 所示。

表 6 – 14　　　　　　中诚信盈利能力指标评价参考

评分	10	8	7	6	5	4	3	2	1
总资产收益率（三年平均）	≥10%	(10%, 5%]	(5%, 3%]	(3%, 2%]	(2%, 1%]	(1%, 0.5%]	(0.5%, 0]	(0, –10%]	< –10%
EBITDA 利润率（三年平均）	≥20%	(20%, 14%]	(14%, 10%]	(10%, 6%]	(6%, 4%]	(4%, 2%]	(2%, 1%]	(1%, 0]	<0

资料来源：《中诚信国际通用评级方法与模型》。

3. 财务政策与偿债能力的衡量指标

（1）总资本化比率。该指标反映了企业财务政策的大致情况，如果一个企业总资本化比率较低，则意味着它在渡过行业危机方面有更大的保证，同时评级机构也会给予一个更高的评级。

（2）总债务/EBITDA。该指标亦是偿债能力的体现，只不过在形式上有所不同。作为总资本化比率指标的重要补充，其体现出现金流对债务的弥补状况。现金获取能力也是衡量企业水平的重要因素。该指标较低的企业毋庸置疑会被更加看好。

（3）EBITDA 利息保障倍数。该指标是用来衡量企业偿付借款利息的能力，主要考察企业在剔除容易混淆其实际表现的经营费用和成本后的获利水平对利息的覆盖程度。EBITDA 利息保障倍数越高，企业的偿债能力越强，通常将获得较高的信用等级。

（4）（CFO – 股利）/总债务。此指标衡量了企业营运资本和股利政策综合影响下的现金流水平对债务的覆盖能力。CFO 考虑了营运资本的因素，反映了企业所具备的偿债条件，股利支出则用以衡量股利政策对企业偿债意愿和未来偿债能力的影响。该指标较高的企业通常能够获得较高的信用等级。

偿债能力指标评价参考值如表 6 – 15 所示。

表 6 – 15　　　　　　　　　　中诚信偿债能力指标评价参考

评分	10	8	7	6	5	4	3	2	1
总资本化比率 （最近一年）	(0, 40%]	(40%, 60%]	(60%, 70%]	(70%, 75%]	(75%, 80%]	(80%, 85%]	(85%, 90%]	(90%, 95%]	>95%
总债务/EBITDA （三年平均）	(0,3]	(3,7]	(7,10]	(10,12]	(12,15]	(15,17]	(17,20]	(20,23]	>23
EBITDA 利息 保障倍数 （三年平均）	≥8	[4,8)	[2,4)	[1.5,2)	[1,1.5)	[0.5,1)	[0.25, 0.5)	[0, 0.25)	<0
(CFO – 股利)/ 总债务 （三年平均）	≥30%	[20%, 30%)	[10%, 20%)	[0, 10%)	[-5%, 0)	[-10%, -5%)	[-15%, -10%)	[-20%, -15%)	< -20%

资料来源：《中诚信国际通用评级方法与模型》。

4. 运营实力的衡量指标

（1）资源控制力。拥有资源是发展的基础，所以企业资源控制力对其自身发展有重大的影响。良好的资源控制力也意味着更加稳定的发展，客户稳定，具有出色的上下游议价能力，这些都是资源控制力强的表现。其评价参考值如表 6 – 16 所示。

表 6 – 16　　　　　　中诚信资源控制力指标评价参考

评分描述	评分
上下游客户关系极其稳定，对上下游议价能力极强	10
上下游客户关系很稳定，对上下游议价能力很强	8
上下游客户关系稳定，对上下游议价能力强	7
上下游客户关系较稳定，对上下游议价能力较强	6
上下游客户关系存在波动，对上下游议价能力一般	5
上下游客户关系波动较大，对上下游议价能力较弱	4
上下游客户关系波动大，对上下游议价能力弱	3
上下游客户关系波动很大，对上下游议价能力很弱	2
上下游客户关系波动极大，对上下游无议价能力	1

资料来源：《中诚信国际通用评级方法与模型》。

（2）资源禀赋。资源禀赋涵盖了更多内容，资源包括人力资本和物质资本，好的管理和技术让企业拥有了长远发展的可能，而充足的资金和强力的平台给企业带来源源不断的前进动力。企业具备的资源禀赋直接反映了其综合实力，不管是产品生产更游刃有余，能够掌握的业务范围也更全面，更能找到适合自己的发展之路，决定了一个企业的上限。资源禀赋强的企业将获得较高的信用等级。其评价参考值如表 6 - 17 所示。

表 6 - 17　　　　　　中诚信企业资源禀赋指标评价参考

评分描述	评分
核心要素质量/资源储备极强	10
核心要素质量/资源储备很强	8
核心要素质量/资源储备强	7
核心要素质量/资源储备一般	6
核心要素质量/资源储备较弱	5
核心要素质量/资源储备弱	4
核心要素质量/资源储备很弱	3
核心要素质量/资源储备极弱	2
无核心要素质量/资源储备	1

资料来源：《中诚信国际通用评级方法与模型》。

第五节 大公国际信用评级体系概述

一、信用评级要素及分析框架

《大公国际信用评级方法总论》提供对一般非金融企业债务偿付能力及意愿的基础性评价标准，具体行业信用风险的衡量由相关行业评级方法进行规范。本书根据大公国际资信评估有限公司 2020 年 4 月发布的《大公国际信用评级方法总论》以及 2021 年 11 月发布的《一般工商企业信用评级方法》对其信用评级体系进行阐述。大公国际信用评级从信用风险的内涵出发，以评级对象对债务的保障程度为落脚点，充分考虑宏观经济环境、行业环境、区域环境等外部因素，产品和服务竞争力、盈利能力和偿债来源等受评主体的内部因素，以及其他特殊风险事项和外部支持的影响，综合衡量评级对象的偿债能力和偿债意愿。其信用评级包括以下要素。

（一）偿债环境

偿债环境是指通过影响财富创造能力影响评级对象偿债来源和偿债能力的具有不可抗力性的外部因素，包括宏观环境、行业环境和区域环境，为分析财富创造能力做好准备。

1. 宏观环境

政策环境是企业外部经营环境的一个重要方面，具体包括战略规划、货币政策、财政政策、金融政策、信用政策、产业政策和其他相关政策法规等。宏观经济是对国内宏观经济运行特征的全面分析，大公国际将从经济规模和发展水平、经济绩效、经济稳定性和增长潜力四个方面进行分析。大公国际将选取国内生产总值、人均国内生产总值、国内生产总值实际增长率、失业率、通货膨胀率和平均经济增长率等指标来反映。最后，大公国际将对影响经济稳定的因素进行定性打分。

2. 行业环境

行业环境的考察不仅可以衡量行业整体信用风险情况，亦有利于提升评级结果的行业可比性。大公国际对行业政策环境的分析主要关注：（1）产业发展政策对产业结构、产业布局、产业技术和产业组织的调整；（2）金融政策对企业融资环境的影响；（3）环保或安全等政策力度的加强是否会限制企业的发展。行业景气度反映一定时期内行业发展情况，与宏观经济发展水平、固定资产投资、人口增长、城镇化水平、产业结构、上下游产业环境、行业竞争等因素密切相关。

3. 区域环境

区域环境主要包括：企业所处销售半径的地区经济发达程度、区域内的产业聚集情况影响、区域运输条件以及产业政策制定的情况。大公国际选取地区 GDP 占全国的比重、地区 GDP 增长率反映地区经济发达程度和潜力，同时综合考虑人口结构、人员流动等因素对地区未来经济发展的影响。区域经济主要包括评级对象所处销售半径的地区经济规模和发展水平、经济绩效、经济稳定性和增长潜力。

（二）财富创造能力

财富创造能力是指评级对象长期盈利能力，它是通过对偿债来源起决定性作用进而影响偿债能力，为分析偿债来源做好准备。大公国际对财富创造能力的考察主要从产品与服务竞争力、盈利能力两个方面进行考察。

1. 产品与服务竞争力

产品与服务竞争力是指评级对象产品或服务占有市场的能力，大公国际主要从行业地位和规模两方面对企业产品与服务竞争力进行分析。大公国际对一般工商企业评级时在行业地位方面关注：行业排名、各产品所属细分市场排名及市场占有率情况。大公国际对规模的分析主要考察总资产和营业收入。除此之外，大公在分析企业产品与服务竞争力时还会关注企业技术或研发水平、专业资质情况、品牌价值、产品与服务附加值水平、多元化和产业链完整程度、上下游客户企业情况以及企业与上下游的定价模式等。

2. 盈利能力

盈利能力是指企业在主营业务方面的获利能力和未来走势。大公国际对企业盈利能力的分析主要从成本和利润展开。大公国际对成本的分析，主要考察毛利率。选取 EBITDA 利润率、总资产报酬率和净利润反映企业运用全部资产创造收益的能力。此外，净利润是企业经营的最终成果，其规模越大，说明企业的经营效益越好。

（三）偿债来源与负债平衡

偿债来源是指受评对象可用于偿债的资金来源。毕竟可由来源判断风险大小，偿债来源与负债的平衡关系是偿债能力的直接决定要素。

1. 债务状况

债务状况分析包括规模和结构分析，规模分析关注评级对象债务负担和变动情况，结构分析包括期限结构、融资方式结构、利率结构等多个方面。另外，还需关注或有事项（如担保债务、未了结诉讼等）产生的潜在义务，主要考察或有负债相对净资产的占比情况，或有负债形成实际偿付义务的可能性以及或有负债期限结构对债务结构的影响等。

2. 流动性偿债来源与负债平衡

流动性偿债来源指评级对象债务链每一时点可用于偿付债务的偿债来源，流动性偿债来源与负债平衡主要考察盈利、现金流、债务收入和外部资金支持等偿债来源数量及其对债务和利息的保障程度。

盈利是评级对象通过日常经营活动所获得完全可自主支配的盈利性现金流，是评级对象偿还债务以及获取其他偿债来源的基础，是评级对象财富创造能力的集中体现，重点考察净利润以及 EBITDA 比债务等指标。

现金流是评级对象经营活动中产生的可自由使用的现金流，算是企业的后备力量，是评级对象最为直接的偿债来源，大公国际重点分析现金流量规模、稳定性及其对到期债务的覆盖能力，通常选取的指标为经营活动净现金流/到期债务等。

债务收入是评级对象通过借贷方式形成的偿债来源。债务收入的可得性和融资成本既受评级对象盈利能力、信用水平的影响，也受制于金融市场风险状况，因此稳定性和安全性相较前文已介绍的偿债来源偏弱。本方法论主要考察债务收入的多样性、稳定性和评级对象对市场敏感性相对较弱的债务收入来源的依赖程度等。

外部资金支持是债务人以外的政府机构、股东和其他外部机构对评级对象的资金支持，如政府补贴等，也是评级对象可以获得的偿债来源之一，主要通过历史记录进行考察。

3. 清偿性偿债来源与负债平衡

清偿性偿债来源是指评级对象在流动性偿债来源不足以偿还时点债务时，评级对象资产变现为现金用以偿债的来源，清偿性偿债来源与负债平衡主要考察评级对象资产结构以及质量和对债务的覆盖能力。大公国际重点考察资产质量，主要综合资产结构、资产转化能力、资产利用效率三个方面。

（四）调整项

使用"可比性调整""绿色因素""外部支持"进行调整，最后结合初始评级得出最后的评级结果。

二、信用评级模型

（一）大公国际信用评级模型

大公国际的信用评级模型如图 6 – 3 所示。

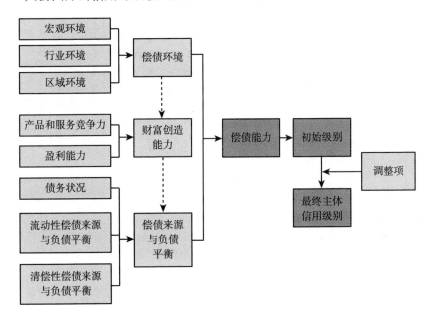

图 6 – 3　大公国际信用评级模型

资料来源：《大公国际信用评级方法总论》。

（二）评级要素评分标准

通过研究一般工商企业所在国家（地区）状态，选择合适的方法进行分析描述，在分别列举出要考核的要素之后，确定核心分析要素之间的内在逻辑联系。

1. 偿债环境

偿债环境评级指标与权重如表 6 - 18 所示。

表 6 - 18　　　　　　　　大公国际信用评级偿债环境评级模型

一级指标	二级指标	阈值						
		7	[6,7)	[5,6)	[4,5)	[3,4)	[2,3)	[1,2)
偿债环境（12%）	宏观环境（4%）	政治生态、信用生态非常稳定且健康；宏观经济规模和发展水平、经济绩效和稳定性非常好，经济增长潜力巨大，总体能够形成非常有利的偿债环境	政治生态、信用生态很稳定且健康；宏观经济规模和发展水平、经济绩效和稳定性很好，经济增长潜力很大，总体能够形成很有利的偿债环境	政治生态、信用生态较为稳定且健康；宏观经济规模和发展水平、经济绩效和稳定性较好，经济增长潜力较大，总体能够形成较为有利的偿债环境	政治生态、信用生态的稳定性和健康程度一般；宏观经济规模和发展水平、经济绩效和稳定性一般，经济增长潜力一般	政治生态、信用生态的稳定性和健康程度较差；宏观经济规模和发展水平、经济绩效和稳定性较弱，经济增长潜力较小	政治生态、信用生态的稳定性和健康程度很差；宏观经济规模和发展水平、经济绩效和稳定性很弱，经济增长潜力很小	政治生态、信用生态的稳定性和健康程度非常差；宏观经济规模和发展水平、经济绩效和稳定性非常弱，经济增长潜力非常小
	行业环境（4%）	行业特有风险非常低；行业监管、行业政策对行业发展和信用风险非常有利	行业特有风险很低；行业监管、行业政策对行业发展和信用风险很有利	行业特有风险较低；行业监管、行业政策对行业发展和信用风险较为有利	行业特有风险一般；行业监管、行业政策对行业发展和信用风险影响一般	行业特有风险较大；行业监管、行业政策对行业发展和信用风险影响较为负面	行业特有风险很大；行业监管、行业政策对行业发展和信用风险负面影响很大	行业特有风险非常大；行业监管、行业政策对行业发展和信用风险负面影响非常大
	区域环境（4%）	位于经济发达地区，经济发展速度很快	区域GDP占全国的比重较高，GDP增速较快	区域GDP占全国的比重较高，GDP增速一般	区域GDP占全国的比重一般，GDP增速较快	区域GDP占全国的比重一般，GDP增速一般	区域GDP占全国的比重较小，GDP增速一般	区域GDP占全国的比重很小，GDP增速很慢

资料来源：《大公国际一般工商企业信用评级方法》。

2. 财富创造能力

大公国际从产品与服务竞争力和盈利能力两个方面综合分析企业财富创造能力的影响因素及运行规律。财富创造能力评级指标与权重如表 6 – 19 所示。

表 6 – 19　　　　　　　大公国际信用评级财富创造能力评级模型

一级指标	二级指标	三级指标	阈值							
			7	[6,7)	[5,6)	[4,5)	[3,4)	[2,3)	[1,2)	1
财富创造能力（67%）	产品与服务竞争力（50%）	行业地位	在国内市场排名行业龙头地位或多个细分行业领域处于龙头地位	国内市场排名前列，或多个细分行业领域排名前列	国内市场行业地位处于中上游或单一细分行业处于龙头地位	行业地位一般，处于中游水平	行业地位处于中下游水平	行业地位靠后，竞争力较弱，面临很强外部竞争压力	行业地位很差，竞争力很弱，生存空间很小	
		总资产（亿元）	≥1 000	[400,1 000)	[300,400)	[200,300)	[100,200)	[40,100)	[10,40)	[0,10)
		营业收入（亿元）	≥800	[400,800)	[100,400)	[80,100)	[50,80)	[10,50)	[1,10)	<1
	盈利能力（17%）	毛利率	≥0.30	[0.25,0.30)	[0.20,0.25)	[0.15,0.20)	[0.10,0.15)	[0.05,0.10)	[0.00,0.05)	<0
		EBITDA利润率	≥0.15	[0.10,0.15)	[0.08,0.10)	[0.06,0.08)	[0.04,0.06)	[0.02,0.04)	[0.00,0.02)	<0
		总资产报酬率	≥0.06	[0.05,0.06)	[0.04,0.05)	[0.03,0.04)	[0.02,0.03)	[0.01,0.02)	[0.00,0.01)	<0
		净利润（亿元）	≥30.00	[20.00,30.00)	[10.00,20.00)	[1.00,10.00)	[0.60,1.00)	[0.30,0.60)	[0.00,0.30)	<0

资料来源：《大公国际一般工商企业信用评级方法》。

3. 偿债来源对债务的保障程度

偿债来源对债务的保障程度主要考察盈利、现金流、债务收入和外部资金支持等偿债来源数量及其对债务和利息的保障程度。盈利是企业偿还债务以及获取其他偿债来源的基础，此部分建立在上文对企业盈利能力的分析基础上，重点考察 EBITDA 等对债务及其利息的覆盖程度等。主要的衡量指标为 EBITDA 利息保障倍数以及总有息债务/EBITDA。现金流是指企业经营活动中产生的可自由使用的现金流，大公国际重点分析现金流量规模、稳定性及其对到期债务的覆盖能力。通常选取的指标为经营性净现金流/流动负债，用以衡量企业偿还短期债务能力。大公国际会主要考察债务收入的多样性、稳定性和企业对市场敏感性相对较弱的债务收入来源的依赖程度等。外部资金支持是指债务人以外的政府机构或其他信用主体（包括母公司、控股股东及其他社会经营性或非经营性机构）对企业的资金支持，如政府补贴等。此外，大公国际重点考察资产规模及其质量，主要包括资产结构、资产的变现能力、资产的利用效率等几个方面，并重点考察可变现资产/总负债这一指标。出于谨慎原则，本方法将通过扣除在建工程、开发支出、商誉、长期待摊费用、递延所得税资产等不能短时间内变现的资产与非受限资产二者孰低，作为可变现资产规模。通过总来源/安全偿债来源来衡量企业对债务收入的依赖程度。偿债来源评级指标和权重如表 6-20 所示。

表 6-20　　　　大公国际信用评级偿债来源与负债平衡评级模型

一级指标	二级指标	三级指标	阈值							
			7	[6,7)	[5,6)	[4,5)	[3,4)	[2,3)	[1,2)	1
偿债来源与负债平衡(33%)	债务状况(10%)	短期有息债务/总有息债务	≤0.30	(0.30,0.40]	(0.40,0.50]	(0.50,0.60]	(0.60,0.70]	(0.70,0.80]	(0.80,0.90]	(0.90,1.00]
		债务资本比率	≤0.40	(0.40,0.50]	(0.50,0.60]	(0.60,0.70]	(0.70,0.80]	(0.80,0.90]	(0.90,1.00]	>1.00
	偿债来源对债务的保障程度(23%)	总来源与安全偿债来源	≤1.00	(1.00,2.00]	(2.00,3.00]	(3.00,6.00]	(6.00,9.00]	(9.00,12.00]	(12.00,15.00]	>15
		经营性净现金流/流动负债	≥0.30	[0.20,0.30)	[0.10,0.20)	[0.02,0.10)	[0.01,0.02)	[0.005,0.01)	[0.00,0.005)	<0.00

续表

一级指标	二级指标	三级指标	阈值						
			7	[6,7)	[5,6)	[4,5)	[3,4)	[2,3)	[1,2)	1
偿债来源与负债平衡(33%)	偿债来源对债务的保障程度(23%)	EBITDA利息保障倍数	≥7.50	[5.00, 7.50)	[3.50, 5.00)	[2.50, 3.50)	[1.00, 2.50)	[0.50, 1.00)	[0.00, 0.50)	<0.00
		总有息债务/EBITDA	≤2.00	(2.00, 5.00]	(5.00, 8.00]	(8.00, 11.00]	(11.00, 14.00]	(14.00, 17.00]	(17.00, 20.00]	>20
		可变现资产/总负债	≥2.00	[1.70, 2.00)	[1.40, 1.70)	[1.20, 1.40)	[1.10, 1.20)	[1.00, 1.10)	[0.90, 1.00)	<0.90

资料来源:《大公国际一般工商企业信用评级方法》。

4. 调整项

大公国际根据企业特殊因素对于其自身信用质量实际的影响程度,确定其对最终级别的影响程度。总体上,特殊因素涉及企业财务政策、信息质量、公司治理及管理水平、对外担保、流动性等多个方面,这些因素无法完全归纳总结,大公国际在其《大公国际一般工商企业信用评级方法》中提供了一些示例以供参考,篇幅所限,不再赘述。其调整项评级指标和权重如表6-21所示。

表6-21　　　　　大公国际信用评级调整项评级模型

一级指标	二级指标	调整幅度
可比性调整	财务政策	[-0.5, 0.0]
	信息质量	[-1.0, 0.0]
	公司治理及管理水平	[-0.2, 0.0]
	或有负债	[-1.0, 0.0]
	流动性	[-5.0, 0.0]
	绿色因素	[-0.1, 0.1]
	外部融资能力	[-0.2, 0.0]

续表

一级指标	二级指标	调整幅度
可比性调整	偶发重大事件	按照事项程度或测算值加减分
	其他因素	按照事项程度或测算值加减分
外部支持	股东支持	[0.0, 1.0]
	政府支持	[0.0, 1.0]

资料来源:《大公国际一般工商企业信用评级方法》。

(三) 大公国际信用评级模型结果级别映射

大公国际信用评级等级参考了标准普尔的等级,并结合其信用评级实际情况,给出了等级与评级结果的映射关系,如表 6-22 所示。

表 6-22 　　　　　　　大公国际信用评级模型结果级别映射

信用等级	评级模型结果	定义
AAA	>=5.5	偿还债务的能力极强,基本不受不利经济环境的影响,违约风险极低
AA	[4.00, 5.50)	偿还债务的能力很强,受不利经济环境的影响不大,违约风险很低
A	[3.10, 4.00)	偿还债务能力较强,较易受不利经济环境的影响,违约风险较低
BBB	[2.50, 3.10)	偿还债务能力一般,受不利经济环境影响较大,违约风险一般
BB	[2.00, 2.50)	偿还债务能力较弱,受不利经济环境影响很大,有较高违约风险
B	[1.55, 2.00)	偿还债务的能力较大地依赖于良好的经济环境,违约风险很高
CCC	[1.40, 1.55)	偿还债务的能力极度依赖于良好的经济环境,违约风险极高
CC	[1.25, 1.40)	在破产或重组时可获得保护较小,基本不能保证偿还债务
C	<1.25	不能偿还债务

注: 除 AAA 级、CCC 级 (含) 以下等级外,每一个信用等级可用 " + " " - " 符号进行微调,表示略高或略低于本等级。

资料来源:《大公国际一般工商企业信用评级方法》。

本章小结

本章对国内外主流信用评级机构的信用评级体系,包括国际信用评级机构标准普尔和穆迪,以及国内东方金诚信用评级体系、中诚信国际信用评级体系、大公国际信用评级体系进行了详尽阐述。本章分别总结了上述信用评级体系的信用评级要素、分析框架与评级模型。研究发现，标准普尔信用评级体系将企业的经营状况和财务风险作为企业信用评级基准，在此基础之上，结合调整因素：多元化程度、资本结构、财务政策、流动性以及管理与治理评价个体信用状况，并加上政府或集团支持形成主体信用评级，但是并未给出明确的要素权重关系。穆迪信用评级体系的评级要素包括企业规模、业务状况、盈利能力与效率、杠杆率与覆盖率和财务政策等，并提供了明确的评分规则与指标权重及信用等级与评级结果的映射关系。东方金诚并未更新其适用于一般工商企业的通用信用评级体系，而仅提供了行业信用评级体系。以信息技术企业信用评级体系为例，东方金诚对企业信用评级主要从市场环境、企业规模、市场地位、盈利能力和运营效率、债务负担和保障程度、公司治理、管理与发展战略、财务信息质量、流动性和外部支持等方面进行评价。中诚信国际信用评级体系的评级要素包括企业规模及多元化、盈利能力、财务政策与偿债能力、运营实力。大公国际信用评级体系的评级要素包括宏观经济环境、行业环境、区域环境等外部因素，产品和服务竞争力、盈利能力和偿债来源等受评主体的内部因素，以及其他特殊风险事项和外部支持的影响。其中，特殊因素涉及企业财务政策、信息质量、公司治理及管理水平、对外担保、流动性等多个方面。

　　上述评级体系要素的共性在于关注企业规模、市场地位与竞争力、盈利能力与运营实力、财务政策与偿债能力。但标准普尔和大公国际信用评级体系的评级要素因考虑了调整项，纳入了更多的非财务指标，更为全面。不过，我们发现上述评级体系的评级要素中并未将企业研发水平与技术创新作为二级指标，仅有东方金诚信息技术企业信用评级体系中，将"研发收入比"作为三级指标用于衡量企业的"市场地位"，但并未涉及研发人员的素质、研发成果等相关评价指标。而且目前各评级机构大多采用单一信用评级体系，尚未制定针对高科技中小企业的信用评级体系，可能因这类企业缺乏可担保资产、企业规模较小、市场地位较低、盈利能力较弱，导致现行通用信用评级体系对该类企业信用评级过低，不利于该类企业获取信贷融资。

第七章

京津冀高科技中小企业信用评级体系的构建

第一节 京津冀高科技中小企业信用评级体系的构建思路

一、构建原则和目标

京津冀高科技中小企业信用评级体系制定的原则和目标是：建立风险分析的合理框架，满足市场需求，符合监管要求，促进信用产品的标准化与规模化，能充分揭示信用风险，便于实务操作，在京津冀高科技中小企业方面推动信用评级业务的可持续发展。

二、评级原则

（1）真实性原则：在评级过程中，严格遵循评级分析方法和评级作业流程。这里的真实有两方面的意思：一是要注意资料的真实性；二是要保证评级人员注意保持自己追求真实结果的特质，按照合理、规范的程序审定评级结果，不要弄虚作假。

（2）一致性原则：评级机构需要始终如一贯彻自己事前下发的评级方法及程序，一切做到有迹可循，不要在评级过程中随意变动，在公司评级标准未作出重大调整前，坚持评级标准的长期一致性。

（3）独立性原则：公司评级分析人员、评审委员会成员应始终保持行事独立性，每个评级人员应该根据自己收集到的资料作出自己的专业判断，始终将自己的职业道德放在第一位，不应该被相关人员所影响，不能作出偏颇的判断，一切做到有据可依。

（4）客观性原则：评级人员在评级过程中始终坚持独立第三方立场，坚持客观、公正评价，不带任何偏见。

（5）审慎性原则：在分析和判断信用评级所需的材料信息时要谨慎认真，尤其是在分析定性指标时，因为定性指标掺杂着自身的主观感受，需要更加谨慎，要结合多方面因素进行考量，否则很容易犯错。另外，在评级的过程中，一旦发现有在经营过程产生不利影响的问题，评级人员应该根据自己的专业知识作出及时的判断，对企业作出示意。更要注重一些不合常理的指标，仔细分析其形成原因。

三、评级方法框架与基本逻辑

本书借鉴国内外主要评级机构的信用评级体系，结合累计至今相关领域国内外学术研究成果，纳入高层梯队理论、产品/技术创新理论、国家干预理论与福利经济学，同时，紧密联系京津冀地区中小企业特点以及"高科技"特性，构建了京津冀高科技中小企业信用评级体系，以科学合理评判该类企业债务偿付能力与偿债意愿。京津冀高科技中小企业信用评级体系的逻辑起点是对风险相关性和风险传递性的分析。受评主体的经营风险、财务风险为评级的落脚点。该评级体系的框架如图7-1所示。

首先，评价受评主体的经营风险，包括三个要素：行业状况、企业素质以及经营管理。经营风险分析在整个信用评级体系中居于顶层分析位置。（1）对行业政策、区域经济和行业景气性的描述形成对行业状况的评价。在特定情况下，系统性行业风险爆发可能导致该行业所有受评主体的违约风险大大提高。（2）对企业素质的评价。企业素质表现为管理能力与生产条件。根据高层梯队理论，管理者的学历和经验能够在很大程度上决定其管理能力，而管理层决定企业的发展战略与风险应对策略。生产条件

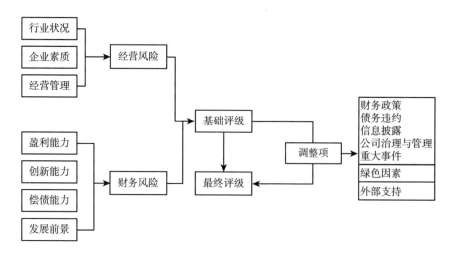

图7-1　京津冀高科技中小企业信用评级体系框架

决定企业的生产规模和工艺水平，影响产品的品质。（3）对经营管理的评价。经营管理主要衡量上述企业管理资源与生产资源整合后的效果，主要体现在企业规模、市场地位、运营效率与成本控制上。经营管理能够体现出企业的竞争力，在很大程度上影响企业的经营风险防控能力。

其次，评价受评主体的财务风险，包括四个要素：盈利能力、创新能力、偿债能力以及发展前景。盈利能力分析和创新能力分析在整个信用评级体系中居于核心分析位置。偿债能力分析居于基础分析位置。（1）对企业盈利能力的评价。盈利能力相关指标能够衡量企业历史业绩和当前业绩。盈利是企业重要的偿债来源与基础。为了全面分析企业偿债赖以依靠的盈利能力，本评价体系一方面考察权责发生制下的利润指标，另一方面考察现金指标。（2）对创新能力的评价。创新能力能够决定企业未来的盈利能力、市场地位，并设置较高的进入壁垒，降低企业风险。对于"高科技"中小企业而言，创新是这类企业的核心竞争力。（3）对偿债能力的评价。偿债能力分析以盈利能力分析结论为基础，分析债务状况、偿债来源对债务的保障程度，是评价企业当前财务风险的重要因素。（4）对发展前景的评价。发展前景体现出企业未来的成长性。债务偿还有赖于企业未来的现金流量，因此，企业的偿债能力有赖于业务的未来不断拓展与持续成长。该要素是评价企业未来财务风险的重要因素。

根据上述要素的评价，可以获得受评主体的基础评级。但是，上述要素并未涵盖受评企业的全部信用风险，为弥补上述不足，本评级体系还构建了若干调整项，对基础评级进行向上或向下调整。调整项包括可比性调整、绿色因素和外部支持三类。其中，可比性调整包括财务政策、债务违约、信息披露、公司治理与管理、重大事件等上述七大要素中需要补充的风险信息。绿色因素衡量企业可持续发展方面的举措，外部支持体现受评主体股东或政府给予的支持。由此，基本能够覆盖影响受评主体信用的重要风险因素和事件。经过调整，形成最终评级。

综上所述，本评价体系以量化信用评级模型评估受评主体的经营风险、财务风险为落脚点，同时考虑行业、股东、政府影响，并充分考虑产品和服务竞争力、创新能力、发展前景、信息披露、公司治理、可持续发展等评级对象内部因素的影响，综合衡量评级对象的偿债能力和偿债意愿，最终得到受评主体的综合信用实力评价。本评级体系采取定量定性相结合，以行业水平为基准从而得出相应的分值，主客观结合赋权法确定指标权重，计算评分，并根据分数阈值得出对应的信用等级。

四、京津冀高科技中小企业信用评级体系的特点

1. 加入创新能力评级要素

京津冀协同发展是国家重点发展战略，而高科技中小企业是当前市场上流动性最强、创造力最强的主体。对于高科技企业而言，发展初期会面临很大的融资约束，所以一套适用于京津冀高科技中小企业的评级体系对缓解其融资约束，促进国家发展战略的有效实施至关重要。为助力北京国际科技创新中心建设，贯彻落实北京市"十四五"时期高精尖产业发展规划，引导和支持企业增强技术创新能力和核心竞争力，打造高精尖载体建设新标准，推进建设产业高质量发展新范式，加快构建以高精尖产业为核心的现代化经济体系，依据《国家企业技术中心认定管理办法》，制定北京市企业技术中心建设管理办法。中共北京市委关于"十四五"规划和2035年远景目标的建议提出推进"三城一区"融合发展。进一步聚焦中关村科学城，提升基础研究和战略前沿高技术研发能力，取得一批重大原创

成果和关键核心技术突破，发挥科技创新出发地、原始创新策源地和自主创新主阵地作用，率先建成国际一流科学城。进一步突破怀柔科学城，推进大科学装置和交叉研究平台建成运行，形成国家重大科技基础设施群，打造世界级原始创新承载区。为响应国家号召，北京市出台了支持各类创新创业活动的资金支持政策，其中包括北京市高新技术成果转化项目、中关村专利支持资金项目、中关村颠覆性技术研发和成果转化项目等。天津市着力增强原始创新策源能力，打造战略科技力量，出台政策《天津市科技创新三年行动计划（2020—2022年）》《天津市大学科技园建设指导意见》《天津市大学科技园建设三年行动计划（2021—2023年）》等，明确指出，支持推动科技创新标志区、集聚区建设，大力培育国家高新技术企业，在金融、税收等方面给予支持，对其给予财政奖励。河北省为了深入实施创新驱动发展战略，加快提升全省科技创新水平，2021年11月发布《关于大力推进科技创新工作的若干措施》指出，"十四五"期间，推行企业研发投入后补助制度，对享受研发费用加计扣除政策优惠的科技型企业，省财政按照企业上一年度享受优惠的实际研发投入新增部分的10%予以补助，单个企业年度最高补助1 000万元。对新获批国家级创新平台的企业给予资金支持，用于自主科研开发、合作研发、成果转化、科研仪器设备更新改造等。对首次认定的国家技术创新示范企业，给予一次性资金奖励，用于鼓励企业加强研发机构建设和新产品、新技术研发等。支持独角兽培育企业开展颠覆式创新，推动新技术和新模式应用。对达到独角兽企业标准的，给予一定的奖励性后补助。

鉴于京津冀具有科技人才集聚、高校科研院所集聚的天然优势，而且三地政府都着力贯彻国家创新驱动发展战略，本书考虑到京津冀高科技中小企业"创新性强"这一特性，在京津冀高科技中小企业信用评级体系的设计中，在涵盖信用评级常用的财务指标的基础上，加入了创新能力评级要素，通过对研发机构的设置、研发人员的素质、研发经费的投入和研发成果的水平等子指标进行分析，更加全方面地反映出京津冀高科技中小企业的情况。

2. 充分考虑京津冀地区市场化程度与法治水平

根据黄世忠（2020）关于财务舞弊的地域特征的研究也可以看出，欠发达和中等发达地区、市场化程度较低地区的上市公司发生财务舞弊的占比明显高于经济发达地区的上市公司。王小鲁等（2021）发布的《中国分省份市场化指数报告》显示，2019 年北京市的市场化进程排名升至第 7 名，其中，人力资源供应条件排名第 2 名，法治环境排名第 5 名；天津市的市场化进程排名略微下降，但仍保持在前 10 名，其中，技术成果市场化排名第 2 名，法治环境排名第 3 名；河北的市场化进程排名从第 20 名上升至第 17 名，其中，法治环境排名为第 10 名。

因此，在京津冀高科技中小企业信用评级体系的构建中，充分考虑了京津冀市场化程度与法治水平。京津冀地区市场化进程评分较高，法治水平较高，企业鲜少有发生违规、违法行为，因此，一旦发生企业违规、违法行为，则会严重影响其信用评级。在评级体系中，在企业素质中纳入了实际控制人信用等定性指标，其他要素中纳入了是否存在经营异常指标，以企业是否发生重大诉讼和重大监管处罚事项进行衡量，并且在调整项中纳入了受到行政处罚、不良信用记录等向下调整因素。

3. 主客观综合赋权方法的创新

现行信用评级体系基本采用的都是专家主观赋权的方式，而且赋权方法较为粗糙，没有给出充足的理由和证据。虽然在行业信用评级体系中，各指标权重会进行调整，而且经常会对信用评级方法进行调整，但是调整时也并未给出充足的理由，显得较为随意和武断。更甚者，现有评级体系并未采用客观赋权法，所赋权重往往脱离企业实际，难以对企业信用状况进行客观评价。即专家们主观判断企业信用评级的重要影响因素，可能在实际上并未对企业违约产生重要影响。

为克服现行信用评级体系的上述缺陷，本书创新性地采用了主客观赋权相结合的方式，获得了综合权重。客观赋权法中，本书采用的是大样本主成分分析法，该方法反映的是指标统计特征决定的客观权重；主观赋权法中，本书采用的是专家打分层次分析法，该方法反映的是专家根据经验与逻辑判断而得出的主观权重，二者各有优缺点。大样本主成分法虽然反映了数据分布特征，具有客观性，不受主观偏见的干扰，但是，由于大样本数据采用的是历史数据，其分布特征可能与现在数据及未来数据有所差别，而且该方法难以获取大样本定性指标的数值，赋权范围受限。专家打分层次分析法虽然能够对所有指标进行全面赋权，具有一定的专业性、逻辑性与前瞻性，但是，由于专家打分法主观性较强，赋权结果可能会受到样本分布的影响、被调查者经验、知识结构、回答问卷认真程度，甚至性格特征等多重影响。本书采用主客观赋权相结合的方式，获得了综合权重，能够取长补短，以期最大程度克服主客观赋权各自的缺陷，弥补现行信用评级体系的不足。

京津冀高科技中小企业信用评级体系的评分指标结构

结合现有文献、资本结构理论、高层梯队理论、产品/技术创新理论、国家干预理论与福利经济学，以及现行国内外主要信用评级机构的信用评级体系，针对高科技中小企业信用评级所面临的风险因素，本书为京津冀高科技中小企业信用评级体系设置基础评级指标与调整项，其中，基础评级指标包括 7 个二级指标，分别为行业状况、企业素质、经营管理、盈利能力、创新能力、偿债能力和发展前景。在二级指标下设置 26 个三级指标，指标的选择要根据受评企业所处的行业以及企业本身情况而定。

一、经营风险评价要素

（一）行业状况

在不同时期，根据我国所处的政治经济和国际环境等现状的特点和需要，政府会制定或调整各行业的政策，如扶持重点行业的发展，或对产能过剩行业进行供给侧结构性改革等。这些政策对行业发展及行业内企业均产生较大影响。此外，区域内产业政策的不同也会对当地企业产生一定影响。本信用评级体系对影响企业经营状况和信用能力的行业状况是通过产业政策、行业生产总值增长率以及行业销售收入增长率等三个指标进行评价，本书对行业状况的评估主要依赖于区域产业经济研究报告。根据评级对象的主要业务和产品，确定评级对象的行业属性，按照上述研究成果形成的行业指标数结合评分规则进行评分并生成评分值。

（二）企业素质

企业素质反映了一个企业所拥有的资源，包括人力资源和生产资源。这些资源是打造企业竞争力的基础，影响企业的市场竞争力。根据高层梯队理论，高管本人的素质会影响其经营决策，从而对企业经营风险产生显著影响。企业如果具备先进的生产条件，则会提高其产品品质，进而提高市场竞争力，降低其经营风险。因此，本评级体系通过高管素质和生产条件进行评价。其中，高管素质通过高层管理人员的学历和从业经验来评价，尤其关注董事长或 CEO 的从政经历，以及实际控制人的信用；生产条件通过主要设备（工艺）的技术水平进行评价，本信用评级体系主要通过高新技术企业认证来衡量企业的生产工艺先进性。数据来源是国泰安数据库中的高管人员子数据库以及企业年报中披露的高新技术企业认证信息。

（三）经营管理

经营管理要素主要评价企业的经营管理能力，我们采用企业市场竞争力、运营效率与成本控制来衡量。其中，市场竞争力是评价企业信用的重要指标。市场竞争力较强的企业，凭借其突出的规模效应和市场青睐度，在资源获取、抵御市场周期性波动、应对行业政策变化、降低运营和融资成本，多元化融资等具有优势，本评级体系衡量市场竞争力主要设有企业规模、市场地位两个指标。运营效率设有应收账款周转率、存货周转率两个指标，分别衡量企业的资金使用效率与产品销售效率。成本是企业管理能力、生产技术、原材料成本和品质、劳动力成本等因素的综合反映。成本控制通过成本费用利润率指标衡量。具体评价时应将企业指标与行业或区域行业参照值对照来评分。

二、财务风险评价要素

（一）盈利能力

长期稳定的盈利水平是受评主体偿债能力的决定性因素本书通过

EBITDA 利润率、主营业净利润率、净资产收益率、现金收入比衡量盈利能力。其中，EBITDA 利润率是息税、折旧、摊销前利润与营业收入的比值。该指标能够较好地避免受评主体与其他可比公司之间因债务杠杆、不同税率、折旧及摊销会计假设差异引起的盈利差异，以便实现公司盈利能力的可比性。主营业务净利润率体现企业经营效益。净资产收益率（ROE）客观反映投资者投入资本保值增值的结果，从投资者保护视角衡量企业的获利能力。现金收入比是指企业销售商品、提供劳务收到的现金与主营业务收入之间的比率，衡量企业通过经营活动的获现能力，体现企业信用政策的实施效果。评价时应将企业指标与行业或区域行业参照值对照来评分。

（二）创新能力

根据前述"产品/技术创新理论"，产品/技术创新对企业成长性的正向促进作用非常明显，尤其是对高科技中小企业。高科技企业的市场地位来源于持续的研发投入、产品与技术的垄断性及先进性、行业进入壁垒、技术储备。较强的创新能力能够为企业获得新产品和新技术，为企业巩固现有市场地位并拓展进入新的市场提供强大支撑，为企业未来获得足够的盈利能力，以支持其债务偿还打下坚实基础。同时，由于产品与技术壁垒的建立，能够大大降低企业的经营风险。本体系从投入与产出两个维度四个指标全面衡量企业创新能力。一方面，用研发机构的设置、研发人员的素质与研发投入分别衡量企业创新投入的人、财、物；另一方面，用研发成果的水平，主要是专利数量，尤其是发明专利的数量衡量企业的创新产出。在判断受评企业的创新能力时，首先应当确定受评主体在行业中的水平，其次依次考察受评主体的研发投入，进而判断其创新能力水平。

（三）偿债能力

偿债能力体现为债务负担的水平和保障程度，是受评主体对一定时期内到期债务的偿还、变现、再融资及抵抗风险的综合能力，是决定企业信用风险水平的重要因素。本书分别对长短期偿债能力进行评价：（1）短期偿债能力通过流动比率、速动比率评价（与参照值对照），衡量企业流动资产或速动资产对流动负债的覆盖能力。（2）长期偿债能力通过利息保障倍数和债务保障倍数评价（与行业或区域行业参照值对照）。其中，利息保障倍数采用息税折旧摊销前利润（EBITDA）等对债务及其利息的覆盖程度衡量。债务保障倍数是所有者权益与负债的比值，体现出企业的资本结构，一般而言，该指标越高，表明企业的债务负担越轻，长期偿债能力越好，但是过高的指标也可能反映企业的融资能力较差，难以获得银行或其他金融机构的贷款。评价时应将企业指标与行业或区域行业参照值对照来评分。

（四）发展前景

企业是否能够根据企业市场定位和经营环境的变化制定切实可行的发展战略是企业未来生存和发展的关键。信用评级需要对受评主体的未来发展状况进行判断。一方面，如果企业成长能力不足，则无法把握未来的发展机遇，可能在市场竞争中被淘汰；另一方面，如果企业过度扩张，一旦超过企业资源的承受能力，则可能导致企业资金链断裂，将企业拖入破产深渊。高科技企业存在"赢者通吃"的规律，即头部1～2家企业会因为先入者优势迅速占领并垄断市场，得到资本的集中追捧，而排名第三及以后的企业可能会被迅速淘汰，例如百度对国内搜索行业的垄断、腾讯对移动社交平台的垄断，令业界对企业成长性的关注空前提高。但是，海航破产、乐视资金链断裂等重大事件的发生，也提醒人们警惕无序扩张的风险。前景主要通过营业收入增长率和资产增长率衡量企业发展战略的执行效果，从业务拓展与资产增长两个维度衡量企业规模的成长性。评价时应将企业指标与行业或区域行业参照值对照来评分。

三、调整项

调整项是指当企业在财务政策、债务违约、信息披露、公司治理与管理方面存在异常，或者发生了重大事件、环保责任、获得股东或政府支持等情况下，需要对基础评级基础进行向上或向下调整。

（一）可比性调整

由于较少部分企业所具有的特殊因素，很难通过通用的评级模型予以反映，但会增强或者弱化企业的信用质量，因此设置可比性调整项。

1. 财务政策

财务政策方面，一是关注其他应收款资金占用情况，主要关注其他应收款中非经营性往来资金的占用，其中若账龄较长、坏账较多或欠款方存在信用风险，则企业可能面临较高回收风险；二是关注资产受限情况，若资产受限程度较大，主要可抵质押资产或股权均已被抵质押，将对公司再融资能力造成影响；三是关注公司利润表结构的稳定性，若公司利润主要依赖公允价值变动收益，则说明主业盈利能力较弱；四是针对集团公司，如果主要业务集中在上市子公司，而非上市板块盈利能力较弱，债务压力较大，则可能提升母公司偿债风险。

2. 或有负债

根据《企业会计准则第 13 号——或有事项》，或有负债定义为两种义务。一种是因过去事项而产生的潜在义务，其存在仅通过不完全由企业控制的一个或多个不确定未来事项的发生或不发生予以证实；另一种是因过去事项而产生，但未予确认的现时义务，之所以没有确认，是因为结算该义务不是很可能要求含经济利益的资源流出企业，或该义务的金额不能可靠地予以计量。常见的或有负债包括债务担保、未决诉讼和未决仲裁、应收票据贴现或背书转让、产品质量保证等。虽然财务报表中已经报告了预计负债的信息，但是还应该考虑未能确认为预计负债的那部分或有负债，方能完整体现其对企业信用风险的影响。

3. 流动性

流动性体现受评主体是否能够履行营运资金支出、债务兑付等现金偿付义务。流动性充足能够保障受评主体正常日常经营、维持盈利能力的基础。流动性异常紧张时，受评主体可能因无法偿付到期债务而违约，会严重影响其信用等级。本评级体系主要关注企业流动性资金是否充足，是否能够满足日常生产经营所需。若公司出现流动性紧张情况，如在金融机构借款发生逾期、展期、欠息，即将到期债务的偿付来源不确定等情况，说明企业已初步暴露信用风险。

4. 信息质量

企业信息，尤其是会计信息质量，会影响企业再融资能力，从而影响企业信用。信息质量主要关注：财务管理制度执行，合规和风险管理情况，以及财务报表编制专业和规范化等。信息质量包括：会计师事务所是否对审计报告出具保留意见、无法表示意见甚至否定意见，以及公司信息披露是否准确、及时、完整、一致等，会计政策是否存在较多与同行业内企业不一致的情况。

5. 公司治理及管理水平

公司治理能够厘清企业对利益相关者的责任，并建立公平的权责利关系，通过建立有效的监督机制与激励制度，保障债权人在内的各利益相关者的利益。主要关注：股权结构是否清晰、所有者和经营者间制衡和监督机制是否完善、公司管理是否能按照所制定的制度规范操作、高层人员变动是否频繁并对导致公司治理出现风险。此外，还需关注重要经营管理层、控股股东及实际控制人的自身风险，如因犯罪被立案调查、处分、撤职等并导致公司治理出现风险。企业的管理水平能够适应企业发展的需要，对企业信用等级产生重要影响。本评级体系主要关注企业管理制度是否健全、内部控制是否得到有效执行、决策机制是否科学、危机应对措施是否完备有效。

（二）绿色因素

绿色因素指评级对象经营活动所产生的绿色效益和社会效益程度。在温室效应以及环境污染的背景下，我国针对环保的要求越来越严格，部分企业可能因为无法达到环保要求而被迫停产甚至退出市场，而重大环保事故的发生或者重大环保处罚亦将对企业生产经营造成明显不利影响，甚至面临停产。绿色因素越强的企业往往面临的变动风险较小，运营也越稳定，反之亦然。考虑到环境、社会和公司治理（environment, social and corporate governance, ESG）投资成为热点，如果企业在社会责任或环保方面表现突出，则可能受到投资人的青睐，降低风险，提高信用等级。本评级体系重点关注企业是否发生重大环保事故或受到环保处罚等负面事件，或者是否在履行社会责任和环保方面有显著优于同行业的正面事迹。

（三）外部支持

受评主体如果获得强有力的外部支持，则对其信用等级会产生较大正面影响，本体系采用定性分析。外部支持来源于股东和政府等。股东支持重点关注控股股东或实际控制人的财务实力、受评企业对股东的相对重要性、股东与受评企业的风险相关性、以往股东对受评企业的支持等。根据国家干预理论与福利经济学理论，政府支持能够大大降低企业的经营风险，缓解企业流动性风险，增强企业偿债能力。尤其针对高科技企业，政府支持帮助企业度过了那些早期亏损的困难时期，显著提高了其生存能力，并为企业发展提供助力。政府支持重点关注政府对受评企业在信贷、财政、税收和资源获取等方面的支持力度与其在当地经济中的地位、地方政府财政实力与国家政策导向等。

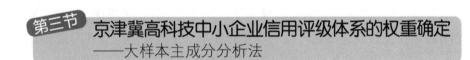

第三节　京津冀高科技中小企业信用评级体系的权重确定
——大样本主成分分析法

本书采用主成分分析法，针对我国上市公司中具备"高科技""中小企业"特征的公司进行大样本实证分析，以获取企业素质、经营管理、盈利能力、创新能力、偿债能力、发展前景六个评级要素对企业财务风险的影响程度。并将样本缩小至京津冀公司，获取上述六个评级要素的客观权重。通过分析两组权重的异同，分析京津冀企业财务风险影响因素的特征，以期给出针对性的评价方案。本书后续将按照京津冀公司样本测算的主成分系数作为京津冀高科技中小企业信用评级体系中的客观权重。

一、研究设计

（一）样本选择与数据来源

本书选取 2018～2020 年的中小板、创业板和科创板的上市公司作为研究样本。本书所有数据来源于国泰安数据库。剔除数据缺失的公司后，最终获得样本 2 124 个。数据的处理主要采用 SPSS 软件。

（二）变量定义

本书从企业素质、经营管理、盈利能力、创新能力、偿债能力、发展前景六个方面选择衡量指标，最终选择了 17 项可量化指标，结果如表 7 - 1 所示。

表 7 - 1　　　　　　　　　　变量定义

变量类型	变量名称	符号	变量定义
企业素质	高管的学历	ED	高管团队（年报披露的高管薪酬中的高管）学历平均数。学历为高中及以下，则为 0；学历为大专与本科，为 1；学历为硕士研究生（含 MBA），为 2；学历为博士研究生，为 3
经营管理	企业规模（营业总收入）	Size	企业年度营业总收入的自然对数
	市场地位	Status	市场占有率 = 营业收入/行业营业收入
	应收账款周转率	Receivables	营业收入/年平均应收账款余额
	存货周转率	Inventory	营业成本/年平均存货
	成本费用利润率	PC	利润总额/成本费用总额
盈利能力	EBITDA 利润率	EBITDA	EBITDA/营业总收入
	主营业务净利润率	PB	净利润/营业总收入
	净资产收益率	ROE	净利润/股东权益的均值
	现金收入比	Cash	经营活动产生的现金流量净额/营业总收入
创新能力	研发经费的投入	R&D	研发费用/总资产
偿债能力	流动比率	liquidity	流动资产/流动负债
	速动比率	Quick	速动资产/流动负债
	利息保障倍数	IC	息税前利润/利息费用
	债务保障倍数	DC	所有者权益/总负债
发展前景	营业收入增长率	Income	$[t$ 期营业收入 $-(t-1)$ 期营业收入$]/(t-1)$ 期营业收入
	资产增长率	Tangibility	$[$总资产 t - 总资产$(t-1)]/$总资产$(t-1)$

（三）模型设计

本书旨在研究信用评级的影响因素，从企业素质、经营管理、盈利能力、创新能力、偿债能力、发展前景六个层面选取了 17 个指标，因为样本指标较多且具有相关性，为了避免出现共线性，所以采用因子分析方法进行降维，得出影响非标准审计意见的主成分因子，通过回归估计法计算出因子得分，基于此构建不同类型的非标准审计意见与各主成分因子的回归模型，从而展开实证研究。

1. 因子分析模型

以 F_m 表示选取的企业素质层面、经营管理层面、盈利能力层面、创新能力层面、偿债能力层面、发展前景层面的 17 个指标（ $m = 1, 2, \cdots, 17$ ），即：

$$ED, Size, Status, Receivables, Inventory, PC, EBITDA, PB, ROE, Cash, R\&D,$$
$$liquidity, Quick, IC, DC, Income, Tangibility = F_m (m = 1, 2, \cdots, 17)$$

F_m 是经过标准化处理后的原始变量，均值为 0，标准差为 1。

则因子分析模型可描述为

$$F_1 = a_{11}FAC_1 + a_{12}FAC_2 + \cdots + a_{1i}FAC_i + e_1$$
$$F_2 = a_{21}FAC_1 + a_{22}FAC_2 + \cdots + a_{2i}FAC_i + e_2$$
$$\vdots$$
$$F_m = a_{m1}FAC_1 + a_{m2}FAC_2 + \cdots + a_{mi}FAC_i + e_m$$

其中，$i = 1, 2, \cdots, i < m$。

上述模型中，$FAC_1, FAC_2, \cdots, FAC_i$ 为各原始变量中提取出的主成分因子或公共因子，是相互独立且理论上不可观测的变量；$e_1, e_2, \cdots, e_m$ 为各原始变量的特殊因子，彼此相互独立，且与所有主成分因子也相互独立；$a_{m1}, a_{m2}, \cdots, a_{mi}$ 为因子载荷，表示各原始变量对主成分因子的依赖程度。

得出主成分因子后，为便于解释各主成分因子的经济含义，有必要进行因子旋转使各主成分因子的典型代表变量更突出。

提取的主成分因子可以表示为

$$FAC_1 = b_{11}F_1 + b_{12}F_2 + \cdots + b_{1m}F_m + \varepsilon_1$$

$$FAC_2 = b_{21}F_1 + b_{22}F_2 + \cdots + b_{2m}F_m + \varepsilon_2$$

$$\vdots$$

$$FAC_i = b_{i1}F_1 + b_{i2}F_2 + \cdots + b_{im}F_m + \varepsilon_i$$

其中，$i = 1, 2, \cdots, i < m$；$b_{i1}, b_{i2}, \cdots, b_{im}$ 为旋转成分矩阵元素；ε_1，$\varepsilon_2, \cdots, \varepsilon_i$ 为常数误差项。

2. 多元回归模型

$$Z = \alpha + \beta_1 FAC_1 + \beta_2 FAC_2 + \cdots + \beta_i FAC_i + e$$

其中，$i = 1, 2, \cdots, i < m$。

二、中小企业样本实证分析

（一）描述性统计分析

表 7 – 2 对选取的 2018 ~ 2020 年全样本中小企业的高管的学历、企业规模、市场地位、应收账款周转率、存货周转率、成本费用利润率、息税前利润率、主营业务净利润率、净资产收益率、现金收入比、研发经费的投入、流动比率、速动比率、利息保障倍数、债务保障倍数、营业收入增长率与资产增长率进行了描述性统计。样本研究期间所选样本公司企业素质中的高管的学历的均值为 1.4286，即表明大多数样本上市公司的高管学历为大专与本科以上，素质较高。经营管理中的企业规模、市场地位、应收账款周转率、存货周转率、成本费用利润率的中位数分别为 21.6196、0.0048、4.0935、3.7475、0.0692，表明整体中小企业的资产规模较小，市场占有率不高，应收账款周转率较低，存货周转率不高，成本费用利润率较低，即表明中小企业在经营管理方面较之于一般上市公司处于劣势地位。盈利能力中的息税前利润率、主营业务净利润率、净资产收益率与现金收入比的中位数分别为 0.0807、0.0516、0.0622、0.0801，表明整体中小企业的盈利能力较差。创新能力中研发经费的投入中位数为 0.0174，表明研发投入不高。偿债能力中的流动比率、速动比率、利息保障倍数、债务保障倍数的中位数为 1.4149、1.0697、4.9888、1.1180，表明整体中小

企业的偿债能力一般。发展前景中的营业收入增长率和资产增长率的中位数分别为 0.0975 和 0.0717，表明公司已经进入稳定期。

表 7－2　　　　　　　　　全样本描述性统计结果

变量	均值	最大值	最小值	下四分位数	中位数	上四分位数	标准差
ED	1.4620	3.0000	0.0000	1.2000	1.4286	1.7143	0.3743
ROE	0.0067	5.0128	－21.9980	0.0195	0.0622	0.1064	0.4785
PC	0.0289	3.9427	－5.5830	0.0209	0.0692	0.1419	0.3892
EBITDA	0.0529	321.8098	－128.0323	0.0376	0.0807	0.1392	5.8372
Receivables	14.3921	2 390.9910	0.0052	2.4024	4.0935	7.5243	76.5832
Inventory	1 363.7910	3 929 087.0000	0.0243	2.1597	3.7475	6.6543	65 615.7500
liquidity	1.6592	18.9937	0.1233	1.0714	1.4149	1.9023	1.0815
Quick	1.2727	16.1013	0.0919	0.7444	1.0697	1.4929	0.9381
IC	67.0960	53 856.1400	－7 798.8850	1.8784	4.9888	13.7457	1 121.6170
Income	0.3648	429.0361	－0.9971	－0.0242	0.0975	0.2363	7.4882
Tangibility	0.2036	111.5481	－0.9290	－0.0142	0.0717	0.1865	2.4315
Cash	0.0836	1.9258	－7.8210	0.0206	0.0801	0.1501	0.2244
Size	21.7695	27.9816	16.0748	20.7990	21.6196	22.5510	1.4088
DC	1.4983	21.9964	－0.4072	0.6965	1.1180	1.8429	1.3650
Status	0.0284	3.5171	0.0000	0.0015	0.0048	0.0176	0.1030
PB	－0.0432	4.1752	－54.4274	0.0149	0.0516	0.1014	1.0860
R&D	0.0211	0.2723	0.0000	0.0084	0.0174	0.0283	0.0199
Z	3.4458	48.6588	－7.8083	1.5873	2.6061	4.2843	3.4593

（二）因子分析

1. KMO 和 Bartlett 检验

采用因子分析方法对指标进行降维之前，需要对指标进行 KMO 和 Bartlett 检验，判断指标是否适合进行因子分析，KMO 检测值越大，说明变量之间的相关程度越大，越适合进行主成分分析，一般情况下，当所选择的指标之间的相关性较强时比较适合进行因子分析。

根据相应的度量标准，当 KMO 值大于 0.5，Bartlett 显著性水平低于

0.05 时，可以进行因子分析，表 7 - 3 中 KMO 值为 0.64，Bartlett 值趋近于 0，表明本书选取的指标可以提取少数因子对大部分信息进行解释，适合进行因子分析。

表 7 - 3　　　　　　全样本 KMO 和巴特利特检验

KMO 取样适切性量数		0.64
巴特利特球形度检验	近似卡方	23 281.258
	自由度	136
	显著性	0

2. 变量共同度

变量共同度的初始值和提取值分别反映原始变量包含的信息量和提取后包含的信息量，能够直观地看出提取的主成分是否能够解释原始数据的大部分信息。

表 7 - 4 显示，除息税前利润率、应收账款周转率、存货周转率、利息保障倍数、企业规模、市场占有率以及研发投入的变量共同度较低外，其余均在 60% 以上，流动比率、速动比率、营业收入增长率的变量共同度均高达 90% 以上，说明提取的主成分对各原始变量的解释程度较高。

表 7 - 4　　　　　　全样本公因子方差

变量	初始	提取
ED	1	0.654
ROE	1	0.618
PC	1	0.693
EBITDA	1	0.326
Receivables	1	0.381
Inventory	1	0.406
liquidity	1	0.922
Quick	1	0.905
IC	1	0.115
Income	1	0.940
Tangibility	1	0.941
Cash	1	0.670

续表

变量	初始	提取
Size	1	0.597
DC	1	0.778
Status	1	0.469
PB	1	0.782
R&D	1	0.310

注：提取方法为主成分分析法。

3. 提取主成分

对于提取的主成分方差贡献率以及累计方差贡献率是否达到要求，通过总方差解释表可以得到相关结果。

一般情况下，累积方差贡献率达到60%以上，就可以代表原始指标的主要信息。由表7-5可知，前6个主成分的累积方差贡献率为61.806%，说明这6个主成分提取了原始变量61.806%的信息，具有较好的代表性。前6个主成分的特征值均大于1，因此本书选取前6个成分作为主成分。6个主成分提取的方差贡献率分别为17.369%、13.531%、11.024%、7.486%、6.357%、6.039%。

表7-5 全样本总方差解释

成分	初始特征值			提取载荷平方和		
	总计	方差百分比（%）	累积（%）	总计	方差百分比（%）	累积（%）
1	2.953	17.369	17.369	2.953	17.369	17.369
2	2.300	13.531	30.900	2.300	13.531	30.900
3	1.874	11.024	41.924	1.874	11.024	41.924
4	1.273	7.486	49.410	1.273	7.486	49.410
5	1.081	6.357	55.767	1.081	6.357	55.767
6	1.027	6.039	61.806	1.027	6.039	61.806
7	0.992	5.835	67.641			
8	0.985	5.796	73.437			
9	0.943	5.549	78.986			
10	0.898	5.285	84.272			
11	0.823	4.84	89.111			

续表

成分	初始特征值			提取载荷平方和		
	总计	方差百分比（%）	累积（%）	总计	方差百分比（%）	累积（%）
12	0.612	3.597	92.708			
13	0.495	2.914	95.623			
14	0.300	1.765	97.388			
15	0.283	1.666	99.053			
16	0.118	0.691	99.745			
17	0.043	0.255	100.000			

注：提取方法为主成分分析法。

4. 解释主成分

在对选取的 17 个指标进行因子分析后，可以根据成分矩阵进行主成分描述和因子定义。成分矩阵如表 7-6 所示。

表 7-6　　　　　　　　　全样本成分矩阵

变量	成分					
	FAC_1	FAC_2	FAC_3	FAC_4	FAC_5	FAC_6
ED（F_1）	-0.149	0.107	0.024	0.405	0.638	-0.220
ROE（F_2）	0.185	0.517	-0.037	0.156	-0.371	-0.392
PC（F_3）	0.273	0.733	-0.084	0.018	-0.169	-0.211
EBITDA（F_4）	0.057	0.28	-0.066	-0.216	0.265	0.351
Receivables（F_5）	-0.113	0.131	-0.020	0.382	-0.184	0.412
Inventory（F_6）	0.010	0.013	0.000	0.136	-0.146	0.605
Liquidity（F_7）	0.922	-0.131	0.084	0.211	0.047	0.024
Quick（F_8）	0.912	-0.13	0.089	0.205	0.080	0.031
IC（F_9）	0.103	0.04	-0.001	-0.027	-0.309	-0.082
Income（F_{10}）	-0.053	0.169	0.949	-0.082	0.02	0.028
Tangibility（F_{11}）	-0.061	0.198	0.945	-0.066	0.001	0.017
Cash（F_{12}）	0.191	0.622	-0.162	-0.303	0.248	0.259
Size（F_{13}）	-0.439	0.431	-0.019	0.453	0.100	-0.053
DC（F_{14}）	0.861	-0.08	0.052	0.153	-0.037	0.055
Status（F_{15}）	-0.165	0.186	0.021	0.626	0.044	0.110
PB（F_{16}）	0.22	0.808	-0.146	-0.217	0.094	0.060
R&D（F_{17}）	0.244	-0.135	-0.009	-0.123	0.441	-0.150

注：提取方法为主成分分析法。a 提取了 6 个成分。

从表7-6可知，通过因子分析，所选取的17个指标提取主成分后降维成6个因子，分别为FAC_1、FAC_2、FAC_3、FAC_4、FAC_5、FAC_6。

FAC_1主要提取自F_7、F_8、F_{14}，分别为流动比率、速动比率、债务保障倍数，可以反映公司的偿债能力，所以定义FAC_1为偿债因子；

FAC_2主要提取自F_2、F_3、F_{12}、F_{13}、F_{16}，分别为净资产收益率、成本费用利润率、现金收入比、主营业务利润率，主要描述公司的盈利能力，所以定义FAC_2为盈利因子；

FAC_3主要提取自F_{10}、F_{11}，分别为营业收入增长率、资产增长率，主要描述公司的发展前景，所以定义FAC_3为发展因子；

FAC_4主要提取自F_5、F_6、F_{15}，分别为应收账款周转率、存货周转率、市场地位，主要描述公司的经营管理能力，所以定义FAC_4为经营管理因子；

FAC_5主要提取自F_1、F_{17}，分别为高管学历、研发经费的投入，主要描述公司的企业素质与创新能力，所以定义FAC_5为素质创新因子；

FAC_6主要提取自F_4、F_9，分别为息税前利润率、利息保障倍数，主要描述公司的盈利能力和偿债能力，所以定义FAC_6为盈利偿债因子。

5. 估计因子得分

通过因子分析方法提取出6个成分因子后，可以进一步根据成分得分系数矩阵确定出各因子的得分表达式，从而利用样本数据估计因子得分。成分得分系数矩阵如表7-7所示。

表7-7　　　　　　　　　全样本成分得分系数矩阵

变量	成分					
	FAC_1	FAC_2	FAC_3	FAC_4	FAC_5	FAC_6
ED	-0.051	0.047	0.013	0.318	0.590	-0.215
ROE	0.063	0.225	-0.020	0.123	-0.343	-0.382
PC	0.093	0.319	-0.045	0.015	-0.157	-0.206
EBITDA	0.019	0.122	-0.035	-0.170	0.245	0.342
Receivables	-0.038	0.057	-0.011	0.300	-0.170	0.402
Inventory	0.003	0.006	0.000	0.106	-0.135	0.590
liquidity	0.312	-0.057	0.045	0.166	0.043	0.024

变量	成分					
	FAC_1	FAC_2	FAC_3	FAC_4	FAC_5	FAC_6
Quick	0.309	−0.056	0.048	0.161	0.074	0.030
IC	0.035	0.018	−0.001	−0.021	−0.286	−0.080
Income	−0.018	0.074	0.507	−0.064	0.019	0.027
Tangibility	−0.021	0.086	0.504	−0.052	0.001	0.017
Cash	0.065	0.271	−0.087	−0.238	0.229	0.252
Size	−0.149	0.187	−0.010	0.356	0.092	−0.052
DC	0.292	−0.035	0.028	0.120	−0.034	0.053
Status	−0.056	0.081	0.011	0.492	0.041	0.107
PB	0.075	0.351	−0.078	−0.170	0.087	0.058
R&D	0.083	−0.059	−0.005	−0.097	0.408	−0.146

注：提取方法为主成分分析法。

全样本因子得分表达式为：

$$
\begin{aligned}
FAC_1 = & (-0.051) \times F_1 + (0.063) \times F_2 + (0.093) \times F_3 + (0.019) \times F_4 \\
& + (-0.038) \times F_5 + (0.003) \times F_6 + (0.312) \times F_7 + (0.309) \\
& \times F_8 + (0.035) \times F_9 + (-0.018) \times F_{10} + (-0.021) \times F_{11} \\
& + (0.065) \times F_{12} + (-0.149) \times F_{13} + (0.292) \times F_{14} \\
& + (-0.056) \times F_{15} + (0.075) \times F_{16} + (0.083) \times F_{17}
\end{aligned}
$$

$$
\begin{aligned}
FAC_2 = & (0.047) \times F_1 + (0.225) \times F_2 + (0.319) \times F_3 + (0.122) \times F_4 \\
& + (0.057) \times F_5 + (0.006) \times F_6 + (-0.057) \times F_7 + (-0.056) \\
& \times F_8 + (0.018) \times F_9 + (0.074) \times F_{10} + (0.086) \times F_{11} + (0.271) \\
& \times F_{12} + (0.187) \times F_{13} + (-0.035) \times F_{14} + (0.081) \times F_{15} \\
& + (0.351) \times F_{16} + (-0.059) \times F_{17}
\end{aligned}
$$

$$
\begin{aligned}
FAC_3 = & (0.013) \times F_1 + (-0.02) \times F_2 + (-0.045) \times F_3 + (-0.035) \\
& \times F_4 + (-0.011) \times F_5 + (0.045) \times F_7 + (0.048) \times F_8 \\
& + (-0.001) \times F_9 + (0.507) \times F_{10} + (0.504) \times F_{11} \\
& + (-0.087) \times F_{12} + (-0.01) \times F_{13} + (0.028) \times F_{14} \\
& + (0.011) \times F_{15} + (-0.078) \times F_{16} + (-0.005) \times F_{17}
\end{aligned}
$$

$$FAC_4 = (0.318) \times F_1 + (0.123) \times F_2 + (0.015) \times F_3 + (-0.17) \times F_4$$
$$+ (0.3) \times F_5 + (0.106) \times F_6 + (0.166) \times F_7 + (0.161) \times F_8$$
$$+ (-0.021) \times F_9 + (-0.064) \times F_{10} + (-0.052) \times F_{11}$$
$$+ (-0.238) \times F_{12} + (0.356) \times F_{13} + (0.12) \times F_{14} + (0.492)$$
$$\times F_{15} + (-0.17) \times F_{16} + (-0.097) \times F_{17}$$

$$FAC_5 = (0.59) \times F_1 + (-0.343) \times F_2 + (-0.157) \times F_3 + (0.245) \times F_4$$
$$+ (-0.17) \times F_5 + (-0.135) \times F_6 + (0.043) \times F_7 + (0.074)$$
$$\times F_8 + (-0.286) \times F_9 + (0.019) \times F_{10} + (0.001) \times F_{11}$$
$$+ (0.229) \times F_{12} + (0.092) \times F_{13} + (-0.034) \times F_{14}$$
$$+ (0.041) \times F_{15} + (0.087) \times F_{16} + (0.408) \times F_{17}$$

$$FAC_6 = (-0.215) \times F_1 + (-0.382) \times F_2 + (-0.206) \times F_3 + (0.342)$$
$$\times F_4 + (0.402) \times F_5 + (0.59) \times F_6 + (0.024) \times F_7 + (0.03)$$
$$\times F_8 + (-0.008) \times F_9 + (0.027) \times F_{10} + (0.017) \times F_{11}$$
$$+ (0.252) \times F_{12} + (-0.052) \times F_{13} + (0.053) \times F_{14}$$
$$+ (0.107) \times F_{15} + (0.058) \times F_{16} + (-0.146) \times F_{17}$$

三、京津冀中小企业样本实证分析

（一）描述性统计分析

表7-8对选取的2018～2020年京津冀中小企业的企业素质、经营管理、盈利能力、创新能力、偿债能力以及发展前景等方面的指标进行了描述性统计。样本研究期间京津冀中小企业的企业素质中的高管的学历的中位数为1.6667，即表明京津冀地区的中小企业较之于一般企业与全样本中小企业，高管学历较高。经营管理中的企业规模、市场地位以及成本费用利润率高于全样本中小企业，表明京津冀地区的中小企业规模较大，但应收账款周转率、存货周转率低于全样本中小企业，表明营运能力较弱。盈利能力中的各项指标基本高于全样本中小企业，表明京津冀地区中小企业的盈利能力较强。创新能力指标、偿债能力指标以及发展前景指标与全样本企业相近，表明二者创新能力、偿债能力与发展前景基本相同。

表 7 - 8　　　　　　　　　　　京津冀样本描述性统计

变量	均值	最大值	最小值	下四分位数	中位数	上四分位数	标准差
ED	1.6494	3.0000	0.5000	1.4000	1.6667	1.8750	0.3866
ROE	-0.0316	1.0259	-21.9980	0.0216	0.0638	0.1008	1.1306
PC	0.0356	1.7404	-4.5636	0.0276	0.0747	0.1436	0.4151
EBITDA	0.0126	1.3073	-8.4953	0.0457	0.0852	0.1417	0.6369
Receivables	7.5298	361.3765	0.1548	1.8178	3.2823	6.1919	22.5815
Inventory	329.7263	128 826.5000	0.3699	2.1454	3.4342	7.4137	6 377.4040
liquidity	1.6620	8.1532	0.1669	1.0469	1.4609	2.0419	1.0016
Quick	1.3153	6.8541	0.1477	0.7690	1.1326	1.6623	0.8749
IC	30.3261	3 473.0500	-184.1656	2.0935	4.6664	12.1349	221.2571
Income	1.3687	429.0361	-0.8427	-0.0042	0.1145	0.2524	21.4317
Tangibility	0.4413	111.5481	-0.5792	-0.0161	0.0597	0.1734	5.5989
Cash	0.0816	0.7759	-1.6088	0.0165	0.0727	0.1514	0.1688
Size	22.2404	27.9816	18.0450	21.0275	21.8631	23.2823	1.7389
DC	1.4012	9.5451	-0.4072	0.6003	1.0576	1.7658	1.2161
Status	0.0489	3.5171	0.0001	0.0021	0.0103	0.0358	0.1924
PB	-0.0322	0.9159	-9.0271	0.0187	0.0540	0.1033	0.6617
R&D	0.0228	0.1724	0.0000	0.0067	0.0161	0.0306	0.0239
Z	3.1761	23.4098	-5.0342	1.3623	2.2971	3.9218	3.1210

（二）因子分析

1. KMO 和 Bartlett 检验

采用因子分析方法对指标进行降维之前，需要对指标进行 KMO 和 Bartlett 检验，判断指标是否适合进行因子分析，一般情况下，当所选择的指标之间的相关性较强时比较适合进行因子分析。表 7-9 中 KMO 值为 0.614，Bartlett 值趋近于0，表明本书选取的指标可以提取少数因子对大部分信息进行解释，适合进行因子分析。

表 7 – 9   京津冀样本 **KMO** 和巴特利特检验

KMO 取样适切性量数		0.614
巴特利特球形度检验	近似卡方	7361.296
	自由度	136
	显著性	0

2. 变量共同度

表 7 – 10 显示，除净资产收益率、利息保障倍数、现金收入比、市场占有率、研发投入的变量共同度较低外，其余均在 60% 以上，成本费用利润率、息税前利润率、流动比率、速动比率、营业收入增长率、资产增长率、主营业务净利润率的变量共同度均高达 90% 以上，说明提取的主成分对各原始变量的解释程度较高。

表 7 – 10   京津冀样本公因子方差

变量	初始	提取
ED	1	0.651
ROE	1	0.389
PC	1	0.922
EBITDA	1	0.955
Receivables	1	0.555
Inventory	1	0.610
liquidity	1	0.928
Quick	1	0.919
IC	1	0.272
Income	1	0.994
Tangibility	1	0.995
Cash	1	0.456
Size	1	0.654
DC	1	0.799
Status	1	0.441
PB	1	0.946
R&D	1	0.455

注：提取方法为主成分分析法。

3. 提取主成分

由表 7 – 11 可知，前 6 个主成分的累积方差贡献率为 70.249%，说明这 6 个主成分提取了原始变量 70.249% 的信息，具有较好的代表性。并且，前 6 个主成分的特征值均大于 1，说明这 6 个主成分具有较高的影响力度，因此本书选取前 6 个作为主成分。6 个主成分提取的方差贡献率分别为 20.471%、18.201%、11.862%、7.382%、6.420%、5.913%。

表 7 –11　　　　　　　　京津冀样本总方差解释

成分	初始特征值			提取载荷平方和		
	总计	方差贡献率（%）	累积（%）	总计	方差贡献率（%）	累积（%）
1	3.480	20.471	20.471	3.480	20.471	20.471
2	3.094	18.201	38.672	3.094	18.201	38.672
3	2.017	11.862	50.534	2.017	11.862	50.534
4	1.255	7.382	57.916	1.255	7.382	57.916
5	1.091	6.420	64.336	1.091	6.420	64.336
6	1.005	5.913	70.249	1.005	5.913	70.249
7	0.968	5.695	75.944			
8	0.957	5.632	81.576			
9	0.892	5.246	86.822			
10	0.780	4.589	91.411			
11	0.617	3.631	95.042			
12	0.489	2.877	97.918			
13	0.241	1.417	99.335			
14	0.074	0.436	99.771			
15	0.036	0.210	99.981			
16	0.002	0.011	99.992			
17	0.001	0.008	100.000			

注：提取方法为主成分分析法。

4. 解释主成分

在对选取的 17 个指标进行因子分析后，可以根据成分矩阵进行主成分描述和因子定义。成分矩阵如表 7 – 12 所示。

表 7 – 12 京津冀样本成分矩阵

变量	成分					
	FAC_1	FAC_2	FAC_3	FAC_4	FAC_5	FAC_6
ED (F_1)	0.020	– 0.136	0.051	0.608	– 0.464	– 0.212
ROE (F_2)	0.399	– 0.092	0.043	0.156	0.377	– 0.230
PC (F_3)	0.921	– 0.246	0.007	– 0.096	– 0.052	– 0.006
EBITDA (F_4)	0.916	– 0.307	0.004	– 0.136	– 0.060	– 0.024
Receivables (F_5)	0.020	– 0.240	– 0.037	0.184	0.405	0.546
Inventory (F_6)	– 0.013	– 0.020	– 0.006	– 0.181	0.411	– 0.639
Liquidity (F_7)	0.421	0.828	0.054	0.240	0.065	0.000
Quick (F_8)	0.409	0.820	0.068	0.273	0.015	– 0.032
IC (F_9)	0.127	0.134	– 0.005	– 0.203	0.160	0.413
Income (F_{10})	– 0.017	– 0.055	0.994	– 0.042	– 0.022	0.031
Tangibility (F_{11})	– 0.007	– 0.057	0.995	– 0.040	– 0.024	0.029
Cash (F_{12})	0.471	– 0.323	– 0.148	– 0.072	– 0.301	0.109
Size (F_{13})	0.043	– 0.682	0.027	0.430	0.013	0.037
DC (F_{14})	0.451	0.736	0.011	0.153	0.148	0.094
Status (F_{15})	0.001	– 0.255	– 0.021	0.586	0.176	0.037
PB (F_{16})	0.916	– 0.294	0.008	– 0.129	– 0.058	– 0.027
R&D (F_{17})	– 0.069	0.459	– 0.053	– 0.128	– 0.465	0.056

注：提取方法为主成分分析法。提取了 6 个成分。

旋转后的成分矩阵给出了各原始指标在每个主成分上的载荷值，该值越大说明对相应主成分的影响度越大。从表 7 – 12 可知，通过因子分析，所选取的 17 个指标提取主成分后降维成 6 个因子，分别为 FAC_1、FAC_2、FAC_3、FAC_4、FAC_5、FAC_6。

FAC_1 主要提取自 F_3、F_4、F_{12}、F_{16}，分别为成本费用利润率、息税前利润率、现金收入比、主营业务净利润率，可以反映公司的盈利能力，所以定义 FAC_1 为盈利因子；

FAC_2 主要提取自 F_7、F_8、F_{13}、F_{14}，分别为流动比率、速动比率、企业规模、债务保障倍数，主要描述公司的偿债能力，所以定义 FAC_2 为偿债因子；

FAC_3 主要提取自 F_{10}、F_{11}，分别为营业收入增长率、资产增长率，主要描述公司的发展前景，所以定义FAC_3为发展因子；

FAC_4主要提取自F_1、F_{15}，分别为高管学历、市场地位，主要描述公司的经营管理能力，所以定义FAC_4为经营管理因子；

FAC_5主要提取自F_{17}，为研发经费的投入，主要描述公司的创新能力，所以定义FAC_5为创新因子；

FAC_6主要提取自F_5、F_6、F_9，分别为应收账款周转率、存货周转率、利息保障倍数，主要描述公司的营运能力和偿债能力，所以定义FAC_6为营运偿债因子。

对比表7－6与表7－12可知，京津冀中小企业样本与全样本比较，净资产收益率得分较低，未归到合适的因子中；而全样本中息税前利润率与利息保障倍数得分较低，未归到合适的因子中。此外二者的主成分描述和因子定义基本一致，说明了主成分分析结果的稳健性。

5. 构建综合评价指标体系

通过因子分析方法提取出6个成分因子后，可以进一步根据成分得分系数矩阵确定出各因子的得分表达式，从而利用样本数据估计因子得分。成分得分系数矩阵如表7－13所示。

表7－13　　　　　　　　　京津冀样本成分得分系数矩阵

变量	成分					
	FAC_1	FAC_2	FAC_3	FAC_4	FAC_5	FAC_6
ED	0.006	− 0.044	0.025	0.484	− 0.425	− 0.211
ROE	0.115	− 0.030	0.021	0.125	0.345	− 0.229
PC	0.265	− 0.079	0.003	− 0.077	− 0.048	− 0.006
EBITDA	0.263	− 0.099	0.002	− 0.108	− 0.055	− 0.024
Receivables	0.006	− 0.078	− 0.018	0.146	0.371	0.543
Inventory	− 0.004	− 0.006	− 0.003	− 0.144	0.376	− 0.636
liquidity	0.121	0.268	0.027	0.191	0.060	0.000
Quick	0.117	0.265	0.034	0.217	0.014	− 0.032
IC	0.036	0.043	− 0.003	− 0.162	0.147	0.411
Income	− 0.005	− 0.018	0.493	− 0.033	− 0.020	0.031
Tangibility	− 0.002	− 0.018	0.493	− 0.032	− 0.022	0.028
Cash	0.135	− 0.104	− 0.074	− 0.058	− 0.276	0.108

续表

变量	成分					
	FAC_1	FAC_2	FAC_3	FAC_4	FAC_5	FAC_6
Size	0.012	−0.220	0.013	0.343	0.012	0.036
DC	0.130	0.238	0.005	0.122	0.136	0.093
Status	0.000	−0.082	−0.010	0.467	0.162	0.036
PB	0.263	−0.095	0.004	−0.103	−0.053	−0.027
R&D	−0.020	0.148	−0.026	−0.102	−0.427	0.055

注：提取方法为主成分分析法。

各因子得分表达式为：

$$FAC_1 = (0.006) \times F_1 + (0.115) \times F_2 + (0.265) \times F_3 + (0.263) \times F_4$$
$$+ (0.006) \times F_5 + (-0.004) \times F_6 + (0.121) \times F_7 + (0.117)$$
$$\times F_8 + (0.036) \times F_9 + (-0.005) \times F_{10} + (-0.002) \times F_{11}$$
$$+ (0.135) \times F_{12} + (-0.012) \times F_{13} + (0.13) \times F_{14} + (0.263)$$
$$\times F_{16} + (-0.02) \times F_{17}$$

$$FAC_2 = (-0.044) \times F_1 + (-0.03) \times F_2 + (-0.079) \times F_3 + (-0.099)$$
$$\times F_4 + (-0.078) \times F_5 + (-0.006) \times F_6 + (0.268) \times F_7$$
$$+ (0.265) \times F_8 + (0.043) \times F_9 + (-0.018) \times F_{10}$$
$$+ (-0.018) \times F_{11} + (-0.104) \times F_{12} + (-0.22)$$
$$\times F_{13} + (0.238) \times F_{14} + (-0.082) \times F_{15} + (-0.095)$$
$$\times F_{16} + (0.148) \times F_{17}$$

$$FAC_3 = (0.025) \times F_1 + (0.021) \times F_2 + (0.003) \times F_3 + (0.002) \times F_4$$
$$+ (-0.018) \times F_5 + (-0.003) \times F_6 + (0.027) \times F_7$$
$$+ (0.034) \times F_8 + (-0.003) \times F_9 + (0.493) \times F_{10}$$
$$+ (0.493) \times F_{11} + (-0.074) \times F_{12} + (0.013) \times F_{13}$$
$$+ (0.005) \times F_{14} + (-0.01) \times F_{15} + (0.004) \times F_{16}$$
$$+ (-0.026) \times F_{17}$$

$$FAC_4 = (0.484) \times F_1 + (0.125) \times F_2 + (-0.077) \times F_3 + (-0.108)$$
$$\times F_4 + (0.146) \times F_5 + (-0.144) \times F_6 + (0.191) \times F_7$$
$$+ (0.217) \times F_8 + (-0.162) \times F_9 + (-0.033) \times F_{10}$$

$$+ (-0.032) \times F_{11} + (-0.058) \times F_{12} + (0.343) \times F_{13}$$
$$+ (0.122) \times F_{14} + (0.467) \times F_{15} + (-0.103) \times F_{16}$$
$$+ (-0.102) \times F_{17}$$

$$FAC_5 = (-0.425) \times F_1 + (0.345) \times F_2 + (-0.048) \times F_3 + (-0.055)$$
$$\times F_4 + (0.371) \times F_5 + (0.376) \times F_6 + (0.06) \times F_7 + (0.014)$$
$$\times F_8 + (-0.147) \times F_9 + (-0.02) \times F_{10} + (-0.022) \times F_{11}$$
$$+ (-0.276) \times F_{12} + (0.012) \times F_{13} + (0.136) \times F_{14}$$
$$+ (0.162) \times F_{15} + (-0.053) \times F_{16} + (-0.427) \times F_{17}$$

$$FAC_6 = (-0.211) \times F_1 + (-0.229) \times F_2 + (-0.006) \times F_3$$
$$+ (-0.024) \times F_4 + (0.543) \times F_5 + (-0.636) \times F_6$$
$$+ (-0.032) \times F_8 + (0.411) \times F_9 + (0.031) \times F_{10}$$
$$+ (0.028) \times F_{11} + (0.108) \times F_{12} + (0.036) \times F_{13}$$
$$+ (0.093) \times F_{14} + (0.036) \times F_{15} + (-0.027) \times F_{16}$$
$$+ (0.055) \times F_{17}$$

对比表7-7和表7-13可知，京津冀样本各因子的成分得分系数与全样本大体相同，说明了系数的稳健性。

（三）多元回归分析

为了验证上述因子对企业财务风险的相关性，我们将Z值作为被解释变量，对京津冀中小企业样本与全地区样本中的上述因子进行多元回归，回归模型为：

$$Z = \alpha_0 + \alpha_1 FAC_1 + \alpha_2 FAC_2 + \alpha_3 FAC_3 + \alpha_4 FAC_4 + \alpha_5 FAC_5 + \varepsilon$$

其中，α_0表示截距项，ε表示残差项。

被解释变量Z值来源于奥特曼（Altman，1968）构建的上市公司财务危机预警模型：

$$Z = 0.012X_1 + 0.014X_2 + 0.033X_3 + 0.006X_4 + 0.999X_5$$

其中，$X_1 =$营运资本/总资产，反映资产的流动性与规模特征；$X_2 =$留存收益/总资产，反映企业累计盈利状况；$X_3 =$息税前利润/总资产，反映企业获利能力；$X_4 =$股东权益/总负债，反映企业偿债能力；$X_5 =$销售收入/总资产，反映企业资产利用的效果。Z值越小，企业失败的可能性越大，

Z 值小于 1.8 的企业很可能破产。回归结果如表 7 - 14 所示。

表 7 - 14　　　　　　　　　包含所有因子的多元回归结果

变量	京津冀样本回归	全样本回归
FAC_1	0. 6867 *** (4. 5639)	0. 7178 *** (30. 8611)
FAC_2	0. 2489 *** (3. 2012)	− 0. 0898 *** (− 3. 1281)
FAC_3	1. 2929 *** (4. 1448)	− 1. 4310 *** (− 11. 0277)
FAC_4	0. 1134 *** (5. 0804)	0. 0955 *** (12. 5634)
FAC_5	0. 0400 *** (3. 0925)	0. 0617 *** (20. 0198)
FAC_6	− 0. 0226 *** (− 3. 3595)	− 0. 0001 (− 0. 0324)
常数项	1. 9470 (0. 8702)	14. 1231 *** (5. 6647)
N	406	3627
Adj- R^2	0. 3906	0. 3151

注： *** 表示在 1% 的置信水平上显著。

由表 7 - 14 可知，FAC_6 的回归系数显著为负，因此舍去 FAC_6，仅对 FAC_1、FAC_2、FAC_3、FAC_4、FAC_5 进行回归分析，结果如表 7 - 15 所示。

表 7 - 15　　　　　　　　剔除 FAC_6 的多元回归结果

变量	京津冀样本回归	全样本回归
FAC_1	0. 2984 *** (3. 0568)	0. 7178 *** (30. 8987)
FAC_2	0. 2596 *** (3. 2965)	− 0. 0896 *** (− 3. 1493)
FAC_3	1. 8293 *** (6. 7360)	− 1. 4316 *** (− 11. 1342)
FAC_4	0. 0892 *** (4. 1672)	0. 0953 *** (20. 4383)

变量	京津冀样本回归	全样本回归
FAC_5	0.0591 *** (5.0348)	0.0617 *** (20.2867)
年度	控制	
行业	控制	
截距项	2.4153 (1.0674)	14.1258 *** (5.6696)
N	406	3627
Adj-R²	0.3742	0.3153

注：*** 表示在 1% 的置信水平上显著。

根据京津冀中小企业样本与中小企业全样本回归结果可知：

（1）盈利因子与 Z 值成正相关关系，且两者之间在 1% 的水平上显著，表明上市公司的盈利能力较好时，更易获得较高的信用评级。上市公司盈利能力表现良好，一定程度上表明其经营情况良好，评级机构容易对其持乐观态度。

（2）偿债因子与 Z 值成正相关关系，且两者之间在 1% 的水平上显著，表明上市公司的偿债能力较好时，能够更好地抵御风险，更易获得较高的信用评级。偿债能力因子主要提取自流动比率、速动比率、企业规模、债务保障倍数指标。上市公司偿债能力表现良好，一定程度上表明其资信情况良好，评级机构容易对其持乐观态度。

（3）发展因子与 Z 值成正相关关系，且两者之间在 1% 的水平上显著，表明上市公司发展能力较好时，容易获得更高信用评级。上市公司发展能力表现良好，表明其业务拓展和市场潜力等表现出积极的态势，未来发展比较乐观。

（4）经营管理因子与 Z 值成正相关关系，且两者之间在 1% 的水平上显著，表明上市公司营运能力较好时，容易获得较高的信用评级。当上市公司营运能力表现良好时，表明其资产都得到了合理的运用，不会有无谓的浪费，实现了效率的最大化，公司整体运营情况较乐观。

（5）创新因子与 Z 值成正相关关系，且两者之间在 1% 的水平上显著。创新因子主要提取自企业研发经费的投入，研发投入水平越高表明企业决策能力与未来的创新竞争力越强，公司容易获得较高的信用评级。

（6）营运偿债因子与 Z 值成负相关关系，相关系数值很小，实际意义不足。盈利偿债因子主要提取自应收账款周转率，存货周转率和利息保障倍数，其中存货周转率占主要影响因素，而该指标可能受季节或企业经营周期等的影响，从而造成回归结果不稳健。

 京津冀高科技中小企业信用评级体系的权重确定
——专家打分层次分析法

一、层次分析法的步骤

在信用评级指标权重的确定上，本书采用层次分析法。层次分析法是一种具有系统性、层次性特点的分析方法。其通过矩阵的方式进行决策的特点，无不体现出数学方法的逻辑性，让复杂的决策问题层层拆分为单一的决策问题。所有低层次准则都是为了上一层准则更好地实现，从而达成实现最终目标的目的。不同的准则层之间是包含关系，准则层里又存在着不同的因素，从而形成一个多层次的结构框架。层次分析法包括以下步骤。

首先，建立递阶层次结构。将高科技中小公司信用评级指标体系构建为一个四层次的递阶结构如表 7 - 16 所示。为了与一般的层次名称相对应，其中 A 为目标层，A1 ~ A2 为准则层，B1 ~ B7 为子准则层，C1 ~ C26 为指标层。

表 7 - 16　　　　　　　　　　构建层次结构模型

目标层	准则层	子准则层	指标层
中小企业信用评级等级水平 A	经营风险评级要素 A1	行业状况 B1	产业政策 C1
			行业 GDP 增长率 C2
			行业销售收入增长率 C3
		企业素质 B2	高管的学历 C4
			董事长/CEO 的从政经历 C5
			实际控制人信用 C6
			高新技术企业认证 C7

续表

目标层	准则层	子准则层	指标层
中小企业信用评级等级水平 A	经营风险评级要素 A1	经营管理 B3	企业规模（营业总收入）C8
			市场地位 C9
			应收账款周转率 C10
			存货周转率 C11
			成本费用利润率 C12
	财务风险评级要素 A2	盈利能力 B4	EBITDA 利润率 C13
			主营业务净利润率 C14
			净资产收益率 C15
			现金收入比 C16
		创新能力 B5	研发机构的设置 C17
			研发人员的素质 C18
			研发经费的投入 C19
			研发成果的水平 C20
		偿债能力 B6	流动比率 C21
			速动比率 C22
			利息保障倍数 C23
			债务保障倍数 C24
		发展前景 B7	营业收入增长率 C25
			资产增长率 C26

其次，构造判断矩阵。数据主要通过问卷收集，按照 1-9 标度法对各层次各指标的相对重要性进行判断赋值，建立两两比较的判断矩阵。其中 1-9 标度法用来构建判断矩阵，两两因素进行比较，a、b 对实现层次目标同等重要赋值为 1，a 比 b 略重要赋值为 3，a 比 b 重要赋值为 5，a 比 b 重要得多赋值为 7，a 比 b 极其重要赋值为 9；而刻度 2、4、6、8 则介于上述几个刻度之间。

基于层次分析法，采用 1-9 标度法对设计的层次结构中的因素两两进行比较，从而得出相对重要程度，相对重要程度的打分数据由问卷调查得出的原始数据整理得出。

本书的调查问卷依据上文中设计的指标体系层次结构模型而设，共设有 12 道题目，其中第 2~第 11 题是量表题，用来确定指标体系的权重，第 12 题为主观题，了解被调查者对高科技中小企业信用评级影响因素的其他看法。调查问卷如附录 A 所示。

本书采用问卷星发放问卷，发放途径是微信平台，通过笔者的朋友圈及微信群，针对高校财经专业教师、全国会计领军人才（含企业类、学术类）、独立董事培训班及 "985" 高校毕业博士等人群进行问卷调查，最终收回问卷 156 份，有效问卷 154 份。

本书问卷调查的调查对象涵盖了财经学术界、金融界、企业中高层界多个领域，分表代表信用评级研究者、信用评级设计及实施者、被评价对象等，覆盖面较为全面。其中，按照各类被调查者的职业进行分类统计，结果如表 7 – 17 所示。其中，37.66% 调查对象为高校教师，31.82% 为企业中层，16.88% 为企业高层，8.44% 为银行工作人员，5.19% 为券商。

表 7 – 17   调查对象统计结果

分类	人数	所占比例（%）
高校教师	58	37.66
银行工作人员	13	8.44
券商	8	5.19
企业高层	26	16.88
企业中层	49	31.82
总计	154	100.00

调查结果如附录 B 所示。其中，第 12 题是主观题，被调查者通过文字形式表达其认为除了该问卷调查中所涉及的因素之外，影响高科技中小企业信用评级的重要因素。被调查者给出了一些本信用评级体系已经涉及的因素，如实际控制人的信用等级、盈利能力、信贷情况、资本结构、筹资能力、市场环境、研发投入、政府补贴等。也有部分被调查者对本信用评级体系中所涉及因素进行了多角度的细化描述，如股东背景、管理层的务实程度、科技成果转化率等。除了该问卷调查中所涉及的因素之外，影响高科技中小企业信用评级的重要因素还有：企业的数字化程度、ESG、制度执行力等。本书认为，大多数因素对于未来进一步完善本体系具有重要参考价值，部分因素与信用评级的逻辑关系需要进行进一步探讨，如数字化程度；部分因素目前无法进行指标化描述，如制度执行力、管理层的

务实程度等；部分指标如科技成果转化率、ESG 等，本书可以进一步讨论其定义与量化问题。

最后，计算各层次因素的权重并做一致性检验。根据上面的各判断矩阵，运用方根法，计算出各层次因素的权重与 CR（CI）值。目标层 A 的判断矩阵如表 7 - 18 所示。

表 7 - 18　　　　　　　　　　标层 A 的判断矩阵

A	A1	A2
A1	1	2
A2	1/2	1

依据判断矩阵和权重经计算公式计算各指标权重，且进行归一化处理，得到权数向量 $W = \begin{bmatrix} 0.667 & 0.333 \end{bmatrix}^T$，判断矩阵的最大特征根 $\lambda_{max} = 2$，$CI = 0$，$RI = 0$，$CR = 0$，该矩阵具有完全一致性。

按照上述方法对各层次指标进行两两判断矩阵的构造，通过计算得出相应的特征向量、最大特征根，并进行一致性检验，结果如表 7 - 19 ~ 表 7 - 27 所示。

表 7 - 19　　　　　　　　　经营风险 A1 的判断矩阵

A1	B1	B2	B3
B1	1	1	1/2
B2	1	1	1/2
B3	2	2	1

注：$W_{A1} = \begin{bmatrix} 0.25 & 0.25 & 0.5 \end{bmatrix}^T$，$\lambda_{max} = 3$，$CI = 0$，$RI = 0.52$，$CR = 0$，该矩阵具有一致性。

表 7 - 20　　　　　　　　　财务风险 A2 的判断矩阵

A2	B4	B5	B6	B7
B4	1	1	1	1/3
B5	1	1	1	1/2
B6	1	1	1	1/3
B7	3	2	3	1

注：$W_{A2} = \begin{bmatrix} 0.1719 & 0.1902 & 0.1719 & 0.4660 \end{bmatrix}^T$，$\lambda_{max} = 4.0206$，$CI = 0.0069$，$RI = 0.89$，$CR = 0.0077$，该矩阵具有一致性。

表 7 - 21   **行业状况 B1** 的判断矩阵

B1	C1	C2	C3
C1	1	3	1
C2	1/3	1	1/3
C3	1	3	1

注：$W_{B1} = \begin{bmatrix} 0.4286 & 0.1429 & 0.4286 \end{bmatrix}^T$，$\lambda_{max} = 3$，$CI = 0$，$RI = 0.52$，$CR = 0$，该矩阵具有一致性。

表 7 - 22   **企业素质 B2** 的判断矩阵

B2	C4	C5	C6	C7
C4	1	1	1/4	1/3
C5	1	1	1/4	1/3
C6	4	4	1	3
C7	3	3	1/3	1

注：$W_{B2} = \begin{bmatrix} 0.1070 & 0.1070 & 0.5240 & 0.2620 \end{bmatrix}^T$，$\lambda_{max} = 4.0833$，$CI = 0.0278$，$RI = 0.89$，$CR = 0.0312$，该矩阵具有一致性。

表 7 - 23   **经营管理 B3** 的判断矩阵

B3	C8	C9	C10	C11	C12
C8	1	1/4	1/3	1/3	1/3
C9	4	1	2	3	2
C10	3	1/2	1	1	1
C11	3	1/3	1	1	1
C12	3	1/2	1	1	1

注：$W_{B3} = \begin{bmatrix} 0.0684 & 0.3785 & 0.1893 & 0.1745 & 0.1893 \end{bmatrix}^T$，$\lambda_{max} = 5.0533$，$CI = 0.0133$，$RI = 1.12$，$CR = 0.0119$，该矩阵具有一致性。

表 7 - 24   **盈利能力 B4** 的判断矩阵

B4	C13	C14	C15	C16
C13	1	1	2	1
C14	1	1	2	1
C15	1/2	1/2	1	1/2
C16	1	1	2	1

注：$W_{B4} = \begin{bmatrix} 0.2857 & 0.2857 & 0.1429 & 0.2857 \end{bmatrix}^T$，$\lambda_{max} = 4$，$CI = 0$，$RI = 0.89$，$CR = 0$，该矩阵具有一致性。

表 7 – 25　　　　　　　　创新能力 B5 的判断矩阵

B5	C17	C18	C19	C20
C17	1	1	1/3	1/3
C18	1	1	1/3	1/3
C19	3	3	1	1
C20	3	3	1	1

注：$W_{B5} = [0.1250\ 0.1250\ 0.3750\ 0.3750]^T$，$\lambda_{max} = 4$，$CI = 0$，$RI = 0.89$，$CR = 0$，该矩阵具有一致性。

表 7 – 26　　　　　　　　偿债能力 B6 的判断矩阵

B6	C21	C22	C23	C24
C21	1	1	1/2	1
C22	1	1	1/2	1
C23	2	2	1	2
C24	1	1	0.5	1

注：$W_{B6} = [0.2\ 0.2\ 0.4\ 0.2]^T$，$\lambda_{max} = 4$，$CI = 0$，$RI = 0.89$，$CR = 0$，该矩阵具有一致性。

表 7 – 27　　　　　　　　发展前景 B7 的判断矩阵

B7	C25	C26
C25	1	3
C26	1/3	1

注：$W_{B7} = [0.75\ 0.25]^T$，$\lambda_{max} = 2$，$CI = 0$，$RI = 0$，$CR = 0$，该矩阵具有完全一致性。

从以上结果可以看出，所有二阶判断矩阵的 $CI = 0$，所有二阶以上的判断矩阵的 $CR < 0.1$，所有判断矩阵通过一致性检验。

二、量表的信度检验

对问卷的第 5 ~ 第 11 题用 SPSS 进行信度检验，得到的结果如表 7 – 28 所示。

表 7 – 28　　　　　　　　可靠性统计量

克隆巴赫 Alpha	项数
0.958	26

可靠性分析表明，该问卷的信度系数为 0.958，通过了信度检验。

三、量表的效度检验

对问卷的第 5~第 11 题用 SPSS 进行探索性因子分析（EFA），考察每一题的效度。

表 7-29 给出的是 KMO 和巴特利特球形度检验结果，根据此适应性检验结果，我们可以看出，本次调研数据的 KMO = 0.912 > 0.6，且巴特利特球形度检验结果的显著性系数 p < 0.05，表明我们的数据适合用探索性因子分析来考察效度。

表 7-29　　　　　　　　　　KMO 和 Bartlett 检验

取样足够度的 KMO 度量		0.912
Bartlett 的球形度检验	近似卡方	3090.124
	df	325
	Sig.	0.000

如表 7-30 所示，量表中的 26 个题项可以划分为四个维度，这四个维度的累计方差贡献率为 66.580% > 60%，表明维度划分是非常好的。

表 7-30　　　　　　　　　　解释的总方差

成分	合计	方差贡献率（%）	累积（%）	合计	方差贡献率（%）	累积（%）	合计	方差贡献率（%）	累积（%）
1	12.800	49.229	49.229	12.800	49.229	49.229	5.005	19.251	19.251
2	1.965	7.558	56.787	1.965	7.558	56.787	4.455	17.135	36.386
3	1.459	5.611	62.398	1.459	5.611	62.398	4.134	15.902	52.288
4	1.088	4.183	66.580	1.088	4.183	66.580	3.716	14.293	66.580
5	0.951	3.658	70.238						
6	0.901	3.467	73.704						
7	0.753	2.897	76.602						
8	0.708	2.724	79.326						
9	0.603	2.320	81.646						
10	0.570	2.192	83.838						

续表

成分	合计	方差贡献率（%）	累积（%）	合计	方差贡献率（%）	累积（%）	合计	方差贡献率（%）	累积（%）
11	0.534	2.055	85.893						
12	0.451	1.735	87.628						
13	0.413	1.587	89.215						
14	0.343	1.318	90.533						
15	0.331	1.273	91.806						
16	0.295	1.136	92.942						
17	0.291	1.120	94.062						
18	0.265	1.020	95.082						
19	0.239	0.919	96.000						
20	0.220	0.848	96.848						
21	0.195	0.752	97.600						
22	0.169	0.650	98.250						
23	0.157	0.604	98.854						
24	0.137	0.527	99.381						
25	0.093	0.356	99.737						
26	0.068	0.263	100.000						

最后，对量表的效度进行检验，结果如表 7-31 所示。

表 7-31 旋转成分矩阵

题项	成分			
	1	2	3	4
11. 资产增长率	0.703			
6. 董事长/CEO 的从政经历	0.692			
6. 高管的学历	0.633			
10. 债务保障倍数	0.608			
8. 主营业务净利润率	0.608			
8. 净资产收益率	0.604			
10. 流动比率	0.600			
8. EBITDA 利润率	0.538			

续表

题项	成分			
	1	2	3	4
7. 应收账款周转率		0.808		
7. 存货周转率		0.794		
7. 成本费用利润率		0.716		
8. 现金收入比		0.704		
7. 企业规模		0.559		
5. 行业销售收入增长率			0.745	
5. 行业 GDP 增长率			0.665	
6. 实际控制人信用			0.660	
11. 营业收入增长率			0.599	
7. 市场地位（市场占有率）		0.559	0.579	
5. 产业政策			0.539	
9. 研发经费的投入				
9. 研发机构的设置				0.670
9. 研发人员占比				0.618
9. 研发成果的水平				0.618
10. 利息保障倍数		0.510		0.584
10. 速动比率				0.584
6. 高新技术企业认证				

注：1. 提取方法为主成分分析法。

2. 旋转法为具有 Kaiser 标准化的正交旋转法。

3. 旋转在 12 次迭代后收敛。

从表 7 - 31 可以看出，本问卷基本通过了效度检验。

 第五节 京津冀高科技中小企业信用评级体系的权重确定结果

本书采用三种方法确定最终权重，分别是大样本主成分分析法确定的权重、专家打分层次分析法确定的权重，以及二者平均确定的综合权重。

其中，根据本章第三节和第四节的结果，可以获得大样本主成分分析法确定的权重以及专家打分层次分析法确定的权重。这两种方法，前者反映的是指标统计特征决定的客观权重，后者反映的是专家根据经验与逻辑判断而得出的主观权重，二者各有优缺点。因此，本书创新性地提出了第三种赋权方法——主客观赋权相结合的综合权重，以期最大程度克服主客观赋权各自的缺陷。

一、大样本主成分分析法权重确定结果

根据第三节大样本主成分分析法，确定权重。需要说明的是，大样本主成分分析法下，由于应收账款周转率等经营风险指标回归系数是负值，不符合评级权重要求，所以我们仅将财务风险指标 FAC_1、FAC_2、FAC_3、FAC_5 纳入因子分析法的权重体系，从而得到以下结果（见表 7－32）。

表 7－32　　　　　　　大样本主成分分析法下各层指标权重确定结果

准则层	权重	子准则层	权重	指标层	指标层权重	最终权重
经营风险评级要素 A1	0.667	行业状况 B1	0.25	产业政策 C1	0.4286	0.0715
				行业 GDP 增长率 C2	0.1429	0.0238
				行业销售收入增长率 C3	0.4286	0.0715
		企业素质 B2	0.25	高管的学历 C4	0.107	0.0178
				董事长/CEO 的从政经历 C5	0.107	0.0178
				实际控制人信用 C6	0.524	0.0874
				高新技术企业认证 C7	0.262	0.0437
		经营管理 B3	0.5	企业规模（营业总收入）C8	0.0684	0.0228
				市场地位 C9	0.3785	0.1262
				应收账款周转率 C10	0.1893	0.0631
				存货周转率 C11	0.1745	0.0582
				成本费用利润率 C12	0.1893	0.0631
财务风险评级要素 A2	0.333	盈利能力 B4	0.1061	EBITDA 利润率 C13	0.2857	0.0101
				主营业务净利润率 C14	0.2857	0.0101
				净资产收益率 C15	0.1429	0.0050
				现金收入比 C16	0.2857	0.0101

续表

准则层	权重	子准则层	权重	指标层	指标层权重	最终权重
财务风险评级要素 A2	0.333	创新能力 B5	0.0242	研发机构的设置 C17	0.125	0.0010
				研发人员的素质 C18	0.125	0.0010
				研发经费的投入 C19	0.375	0.0030
				研发成果的水平 C20	0.375	0.0030
		偿债能力 B6	0.122	流动比率 C21	0.20	0.0081
				速动比率 C22	0.20	0.0081
				利息保障倍数 C23	0.40	0.0163
				债务保障倍数 C24	0.20	0.0081
		发展前景 B7	0.7478	营业收入增长率 C25	0.75	0.1868
				资产增长率 C26	0.25	0.0623

二、专家打分层次分析法权重确定结果

根据第四节专家打分层次分析法，计算权重如表 7-33 所示。

表 7-33　　　　专家打分层次分析法下各层指标权重确定结果

准则层	权重	子准则层	权重	指标层	指标层权重	最终权重
经营风险评级要素 A1	0.667	行业状况 B1	0.25	产业政策 C1	0.4286	0.0715
				行业 GDP 增长率 C2	0.1429	0.0238
				行业销售收入增长率 C3	0.4286	0.0715
		企业素质 B2	0.25	高管的学历 C4	0.107	0.0178
				董事长/CEO 的从政经历 C5	0.107	0.0178
				实际控制人信用 C6	0.524	0.0874
				高新技术企业认证 C7	0.262	0.0437
		经营管理 B3	0.5	企业规模（营业总收入）C8	0.0684	0.0228
				市场地位 C9	0.3785	0.1262
				应收账款周转率 C10	0.1893	0.0631
				存货周转率 C11	0.1745	0.0582
				成本费用利润率 C12	0.1893	0.0631

续表

准则层	权重	子准则层	权重	指标层	指标层权重	最终权重
财务风险评级要素 A2	0.333	盈利能力 B4	0.1719	EBITDA 利润率 C13	0.2857	0.0164
				主营业务净利润率 C14	0.2857	0.0164
				净资产收益率 C15	0.1429	0.0082
				现金收入比 C16	0.2857	0.0164
		创新能力 B5	0.1902	研发机构的设置 C17	0.125	0.0079
				研发人员的素质 C18	0.125	0.0079
				研发经费的投入 C19	0.375	0.0238
				研发成果的水平 C20	0.375	0.0238
		偿债能力 B6	0.1719	流动比率 C21	0.20	0.0114
				速动比率 C22	0.20	0.0114
				利息保障倍数 C23	0.40	0.0229
				债务保障倍数 C24	0.20	0.0114
		发展前景 B7	0.4660	营业收入增长率 C25	0.75	0.1164
				资产增长率 C26	0.25	0.0388

三、主客观综合权重确定结果

本书采用大样本主成分分析法与专家打分层次分析法平均权重作为综合权重的主要原因如下。

一方面，大样本主成分法虽然反映了数据分布特征，具有客观性，不受主观偏见的干扰，但是，由于大样本数据采用的是历史数据，其分布特征可能与现在数据及未来数据有所差别。而且，正如第三节所示，由于在大样本下进行主成分分析时，定性指标难以获得，本书在该部分仅对定量指标进行反映，未能对定性指标进行赋权，所以该部分不涉及以定性指标为主的经营风险指标的权重判断，即 A1、B1、B2、B3 指标，借用专家打分层次分析法确定的权重。本方法仅对财务风险指标进行赋权。因此，其赋权范围具有局限性。

另一方面，专家打分层次分析法能够对所有指标进行全面赋权，并且从专业角度，根据企业界、金融机构和学术界等多个领域的专家执业经验进行赋权，具有一定的逻辑性与前瞻性。但是，由于专家打分法主观性较强，本书对 154 份有效问卷的调查结果进行平均获得趋势分数，可能会受到样本分布的影响、被调查者经验、知识结构、回答问卷认真程度，甚至性格特征等多重影响。

主客观赋权相结合的综合权重，则能够一定程度上克服上述两种方法赋权各自的缺陷。计算权重如表 7 – 34 所示。

表 7 – 34　　　　　　主客观赋权法下各层指标权重确定结果

准则层	权重	子准则层	权重	指标层	指标层权重	最终权重
经营风险评级要素 A1	0.667	行业状况 B1	0.25	产业政策 C1	0.4286	0.0715
				行业 GDP 增长率 C2	0.1429	0.0238
				行业销售收入增长率 C3	0.4286	0.0715
		企业素质 B2	0.25	高管的学历 C4	0.107	0.0178
				董事长/CEO 的从政经历 C5	0.107	0.0178
				实际控制人信用 C6	0.524	0.0874
				高新技术企业认证 C7	0.262	0.0437
		经营管理 B3	0.5	企业规模（营业总收入）C8	0.0684	0.0228
				市场地位 C9	0.3785	0.1262
				应收账款周转率 C10	0.1893	0.0631
				存货周转率 C11	0.1745	0.0582
				成本费用利润率 C12	0.1893	0.0631
财务风险评级要素 A2	0.333	盈利能力 B4	0.139	EBITDA 利润率 C13	0.2857	0.0132
				主营业务净利润率 C14	0.2857	0.0132
				净资产收益率 C15	0.1429	0.0066
				现金收入比 C16	0.2857	0.0132
		创新能力 B5	0.1072	研发机构的设置 C17	0.125	0.0045
				研发人员的素质 C18	0.125	0.0045
				研发经费的投入 C19	0.375	0.0134
				研发成果的水平 C20	0.375	0.0134
		偿债能力 B6	0.1469	流动比率 C21	0.20	0.0098
				速动比率 C22	0.20	0.0098
				利息保障倍数 C23	0.40	0.0196
				债务保障倍数 C24	0.20	0.0098
		发展前景 B7	0.6069	营业收入增长率 C25	0.75	0.1516
				资产增长率 C26	0.25	0.0505

京津冀高科技中小企业信用评级体系的评分基本规则

定量指标从评分参照值上划分为行业参照值评分和绝对值评分两类。行业参照值评分的定量指标例如经营效率、发展速度、盈利能力、资产负债率等，绝对值评分的定量指标例如全部资本化比率、流动比率、速动比率、本年内到期有息债务本息偿还率、EBITDA 利息倍数、债务保护倍数等。定量指标设置为最优、优秀、良好、一般、较差、差 6 档，各档之间有 5 个参照值，分别用 A1、A2、A3、A4、A5 标识，分为越高越好和越低越好两类。定性指标一般设置为 4 个区间，分别为 81 ~ 100 分、61 ~ 80分、41 ~ 60 分和 0 ~ 40 分。

一、定性指标分值的确定

本书将指标的评分设置了 5 个阈值（见表 7 – 35），由评价人员结合评价对象的实际情况，依据自身的行业经验进行打分。

表 7 – 35 定性评估指标值的确定标准

水平	差	较差	一般	良好	优秀
分值	0 ~ 20	21 ~ 40	41 ~ 60	61 ~ 80	81 ~ 100

二、定量指标分值的确定

对于定量指标进行打分时，采用普遍使用的功效系数法进行定量指标的分值确定，也就是根据各指标的贡献大小作为分值，以指标的行业最高值为 100 分，以行业的平均值为 60 分，指标分值计算公式如下：

$$指标分值 = 100 - 40 \times \frac{行业指标最佳值 - 指标实际值}{行业指标最佳值 - 行业指标平均值}$$

取中位数作为行业平均值，取 80% 分位数作为行业最佳值。

三、调整项的评价标准

关于调整项，主要是按照与同行业企业比较得出，进行向上或向下调整，其中，可比性调整的 6 个三级指标都是向下调整，绿色因素涉及向下与向上调整，外部支持仅限向上调整（见表 7–36）。如果企业发生了显著异常于同行业平均水平的负面事件，则应向下调整；如果是正面事件，则应向上调整。调整项基本是定性指标，发生相关事项则按照评分规则进行相应调整，没有相关事项则不再调整。因此，当存在多项调整项时不再讨论权重。

表 7–36   调整项评级模型

二级指标	三级指标	调整幅度
可比性调整	财务政策	[-0.2, 0.0]
	或有负债	[-1.0, 0.0]
	流动性	[-5.0, 0.0]
	信息质量	[-1.0, 0.0]
	公司治理及管理水平	[-0.2, 0.0]
	偶发重大事件	按照事项程度加减分
绿色因素	绿色因素	[-0.1, 0.1]
外部支持	股东支持	[0.0, 1.0]
	政府支持	[0.0, 1.0]

四、信用评级结果级别的确定

最后，将信用评级的结果百分数换算至通用信用评级区间 [0, 6]，换算方法参考《云南省建筑行业企业信用综合管理办法》，并针对通用信用评级更多的细分等级进行了调整。本书将百分制评级结果 90 分对应 5.5，65.45 分对应的是 4，50.73 分对应的是 3.1 分，40.91 分对应的是 2.5 分，32.73 分对应的是 2.00，25.36 分对应的是 1.55，22.91 分对应的是 1.40，20.45 分对应的是 1.25。将分值换算为信用评级机构通用评级标准，并给出级别映射，如表 7 – 37 所示，进行评级。

表 7 – 37　　　　　　　　　信用评级模型结果（百分制）

信用等级	评级模型结果	评级模型结果（百分制）
AAA	⩾5.5	⩾90
AA	[4.00，5.50)	[65.45，90.00)
A	[3.10，4.00)	[50.73，65.45)
BBB	[2.50，3.10)	[40.91，50.73)
BB	[2.00，2.50)	[32.73，40.91)
B	[1.55，2.00)	[25.36，32.73)
CCC	[1.40，1.55)	[22.91，25.36)
CC	[1.25，1.40)	[20.45，22.91)
C	<1.25	<20.45

第七节　京津冀高科技中小企业信用评级基本流程及等级说明

一、信用评级的流程

信用评级的基本流程包括前期准备、现场调查、数据录入（初评阶段）、信用等级评分与调整、评级报告复核与签发、信用评级报告发布与归档、跟踪评级七个环节（见图 7 – 2）。

前期准备包括成立项目小组，主要包括组长、副组长以及小组成员，根据回避制度、防火墙制度等与客户签订委托协议书，向客户发送资料清单，被评对象按《信用评估资料清单》准备资料，评估小组研究核对被评对象按《信用评估资料清单》提供的资料，支付评级费用后，评级机构方可展开评级工作。

现场调查则是信用评级小组在对收集资料进行初步审核的基础上，依据信息及时性、完整性和真实性的要求，与同受评企业有关联的部门建立

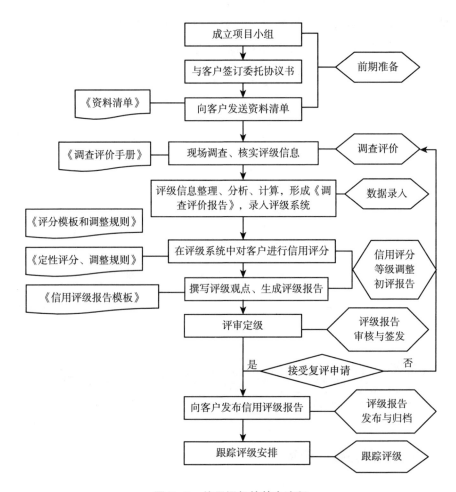

图 7 - 2 信用评级的基本流程

良好的工作关系，从而有利于相关资料的收集工作。制定详尽的实地调查方案并与被评对象的主要部门、有关领导进行交流，考察生产现场和项目建设现场。

数据录入即初评阶段，信用评级及小组在材料收集、现场调查的基础上，依据信用评级方法进行数据处理、信息分析，形成分析报告和评定建议，并做好相关数据资料的收集整理工作。

紧接着评估小组向信用评估委员会报告，信用评级委员会讨论决定被评对象的评估结论，信用评级委员会委员采取投票的多数人确定制度确定最终的信用等级，向被评对象发出《信用评估通知书》《信用报告摘要》

《企业信用报告》。

被评对象在收到《信用评估通知书》3 日内对评估结果无异议，即视为评估工作结束；否则被评对象可一次性提出复评要求，并在 5 日内提供补充资料。复评结果为最终结果，且复评仅限一次。

评估小组将征求被评对象对《企业信用报告》的保密要求，按协议中的有关规定向社会公布被评对象评估结果；对评级对象主动进行的信用评级，信用评级结果的发布方式应当有利于信用信息的及时传播；业务文档一般保存到评级合同期满后 5 年。

在信用等级时效限定期内按照跟踪评级安排继续进行评级服务，跟踪评级分为定期和不定期跟踪评级，信用评级机构应密切关注评级对象的信息，保证信用评级资料的及时更新，跟踪评级结果与前公告结果不一致的，由信用评级机构及时通知委托方或评级对象，对变更后的信用等级在指定媒体上向社会发布并在评级业务主管部门备案。

评级流程的核心环节之一是对信用信息的采集和核实，确保评级信息的可靠性、相关性和及时性，包括对企业身份信息、经营管理情况等非财务资料和财务信息的核实。

非财务资料的核实主要通过查看资料原件，现场访谈评级对象的高管，查看企业的生产场所，拜会企业开户银行或主贷银行，咨询供应商、经销商等企业相关利益方，查询政府主管部门、行业协会官方网站乃至使用网络搜索引擎，以确保企业依照资料清单提供的评级信息的真实性和可验证性。

对财务数据的核实主要是对企业会计报表的真实性进行独立判断，对于真实性较差的会计报表，按财务数据调整规则对其全部或上述部分科目进行调整（在系统中保存调整前后的两套财务数据），并用调整后的财务数据进行评分。

二、信用评级的等级说明

由于现有国内主要信用评级机构大多借鉴的是国际主要评级机构的信用评级等级与定义，如本书第六章中三家国内信用评级机构参考的都是标准普尔的信用评级等级与定义。因此本书参照国际最具影响力的标准普尔和穆迪信用评级体系的评级等级与定义，不再赘述国内主要信用评级体系的评级等级与定义。

标准普尔长期债务/主体信用评级等级与定义，如表 7 - 38 所示。除 AAA 级、CCC 级以下等级外，每一个信用等级可能用 "＋""－" 符号进行微调，表示略高或略低于本等级。级别以 "spc" 后缀标识，如 "AAspc＋"。"spc" 代表标普信用评级（中国）的英文缩写。标准普尔也可能给级别加上 "展望" 或 "观察"，表达对于信用级别的预期。

表 7 - 38　　　　　　标准普尔长期债务/主体信用评级等级与定义

评级符号	定义
AAA	偿还债务的能力极强，基本不受不利经济环境的影响，违约风险极低
AA	偿还债务的能力很强，受不利经济环境的影响不大，违约风险很低
A	偿还债务能力较强，较易受不利经济环境的影响，违约风险较低
BBB	偿还债务能力一般，受不利经济环境影响较大，违约风险一般
BB	偿还债务能力较弱，受不利经济环境影响很大，有较高违约风险
B	偿还债务的能力较大地依赖于良好的经济环境，违约风险很高
CCC	偿还债务的能力极度依赖于良好的经济环境，违约风险极高
CC	在破产或重组时可获得保护较小，基本不能保证偿还债务
C	不能偿还债务

资料来源：《标普信用评级（中国）—评级定义》。

根据 2018 年 6 月穆迪发布的《评级符号与定义》，其全球级长期评级等级与定义如表 7 - 39 所示。长期评级的对象是初始期限为一年或一年以上的发行人和债项，反映对合约支付承诺的违约可能性及违约造成的预期财务损失。需要说明的是，穆迪将修正数字 1 ~ 3 用于 Aa ~ Caa 各级评级。修正数字 1 表示该债务在同类评级中排位较高；修正数字 2 表示排位居中；修正数字 3 则表示该债务在同类评级中排位最低。

表 7 - 39　　　　　　穆迪全球级长期评级等级与定义

评级符号	定义
Aaa	Aaa 级债务的信用质量最高，信用风险最低
Aa	Aa 级债务的信用质量很高，信用风险极低

续表

评级符号	定义
A	A级债务为中上等级，信用风险较低
Baa	Baa级债务有中等信用风险，属于中等评级，因此可能有某些投机特征
Ba	Ba级债务有一定的投机成分，信用风险较高
B	B级债务为投机级别，信用风险高
Caa	Caa级债务信用状况很差，信用风险极高
Ca	Ca级债务投机性很高，可能或极可能违约，有收回本金及利息的一定可能性
C	C级债务为最低等级，通常会违约，收回本金及利息的机会微乎其微

资料来源：《评级符号与定义》。

参考上述评级符号，本书对企业主体、长期债项信用等级实行三等九级制，分别为AAA、AA、A、BBB、BB、B、CCC、CC、C，偿债能力逐步减弱，风险因素逐步增多。除AAA级、CCC级（含）以下等级外，每一个信用等级可用"＋""－"符号进行微调，表示略高或略低于本等级。

AAA级：符合国家产业政策；产品或技术在同行业具有先进性特点和很强的竞争力；具备完善的现代企业制度；拥有较大的资产规模；业务持续快速发展，盈利能力很强，财务结构稳健；享有良好的社会声誉；短期债务的支付能力和长期债务的偿还能力具有最大保障；经营处于良性循环状态，不确定因素对经营与发展的影响最小。

AA级：符合国家产业政策；产品或技术在同行业具有先进性特点和较强的竞争力；具备较为完善的现代企业制度；拥有一定的资产规模；业务持续快速发展，盈利能力强，财务结构稳健；享有较好的社会声誉；短期债务的支付能力和长期债务的偿还能力很强；经营处于良性循环状态，不确定因素对经营与发展的影响很小。

A级：符合国家产业政策；产品或技术在同行业具有先进性特点和较强的竞争力；具备相对完善的现代企业制度；拥有一定的资产规模；业务持续快速发展，盈利能力较强，财务结构稳健；享有一定的社会声誉；短期债务的支付能力和长期债务的偿还能力较强；企业经营处于良性循环状态，未来经营与发展易受企业内外部不确定因素的影响，盈利能力和偿债能力会产生波动。

BBB：符合国家产业政策；产品或技术具有一定的先进性及竞争力；

现代企业制度基本建立；业务发展稳定，具备相对较好的盈利能力，财务结构尚属稳健；在行业中享有一定的知名度；短期债务的支付能力和长期债务偿还能力一般，目前对本息的保障尚属适当；企业经营处于良性循环状态，未来经营与发展受企业内外部不确定因素的影响，盈利能力和偿债能力会有较大波动，约定的条件可能不足以保障本息的偿还与支付。

BB 级：符合国家产业政策；产品或技术具有一定的先进性和发展潜力；尚未建立相对完善的现代企业制度；业务基本稳定，但企业经营与发展状况一般；受企业内外部不确定因素的影响，盈利能力和偿债能力会发生明显的波动；支付能力不稳定，有一定的信用风险。

B 级：符合国家产业政策；产品或技术不具有明显的先进性和发展潜力；尚未建立现代企业制度；企业经营状况不稳定，短期债务支付能力和长期债务偿还能力较差；受内外不确定因素的影响，企业经营较困难，支付能力具有较大的不确定性，信用风险较大。

CCC 级：企业在经营、管理、履约，以及社会公共记录等方面存在很多不良影响，经营状况很不稳定；短期债务支付能力和长期债务偿还能力很差；受内外不确定因素的影响，企业经营状况很差，支付能力很困难，风险很大。

CC 级：企业在经营、管理、履约，以及社会公共记录等方面存在明显不良影响，经营状况极不稳定，短期债务的支付能力和长期债务的偿还能力严重不足；财务状况趋向恶化，促使企业经营及发展走向良性循环状态的内外部因素很少，风险极大。

C 级：企业在经营、管理、履约以及社会公共记录等方面存在严重不良影响，企业经营状况一直不好，基本处于恶性循环状态；财务状况恶化，短期债务支付困难，长期债务偿还能力极差；企业经营及发展走向良性循环状态的内外部因素极少，企业濒临或已处于破产状态。

本章小结

京津冀高科技中小企业信用评级体系的评级要素包括行业状况、企业素质、经营管理、财务状况、创新能力、偿债能力和发展前景。在上述一级指标下继而设置 26 个二级指标，指标的选择要根据受评企业所处的行业以及企业本身情况而定。考虑到高科技中小企业"创新性强"的特点以及京津冀地区市场化进程较高、法治环境较好的特点，本章设计的京津冀高科技中小企业信用评级体系具有三个特点：一是该评级体系纳入了创新能力评级要素。二是该评级体系充分考虑了京津冀地区市场化程度与法治水平。三是该评级体系采用主客观相结合的赋权方法，获得了综合权重，最大程度克服主客观赋权各自的缺陷。此外，本章还阐述了信用评级的评分规则、基本流程以及等级说明。

第八章

京津冀高科技中小企业
信用评级体系的应用
——以易华录为例

根据所构建京津冀高科技中小企业信用评级体系，本章以"北京易华录信息技术股份有限公司"（以下简称易华录）为样本进行案例研究，为信用评级的经济后果研究提供更丰富的经验证据。

第一，高科技中小企业往往因为规模小、风险大、财产抵押难等在融资中受到阻碍，本书利用建立的适用的高科技中小企业用评级体系，提供信用评级信息，对其拓宽融资渠道、缓解融资约束，促进京津冀地区高科技中小企业发展，进而实现国家创新驱动发展战略，具有重要战略和现实意义。

第二，通过研究京津冀高科技中小企业信用评级体系在北京易华录信息技术股份有限公司的应用，能够进一步验证本信用评级体系的实用性，并根据应用结果与公司既有信用评级进行对比，以期进一步完善体系的构建，以便引入京津冀地区乃至全国高科技中小企业信用评级的实际应用中。

本案例主要从以下两个方面展开。

第一，介绍北京易华录信息技术股份有限公司的基本情况，包括发债情况和评级情况，尤其关注其在发债过程中是否存在评级变化，关注高科技因素对其债务融资过程中信用评级的影响。

第二，采用案例研究方法，对构建的京津冀高科技中小企业信用评级体系进行测试。通过对北京某信用评估公司的调研，获取京津冀地区高科技中小企业的数据，并将所构建的信用评级体系应用于北京易华录信息技术股份有限公司，测试该体系的可行性与科学性。

第一节 北京易华录信息技术股份有限公司简介

一、公司简介

北京易华录信息技术股份有限公司于 2001 年 4 月成立，注册地为北京市，注册资本 6.660 亿元，控股股东是中国华录集团，是中央国有企业。该公司于 2011 年 5 月 5 日在深圳证券交易所创业板上市（股票代码：300212），发行总市值 5.178 亿元。该公司属于信息传输、软件和信息技术服务业，主要产品为城市智能交通管理系统、交通信息服务系统、移动警务系统。易华录目前主要的发展方向是它的数据湖，以此为平台，延展到大健康、大交通、大安全业务，与普通的基建企业不同的地方在于，它构建的是基于物联网的数字经济基础设施。在传统智能交通业务基础上，逐步形成了智能交通、公共安全及智慧城市三个主要产业链条的公司盈利模式。易华录的服务类产品主要是提供大容量存储产品应用的解决方案，同时还是平台运营商，运营的是与地方政府合作的应用。在大数据时代，易华录的数据存储服务是全介质全领域的，易华录在降低整体的数据存储成本方面贡献巨大。

易华录主要产品和服务分为两大方面：一是各种感知前端产品，主要是采集交通信息，包括高清视频感知、磁感应检测等；二是各种后端集成软件，用于信息服务和交通管理的平台，像公交指挥调度平台、交通信息服务平台、公安交管集成指挥平台等。利用这些平台，易华录向企业、社会公众提供综合信息。数字经济基础设施、公安信息化、数据运营及服务是易华录目前的收入构成三部分。

在数字化经济的背景下，各行业都在着重解决数据中心建设和使用成本的问题，且在新冠疫情背景下，线上化和数字化转型的趋势不断增强。其中，云计算对企业数字化转型提供了基础，存储产品需求增长，这些都是易华录重点项目，为这些企业提供解决方案是易华录公司的主要收入来源之一。

基于公司产品和服务的特殊性，公司的客户主要为政府部门等，鉴于政府部门的高信用，应收的坏账风险较小，但公司的项目有很大程度上是政府和社会资本合作（PPP）类型，公司大量垫付资金并且资金规模在快速增长，增加了公司对外融资需求。

易华录融资渠道较多，在直接融资和间接融资上渠道都较为丰富。除直接融资和间接融资之外，易华录还通过上游供应商保理延长采购账期，通过融资租赁方式采购解决回款账期与采购账期无法匹配的问题。

由表8-1可知，企业在2017年通过发行中期票据取得5年期5亿元的资金，大幅增加了企业的流动资金。

表8-1　　　　　　　　2016~2020年易华录间接融资情况

年份	资产负债率（%）	短期借款（万元）	长期借款（万元）	应付债券（万元）	长期应付款（万元）	一年内到期的非流动负债（万元）	合计（万元）	增长率（%）
2016	56.25	73 182.38	68 500.45	—	4 206.66	12 777.78	158 667.27	—
2017	64.23	96 720.00	141 950.45	50 000.00	2 399.97	56 780.22	347 850.64	119
2018	65.57	136 009.39	165 439.73	50 000.00	35 041.37	66 573.82	453 064.31	30
2019	69.79	165 174.79	157 520.01	51 983.33	21 784.67	87 404.14	483 866.94	7
2020	69.66	185 270.45	176 928.25	50 000.00	26 521.19	118 883.27	557 603.16	15

注：1. 截至2019年期末，短期借款以信用借款为主，占80%以上。

2. 长期借款中质押借款约占75%，质押物为易华录持有的子公司国富瑞55.2357%股权以及公司合法享有的应收账款所有权。

3. 应付债券为5年期中期票据17易华录MTN001，该债券2022年到期，这增加了公司的偿债压力。

4. 长期应付款的变化主要是应付融资租赁款的金额变化。

5. 一年内到期中有9 793.60万元是企业的应付融资租赁款。

资料来源：易华录年报。

如表8-2所示，易华录在2015年定向增发方式募集资金，发行的股票数量总计为48 186 157股，发行价格为28.90元/股，并且发行价格符合规定的发行标准，募集金额为人民币 138 166.18 万元，用于补充公司流动资金。相比于公开增发，定向增发可以减少中小企业由于信息不对称带来的融资效率低下、融资成本高的问题。此次融资也对企业之后间接融资发行中期票据的信用评级有一定的有利影响。

表 8-2　　　　　2011 年和 2015 年易华录直接融资情况

募集年份	募集方式	募集金额（万元）	承销商	发行价格（元/股）	发行数量	发行对象
2011	首次公开发行股票	48 078.80	中航证券	30.46	1 700 万股	
2015	非公开发行股票	138 166.18	华西证券	28.90	48 186 157 股	中国华录、中国华融、中再资管、智诚投资
	合计	186 244.98				

此外，据统计，在 2015 年和 2016 年，中小企业定向增发出现了高峰，增发家数分别为 210 家和 219 家，这与 2014 年 5 月全面放开监管，创业板上市公司可以正式进行股权再融资有关。

二、商业模式与经营风险特点

（一）商业模式

易华录的商业模式可以分为建设、运营两部分，建设就是以其存储能力（光磁融合）为核心，ICT 技术为依托，致力于打造能为城市打造新一代绿色数据中心平台，该平台具有优质物理计算基础环境、人工智能服务能力、光磁融合、大数据及云计算。运营就是以上面所提到的平台数据基础设施为基础，面向全社会提供数据资产运营服务、数据应用运营服务、大数据基础设施运营服务，推动数字经济发展。

数据湖以"存储一切，分析一切、创建所需"为目标，以"基础设施建设（建湖）、生态运营（引水、水资源利用）"为发展路径，为政府构建新型数据化。智能化综合信息基础设施，是城市级基础设施和公共服务的共同体。

简单理解，数据湖就是汇集来自政府、企业、互联网的数据（包括政府数据、视频数据、时空数据、行业数据及个人数据五大类别的海量数据），以光磁融合存储为依托，形成数据湖，然后经过云计算，分析数据，形成大数据，通过招投标方式获得智慧交通、智慧城市、公共安全工程承包项目，以客户的需求定制相应的产品和服务。在质保期之外，公司后续提供维护、升级服务，这些项目都是收费项目，也是公司的收入来源。数据湖作为易华录独创的商业模式，公司的运作都是以数据为核心。数据湖模式通过与地方政府合作，让城市数据的集采、集存、全面分析成为了可能，数据湖模式的建立降低了数据应用的成本的基础上，提高了效率，也考虑到安全问题，是对"十四五"期间的数字化经济时代的"数字中国""数字经济"的有效尝试。

公司具体的生产和服务模式是定制化的。过程就是价值主张为主导，先根据客户的实际情况，协助用户分析其具体的系统应用需求，然后再设计具体项目方案，根据设计好的方案在现场实施，在系统测试与试运行之后，工程验收、系统开通，最后就是保质期内的售后服务。项目工期一般为 6~24 个月，公司需要先垫付资金，所以这会给公司后续的发展带来很大的资金压力。

由于公司的产品和服务是定制化的，所以公司的采购模式可归结为"按需采购、集中采购"。公司所要生产的产品使用的原材料所处的行业一般都是充分竞争的行业，所以，公司通过与供应商建立了良好的合作关系，由长期供应商提供的原材料供应稳定、充足。

易华录目前承建的项目的应收款项一般分两种：一种是根据项目实施进度，在支付一定比例的首付款之后，定期结算款项，留出一定比例的质保金，质保期一般是 1~3 年；另一种是不按照进度回收款项，而是按照合同约定，分期付款，这部分项目目前主要是智慧城市的项目，主要付款方都是政府。

（二）经营风险特点

1. 政策环境风险

政策环境风险在易华录公司主要是因为业务的特殊性，客户主要是政府部门，公司项目可能会受到政府的影响。另外由于数据湖业务将存储政府数据，涉及数据银行等事项，因此不可避免涉及数据资产的管理和使用，目前在这方面的法治工作还未健全。

2. 财务风险

易华录目前还在快速扩张期间，在建设中的项目对资金占用很大，因此公司面临压力，主要包括引进外来资金融资、产品交付以及交付之后的回款。根据表 8 - 3 可知，公司存货和应收账款规模都很大且不断攀升，2016 ~ 2020 年减值、坏账也在不断增加，对公司运营造成很大压力。

表 8 - 3　　　　2016 ~ 2020 年易华录存货、应收占用资金情况　　　单位：万元

年份	存货	减值	应收账款	坏账	其他应收款	坏账
2016	360 448.61	114.46	87 176.63	2 365.21	14 391.21	295.60
2017	410 209.03	357.78	127 271.21	3 508.32	16 362.02	87.22
2018	382 037.94	849.41	275 865.05	7 293.78	21 935.60	93.27
2019	455 322.39	1 610.70	336 423.47	18 291.28	22 737.91	93.27
2020	31 231.45	2 000.52	273 005.59	15 443.08	29 630.44	782.38

资料来源：易华录年报。

业务具有单体项目金额大、建设周期久、回款周期偏长等特点。根据表 8 - 4 可以看出，公司的应收账款周转率在不断下降，存货周转率基本上在 0.5 左右波动，这是因为公司签订项目的工期长，项目实施一般都是企业先垫付之后回收款项。回款一般主要部分（80% 以上部分）在项目验收之后收到，剩余部分在质保期结束收到（质保期一般为 1 ~ 3 年）。目前，该风险有所改善，主要得益于 2020 年起公司确认收入采用新收入准则，根据投入法回款，将回款期缩短到 3 年以内。

表 8 - 4　　　　2016 ~ 2020 年易华录存货、应收账款周转率

项目	2016 年	2017 年	2018 年	2019 年	2020 年
应收账款周转率	3.496	2.794	1.467	1.223	0.921
存货周转率	0.513	0.556	0.457	0.574	0.630

资料来源：易华录年报。

根据表 8-5 可以看出，易华录的投资活动净现金流在不断扩大，这是因为目前易华录的主要业务数据湖是由投资带动，公司在不断扩大目前的数据湖业务，在不断投入资金，并且预计未来公司投资现金流会持续支出，且增长幅度可能会高于经营性现金流回流速度。所以，未来公司的现金流净额的压力会更大，因而公司需要关注融资现金流，如果公司或者项目公司融资现金流不到位，公司整体现金流可能存在一定风险。

表 8-5　　　　　　　　　2016~2020 年易华录净现金流　　　　　　单位：万元

项目	2016 年	2017 年	2018 年	2019 年	2020 年
经营活动产生的现金流量净额	-42 051.69	-46 557.80	-38 108.50	23 084.12	13 808.86
投资活动产生的现金流量净额	-27 363.94	-100 901.77	-56 875.18	-121 251.92	-164 547.83
筹资活动产生的现金流量净额	95 965.51	177 741.27	110 954.96	42 951.63	191 731.86
合计	26 549.88	30 281.70	15 971.28	-55 216.17	40 992.89

资料来源：易华录年报。

基于此，公司债务规模也在不断增长，且以短期负债为主，短期负债偿债压力大。

根据表 8-6 和表 8-7，易华录和同行业上市公司相比，公司资产负债率明显偏高，流动比率稍弱，速动比率偏低。公司业务扩张带来了资金压力，公司的资金需求高，融资压力大，这些都体现了公司偿债风险。

表 8-6　　　　　　　　　2016~2020 年易华录偿债能力

年份	流动比率	速动比率	资产负债率（%）
2016	1.851	0.613	56.25
2017	1.741	0.677	64.23
2018	1.729	0.928	65.57
2019	1.374	0.686	69.79
2020	1.302	1.264	69.66

资料来源：易华录年报。

表 8 – 7　　　　　　　　2017 ~ 2019 年偿债能力同行业比较

比率	公司	2019 年	2018 年	2017 年
资产负债率（%）	太极股份	67.88	67.50	67.37
	银江股份	47.21	46.11	46.42
	佳都科技	49.86	51.46	47.59
	千方科技	42.57	37.51	41.35
	万达信息	61.75	53.26	64.85
	紫晶存储	40.46	32.50	27.12
	行业均值	51.62	48.06	49.12
	易华录	69.79	65.57	64.23
流动比率	太极股份	1.24	1.15	1.22
	银江股份	1.41	1.49	1.65
	佳都科技	1.71	1.97	1.70
	千方科技	1.53	1.72	2.03
	万达信息	1.05	1.22	1.23
	紫晶存储	2.32	3.38	3.71
	行业均值	1.54	1.82	1.92
	易华录	1.37	1.73	1.73
速动比率	太极股份	0.99	0.90	0.93
	银江股份	0.82	0.88	1.07
	佳都科技	1.19	1.42	0.98
	千方科技	1.11	1.27	1.59
	万达信息	0.91	0.89	0.91
	紫晶存储	2.14	3.11	3.27
	行业均值	1.19	1.41	1.46
	易华录	0.69	0.93	0.68

3. 人力资源风险

易华录作为知识密集型企业和人才密集型企业，对人才的需求较高。作为知识密集型和技术密集型的企业，易华录的人力资源压力主要体现在高素质人才规模和争夺上。尽管易华录也意识到这一风险，制定了一系列稳定人才和吸引人才的策略，但是仍面临核心管理人员和技术人员流失的风险，以及在业务发展过程中可能遇到找不到适配的高质量人才的风险。

从易华录的年报可以看出，易华录的人才队伍建设尚显不成熟，人员学历高但工作年限少，社会经验不足，实践经验缺乏，管理层也普遍存在这个问题。

4. 数据湖运营风险

数据湖作为企业重点研发和运行的平台，是公司目前的主打，但是也存在一定的问题，包括数据湖运营的技术还有待提高，不够完善；数据湖区域布局还在不断扩充；数据湖应用场景单一，缺乏场景化；四是营销不到位，目前产品知名度有限。

5. 技术开发和升级落后风险

易华录作为技术密集型行业中的一员，技术更新的速度需要跟得上市场的变化，因为产品更新换代很快。特别是公司的智慧城市业务和数据湖业务，不断有新的技术出现，这对公司提出较高的技术升级要求。为此，公司需要有较高的市场敏感度，对业内的技术发展方向有所预测，并且要预测准确。基于此，易华录才可以及时将先进的技术用于自身产品或服务的设计开发和技术升级。

6. 蓝光产品风险

蓝光产品作为数据湖业务的基础，是公司独创的数据湖模式重要的一环。易华录在国内拥有稳定的销售渠道、先进的技术方案以及长期的蓝光光盘耗材的供应链，这是目前较强的市场竞争力的基础。但如果蓝光产品存在淘汰风险，这对整个数据湖业务都会产生巨大的影响，这也是公司需要认识到并且制定对策的一方面。

三、发债情况

如表 8-8 所示，截至 2021 年底，易华录已发行债券共四次，都已按时付息、兑付，无违约现象。存续债券为 5 亿元的 17 易华录 MTN001，期限五年。

表8-8

易华录发行债券基本情况

债券代码	债券简称	债券名称	发行目的	发行金额（万元）	期限	起息日	到期兑付日	债券利率（%）	偿还方式	担保情况	主承销商/管理人	联席主承销商	特殊事项
101754040	17易华录MTN001	2017年度第一期中期票据	补充流动资金需求	50 000	5年	2017年5月8日	2022年5月8日	6.00	每年付息一次，到期兑付本付息	无担保	建设银行	民生银行	注1
0119202478	19易华录SCP001	2019年度第一期超短期融资券	1.6亿元补充流动资金需求，1.4亿元偿还公司借款	30 000	270天	2019年10月25日	2020年7月21日	5.60	到期一次还本付息		招商银行	北京银行	注2
012000973	20易华录SCP001	2020年度第一期超短期融资券	2亿元补充流动资金需求，3亿元偿还公司借款	10 000	270天	2020年4月24日	2021年1月19日	5.00	到期一次还本付息		招商银行	—	注3
012002516	20易华录SCP002	2020年度第二期超短期融资券	还公司债超短期融资券	40 000	270天	2020年7月17日	2021年4月13日	5.50	到期一次还本付息		天津银行	—	注4

注：1. 原定于2017年4月24日发行的第一期中期票据由于当时市场波动较大取消发行。

2. 原定于2018年8月23日至8月24日发行的2019年度第一期超短期融资券由于当时市场波动较大取消发行；主承销商及发行规模由光大银行、2亿元调整为招商银行、3亿元。

3. 原定于2017年4月24日发行的第一期中期票据由于当时市场波动较大取消发行。

4. 2020年7月16日发行规模根据申购情况由5亿元调整为4亿元。

四、评级情况

如表8-9所示,在跟踪期内,易华录评级没有发生变化。

表8-9　　　　　　　　　易华录评级情况

评级机构	评级时间	债券名称	主体评估结果	债券评估结果
联合资信评估有限公司	2016年10月20日	17易华录MTN001	AA	AA
	2017年6月29日	17易华录MTN001	AA	AA
	2018年7月6日	17易华录MTN001	AA	AA
	2019年7月12日	17易华录MTN001	AA	AA
	2020年6月19日	17易华录MTN001	AA	AA

易华录作为央企的子公司,在开发业务、项目中标以及股东背景方面具有一定的优势。如表8-10所示,2016~2019年易华录的数据湖项目发展迅速,业务规模不断增长,这对公司经营的稳定有较强的影响。

表8-10　　　　　　　2016~2019年易华录新增订单情况

板块	2016年		2017年		2018年		2019年	
	新增订单数(个)	新增订单总金额(万元)	新增订单数(个)	新增订单总金额(万元)	新增订单数(个)	新增订单总金额(万元)	新增订单数(个)	新增订单总金额(万元)
数字经济基础设施	42	68 352.00	28	108 201.00	41	165 437.98	75	405 818.15

易华录是国内最早进入智能交通领域的且可以提供整体解决方案的提供商,业务广泛,涉足全国30个省份等。根据表8-11,2016~2020年收入利润规模持续增长,由2016年的22.50亿元增长到2020年的28.07亿元,盈利能力保持稳定。这些都是评级稳定的重要影响因素。

表 8 – 11　　　　　2016～2020 年易华录营业收入情况　　　　单位：亿元

项目	2016 年	2017 年	2018 年	2019 年	2020 年
公安信息化	18.08	20.09	15.51	16.12	9.06
数字经济基础设施	4.42	8.91	12.40	19.06	16.64
数据运营服务	0.00	0.92	1.65	2.26	2.37
合计	22.50	29.92	29.56	37.44	28.07

第二节　信用评级体系在易华录的应用

我们获取了公司 2016～2020 年的相关数据，并将数据运用到我们建立的评级体系中，由此根据各项指标做出相应分析，认定公司的经营状况与发展前景。

一、经营风险要素

（一）软件服务行业状况

1. 产业政策

公司所属行业为信息服务行业。2021 年 3 月，《中华人民共和国国民经济和社会发展第十四个五年规划和 2035 年远景目标纲要（草案）》正式发布，首次将"建设数字中国"独立成篇并提出要"激活数据要素潜能，推进网络强国建设，加快建设数字经济、数字社会、数字政府，以数字化转型整体驱动生产方式、生活方式和治理方式变革"，数字经济尤其是由大数据、云计算、物联网等重点领域构成的数字经济核心产业已进入重要发展机遇期。

北京市"十四五"时期智慧城市发展行动纲要指出，到 2025 年，将北京建设成为全球新型智慧城市的标杆城市。2021 年北京市数据中心统筹发展实施方案提出，未来 3 年，北京将通过关闭一批功能落后的数据中心、整合一批规模分散的数据中心、改造一批高耗低效数据中心、新建一批计算型数据中心和人工智能算力中心及边缘计算中心，以集约化、绿色化、智能化为目标，打造世界领先的高端数据中心发展集群。

近年来，公司充分发挥中央企业优势，积极响应国家大数据发展战略，准确把握各级政府治理体系和治理能力现代化、各区域产业转型升级、各行业企业创新变革所形成的数字化转型需求，以"努力降低全社会长期保存数据的能耗与成本"为使命，"成为社会可信的大数据一级开发和存储服务提供商直至演变成数据银行"为愿景，实施"数据湖+"发展战略，致力于通过建设数据湖这一新时代的数字经济基础设施，促进全社会数据生产要素的汇聚与融通，为构建数字孪生城市、实现个人数字永生奠定坚实基础，为我国打造数字经济新引擎、在全球政治经济发展新格局下把握数字经济先机做出应有贡献。

2. 软件服务行业生产总值增长率

行业 2016 ~ 2020 年的生产总值增长率情况如表 8 – 12 所示。

表 8 – 12　　　**2016 ~ 2020 年软件服务行业生产总值增长率**　　单位：%

指标	2016 年	2017 年	2018 年	2019 年	2020 年
行业 GDP 增长率	14.88	18.31	20.68	16.21	13.65

3. 行业销售收入增长率

行业 2016 ~ 2020 年的销售收入增长率情况如表 8 – 13 所示。

表 8 – 13　　　**2016 ~ 2020 年软件服务行业销售收入增长率**　　单位：%

指标	2016 年	2017 年	2018 年	2019 年	2020 年
行业销售收入增长率	12.57	14.25	12.35	15.92	13.72

（二）易华录企业素质

1. 高管的学历

截至 2020 年底，易华录董事会、监事及其他高级管理人员学历情况如下：

公司共设 9 名董事，其中 3 名独立董事。学历情况分布为：学士学位 1 名，硕士学位 1 名，博士学位 7 名。公设 3 名监事，其中学士学位 1 名，硕士学位 2 名。高级管理人员共 7 名，其中，学士学位 2 名，硕士学位 4

名，博士学位 1 名。

2. 从政经历

易华录的董事长从未在政府相关部门任职。

3. 实际控制人信用

易华录的实际控制人未受到监管处罚、未被列为失信被执行人、没有信用违约、没有违法违纪等。

4. 高新技术企业认证

易华录于 2020 年 10 月 21 日获得高新技术企业认证（证书编号：GR202011003726），截止日为 2023 年 10 月 21 日。

（三）经营管理

1. 企业规模（营业总收入）

易华录 2016~2020 年的营业总收入情况如表 8-14 所示。

表 8-14		2016~2020 年易华录营业总收入		单位：万元	
指标	2016 年	2017 年	2018 年	2019 年	2020 年
营业总收入	227 550.98	300 871.11	295 644.81	374 390.36	280 622.68

截至 2020 年末，易华录建成并实现运营的示范数据湖达到 23 个，数据湖共部署蓝光存储规模达到 3 042 拍字节①，磁存储能力 178 拍字节，IDC 规划数量 15 186 个，已建成 IDC 数量有 3 453 个，开通云主机 1 741 台。在湖存储业务领域，泰州、无锡、徐州、津南等达到可运营条件的数据湖项目公司累计签署合同或协议的数据总量为 643 拍字节。公司累积自研及生态算法产品达 484 例。2020 年 14 个数据湖产生运营收入，并出现快速增长的趋势。

此外，易华录进一步谋划国内外高点站位，企业级蓝光销售收入实现了大幅增长。

2. 市场地位

易华录以及软件服务行业 2016~2020 年的营业收入与市场占有率情况

---

① 1 拍字节（PB）=1 024 太字节（TB）。

如表 8 – 15 所示。

表 8 – 15 **2016～2020 年易华录营业收入与市场占有率**

指标	2016 年	2017 年	2018 年	2019 年	2020 年
营业收入（亿元）	22. 76	30. 09	29. 56	37. 44	28. 06
行业营业收入（亿元）	48 232. 00	55 103. 00	61 909. 00	71 768. 00	81 616. 00
市场占有率（%）	0. 0472	0. 0546	0. 0478	0. 0522	0. 0344

近五年，软件与信息技术服务业取得了较为显著的发展，行业整体营业收入持续、大幅度上涨。公司在整个市场的占有率方面，呈现出逐年下降的趋势，主要原因是进入该行业的公司在逐年大幅度上涨。

3. 应收账款周转率

易华录 2016～2020 年应收账款周转率如表 8 – 16 所示。

表 8 – 16 **2016～2020 年易华录应收账款周转率**

指标	2016 年	2017 年	2018 年	2019 年	2020 年
应收账款周转率	3. 50	2. 79	1. 47	1. 22	0. 92

2016～2020 年，易华录的应收账款周转率逐年下降。应收账款周转率下降说明公司回款速度降低，稳定性降低，坏账损失高，资产的流动性低。公司需要的自有资金就越多，资金成本也就越高，资金风险也越高。这可能与高新技术的产业性质有关。

4. 存货周转率

易华录 2016～2020 年存货周转率如表 8 – 17 所示。

表 8 – 17 **2016～2020 年易华录存货周转率**

指标	2016 年	2017 年	2018 年	2019 年	2020 年
存货周转率	0. 51	0. 55	0. 46	0. 57	0. 63

2016～2020 年，易华录的存货周转率趋于稳定，并有小幅度上升。存货周转速度越快，存货的占用水平就越低，流动性越强，存货转换为现金或应收账款的速度越快。说明企业的产品销售比较顺畅。

5. 成本费用利润率

易华录 2016～2020 年成本费用利润率如表 8 – 18 所示。

表 8 - 18		2016 ~ 2020 年易华录成本费用利润率			单位：%
指标	2016 年	2017 年	2018 年	2019 年	2020 年
成本费用利润率	10. 93	11. 36	16. 06	16. 40	34. 91

2016 ~ 2020 年，公司的存货周转率有所上涨。表明企业为获得收益所付出的代价有所下降，利润会随之有所提升，反映了企业拥有较好的经济效益。

二、财务风险评级要素

（一）盈利能力

1. EBITDA 利润率

易华录 2016 ~ 2020 年 EBITDA 利润率如表 8 - 19 所示。

表 8 - 19		2016 ~ 2020 年易华录 EBITDA 利润率			单位：%
指标	2016 年	2017 年	2018 年	2019 年	2020 年
EBITDA 利润率	8. 60	10. 34	13. 81	14. 09	29. 21

近年来，易华录 EBITDA 利润率逐年增长，表明企业对存续期内债券保障能力较强，经营业绩较好。

2. 主营业务净利润率

易华录 2016 ~ 2020 年主营业务净利润率如表 8 - 20 所示。

表 8 - 20		2016 ~ 2020 年易华录主营业务净利润率			单位：%
指标	2016 年	2017 年	2018 年	2019 年	2020 年
主营业务净利润率	8. 54	9. 19	12. 10	11. 16	24. 84

2016 ~ 2020 年，易华录的主营业务净利润率总体上有所上涨，尤其是 2020 年，涨幅超过了 1 倍。该指标增长的原因主要为企业的净利润存在着大幅度上涨，分析期五年内净利润分别为：19 443.58 万元、27 642.55 万元、35 755.86 万元、41 786.33 万元以及 69 709.57 万元。而在此期间，易华录的营业收入相对稳定，表明公司作为一家上市公司，其业绩在近年

来明显变好，利润水平有所提高。

3. 净资产收益率

易华录 2016～2020 年净资产收益率如表 8－21 所示。

表 8－21　　　　　　　**2016～2020 年易华录净资产收益率**　　　　单位：%

指标	2016 年	2017 年	2018 年	2019 年	2020 年
净资产收益率	6.87	8.48	9.35	10.72	14.94

2016～2020 年，易华录的净资产收益率呈逐年上涨的趋势。近五年，易华录的净利润如上文所述，涨幅明显，且易华录近年来股东权益较为稳定。具体分析，能够发现，易华录的净利润持续呈大幅度增长，表明投资人投入的资本带来的收益逐年增高。

4. 现金收入比

易华录 2016～2020 年现金收入比情况如表 8－22 所示。

表 8－22　　　　　　　**2016～2020 年易华录现金收入比**　　　　单位：%

指标	2016 年	2017 年	2018 年	2019 年	2020 年
现金收入比	－18.48	－13.89	－12.89	6.17	4.92

2016～2020 年，易华录的现金收入比逐渐由负转正。2016～2018 年，现金收入比为负值，是因为企业的经营活动产生的现金流量净额为负，这与企业的应收账款增加有直接关系。2019 年起，公司的现金收入比转为正值，源于企业加大了账款的催收力度、严格控制新项目回款等，表明了易华录的经营质量有所提升。但是该比率还是小于 1，说明当期有部分收入没有收现。

（二）创新能力

1. 研发机构的设置

截至 2020 年 12 月 31 日，易华录拥有国家级研发平台 2 个，国家级 CNAS 检测机构 1 个，省部级研发平台 8 个，国家级、省部级科研项目 80 余项。

2. 研发人员的素质

截至 2020 年底，易华录拥有 20 多位国内知名专家、20 多名外聘专家，同时拥有北京市百名领军人才、国务院政府特殊津贴专家、国家首批百千万人才、中科院院士。

3. 研发经费的投入

易华录 2016~2020 年研发投入情况如表 8-23 所示。

表 8-23 2016~2020 年易华录研发投入情况

指标	2016 年	2017 年	2018 年	2019 年	2020 年
研发人员数量（人）	511	523	602	507	690
研发人员占比（%）	33.38	20.70	30.64	30.18	38.66
研发投入金额（万元）	17 795.07	22 939.64	22 092.29	21 693.65	26 897.65
研发投入占营业收入比例（%）	7.82	7.62	7.47	5.79	9.58
研发投入占总资产比例（%）	2.73	2.52	1.99	1.68	1.75

4. 研发成果的水平

易华录 2016~2020 年研发成果如表 8-24 所示。

表 8-24 2016~2020 年易华录研发成果

指标	2016 年	2017 年	2018 年	2019 年	2020 年
申请专利数	28	56	37	40	67
已取得授权的专利数	18	28	22	28	27

（三）偿债能力

1. 流动比率

易华录 2016~2020 年流动比率如表 8-25 所示。

表 8-25 2016~2020 年易华录流动比率

指标	2016 年	2017 年	2018 年	2019 年	2020 年
流动比率	1.85	1.74	1.73	1.37	1.30

自 2016 年起，易华录的流动比率逐年下降。此外流动比率低于一般情况下的正常值 2。究其原因，主要是源于其流动资产的增长率明显小于流动负债的增长比率。分析期内，流动资产增长比率为 20.38%、17.92%、9.26% 和 13.35%；流动负债的增长比率为 25.38%、18.19%、27.91 和

17.85%。企业随着传统业务和数据湖项目的不断加大，其债务规模持续增长，使得公司的短期偿债压力较大。

2. 速动比率

易华录2016~2020年速动比率如表8-26所示。

表8-26 **2016~2020年易华录速动比率**

指标	2016年	2017年	2018年	2019年	2020年
速动比率	0.61	0.68	0.93	0.69	1.26

2016~2019年，公司的速动比率均低于一般情况下的正常值1，且相对稳定。在2020年，该项指标达到了最高，并超过了正常情况的水准。进一步表明了企业近年来短期债务不断增加，债务负担较重。

3. 利息保障倍数

易华录2016~2020年利息保障倍数如表8-27所示。

表8-27 **2016~2020年易华录利息保障倍数**

指标	2016年	2017年	2018年	2019年	2020年
利息保障倍数	6.96	2.49	2.52	2.16	2.77

易华录的利息保障倍数于2017年起存在明显的下降，并在之后的几年趋于稳定。2017年，企业的利润总额的增长率为27.70%，而利息费用的增长率为74.11%，可见该项指标下降是源于利息费用的大幅度增长。在之后的几年，公司的利润总额增长率分别为26.23%、19.76%和35.51%；利息费用增长率分别为25.24%、31.31%和17.44%。显然变动幅度没有2017年的大。公司利息保障倍数于2017年的下降，表明2017年公司的偿债能力减弱，但在近年维持相对稳定。

4. 债务保障倍数

易华录2016~2020年债务保障倍数如表8-28所示。

表8-28 **2016~2020年易华录债务保障倍数**

指标	2016年	2017年	2018年	2019年	2020年
债务保障倍数	0.78	0.56	0.53	0.43	0.44

2016～2020 年，易华录的债务保障倍数呈逐年下降的趋势。该项指标的下降，根本原因是企业的总负债急剧上涨，分析期五年的总负债分别为：363 922.89 万元、585 481.51 万元、728 554.47 万元、900 687.13 万元、1 071 279.00 万元。公司的债务保障倍数逐年上升，表明易华录在近年来的偿还长期债务的能力在降低。

（四）发展前景

1. 营业收入增长率

易华录 2016～2020 年营业收入增长率如表 8-29 所示。

表 8-29　　　　　**2016～2020 年易华录营业收入增长率**　　　单位：%

指标	2016 年	2017 年	2018 年	2019 年	2020 年
营业收入增长率	1.14	24.37	-1.77	21.03	-33.41

2020 年易华录的营业收入增长率为负，且超过了-30%，是因为 2019 年企业营业收入的基点很高，此外各行业均受到疫情的影响，公司的销售同样有较大的影响，由此导致其该指标存在较大下降。

2. 资产增长率

选择易华录的轻资产增长率还是总资产增长率，需要根据以下步骤进行判断。

第一步，判断是否轻资产运营模式：若企业同时符合以两个条件则可视为该企业该年度是轻资产运营模式：（1）固定资产占比，也就是固定资产与资产总额的比值，在所处行业中排名最后的 5%。（2）销售费用占比（销售费用与销售收入的比值）在所处行业中排名最前的 5%。

第二步，如果是轻资产运营，则用轻资产增长率衡量。

通过计算分析，易华录 2020 年固定资产占比为 2.5181%，在行业 265 家企业中排名第 184 名。同时，公司 2020 年销售费用占比为 4.6582%，在行业 265 家企业中排名第 96 名。两个条件均为满足，故选用公司的总资产增长率作为分析。

易华录 2016～2020 年总资产增长率如表 8-30 所示。

表 8 – 30		2016 ~ 2020 年易华录总资产增长率			单位：%
指标	2016 年	2017 年	2018 年	2019 年	2020 年
总资产增长率	29. 07	28. 56	17. 96	13. 91	16. 08

三、其他要素

（一）股东支持

易华录的控股股东与实际控制人均为中国华录集团有限公司（以下简称华录集团）。

华录集团是国务院国有资产监督管理委员会直接管理，于 2000 年 6 月成立的大型国有企业，它的主营业务是音视频产品及相关应用技术研发、制造、销售。注册资本为 15. 40 亿元，总部设置在大连，其余地区包括北京、深圳、郴州等设有分公司或子公司，建有国际国内营销网络、国家级技术研发中心和北京研究所等研发机构。

易华录与实际控制人之间的产权及控制关系如图 8 – 1 所示。

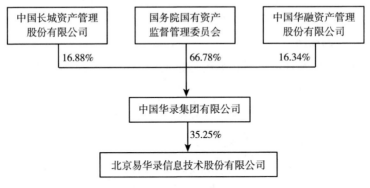

图 8 – 1　易华录股权结构

易华录持股 5% 以上的股东或前 10 名股东持股情况如表 8 – 31 所示。

表 8 – 31	易华录股东持股情况		
股东名称		股东性质	持股比例（%）
中国华录集团有限公司		国有法人	35. 26
林拥军		境内自然人	5. 25

股东名称	股东性质	持股比例（%）
中国建设银行股份有限公司—广发科技先锋混合型证券投资基金	其他	3.08
上海浦东发展银行股份有限公司—广发小盘成长混合型证券投资基（LOF）	其他	2.09
罗坚	境内自然人	1.91
中国工商银行股份有限公司—广发双擎升级混合型证券投资基金	其他	1.57
中国建设银行股份有限公司—广发多元新兴股票型证券投资基金	其他	1.49
香港中央结算有限公司	境外法人	1.14
华夏人寿保险股份有限公司—自有资金	其他	0.94
陈路	境内自然人	0.90

（二）政府支持

1. 北京市高精尖产业发展资金拨款项目

易华录为北京市高精尖产业发展资金拨款项目"光磁一体化云存储数据湖（一期）"项目的承担单位，获得 1 000 万元财政拨款的政府支持。

2. 基于综合交通大数据的城市互联网服务技术北京市工程实验室创新能力建设项目

易华录为"基于综合交通大数据的城市互联网服务技术北京市工程实验室创新能力建设项目"的建设单位，项目总投资 2 588 万元，其中市政府投资 776 万元，这些资金用于购置产业化、工程化研发所需的各种设备，验证建设工程化和环境测试等。

3. 国家科技支撑计划

2014 年 1 月 1 日至 2016 年 12 月 31 日，易华录作为"公安主导型城市交通智能联网联控关键技术与示范"的课题承担单位，课题总预算人民币 2 138 万元，其中国家划拨经费 638 万元主要用于支持课题研究过程中的专用设备、成套设备以及新型设备的开发研制、国际合作与交流、专家咨询、劳务费、会议和差旅等。

（三）是否存在经营异常

截至 2020 年底，易华录存在 5 项诉讼案件，但未发生重大诉讼和重大监管处罚事项。

第三节 易华录信用评级结果

本书应用前面章节所述的京津冀高科技中小企业信用评级体系中的大样本主成分法与专家打分层次分析法综合权重，对易华录的信用进行了评估，其中，根据定量指标分值计算公式，对定量指标的评分结果如表 8 - 32 所示。除表中列示的定量指标外，剩余指标均为定性指标，其评分依据主要为前文中所述的企业实际情况。最终得分为 70.27 分，具体评分结果如表 8 - 33 所示。

表 8 - 32　　　　　　　　　易华录定量指标评分情况

指标名称	行业指标最佳值	行业指标平均值	指标实际值	指标分值
企业规模（营业总收入）C8（万元）	319 824.144	199 890.09	280 622.68	86.93
市场地位 C9（%）	0.61	0.38	0.53	86.32
应收账款周转率 C10（次）	6.90	4.31	1.03	9.27
存货周转率 C11（次）	44.672	27.92	4.90	5.03
成本费用利润率 C12（%）	16.80	10.50	34.91	214.98
EBITDA 利润率 C13（%）	-739.36	-462.10	28.93	-10.84
主营业务净利润率 C14（%）	35.36	22.10	24.84	68.27
净资产收益率 C15（%）	170.67	106.67	14.94	2.67
现金收入比 C16	1.16	0.72	0.06	-1.44
流动比率 C21	6.32	3.95	1.30	15.27
速动比率 C22	5.81	3.63	1.26	16.47
利息保障倍数 C23	-78.10	-48.81	2.77	-10.45
债务保障倍数 C24	9.39	5.87	0.44	-1.67
营业收入增长率 C25（%）	149.09	93.18	-33.41	-30.57
资产增长率 C26（%）	6.90	4.31	16.08	242.06

表 8 – 33 易华录信用评级得分

准则层	子准则层	指标层	最终权重	评分	得分
A1	B1	C1	0.0715	100.00	7.15
		C2	0.0238	80.00	1.90
		C3	0.0715	95.00	6.79
	B2	C4	0.0178	95.00	1.69
		C5	0.0178	20.00	0.36
		C6	0.0874	100.00	8.74
		C7	0.0437	100.00	4.37
	B3	C8	0.0228	86.93	1.98
		C9	0.1262	86.32	10.89
		C10	0.0631	9.27	0.58
		C11	0.0582	5.03	0.29
		C12	0.0631	214.98	13.57
A2	B4	C13	0.0132	– 10.84	– 0.14
		C14	0.0132	68.27	0.90
		C15	0.0066	2.67	0.02
		C16	0.0132	– 1.44	– 0.02
	B5	C17	0.0045	100.00	0.45
		C18	0.0045	100.00	0.45
		C19	0.0134	95.00	1.27
		C20	0.0134	100.00	1.34
	B6	C21	0.0098	15.27	0.15
		C22	0.0098	16.47	0.16
		C23	0.0196	– 10.45	– 0.20
		C24	0.0098	– 1.67	– 0.02
	B7	C25	0.1516	– 30.57	– 4.63
		C26	0.0505	242.06	12.22
合计			1	1 677.30	70.27

信用评级结论为：北京易华录信息技术股份有限公司信用评级为 AA 级，其偿还债务的能力很强，受不利经济环境的影响不大，违约风险很低。理由是：易华录作为中央企业华录集团下属的重要子公司，在政府支

持、股东支持、行业竞争上均有着一定的优势。2020 年，公司的数据湖项目建设得到了大力的发展，经营效果显著提升。虽然，随着公司经营项目的不断扩大，其在应收账款、存货规模等方面也不断增长，企业资金占有量日益增加，收入实现质量较弱，债务压力较大，但是随着数字经济基础设施建设的迅速发展，预计公司在未来的经营规模将进一步扩张，经营效率将得到有效改进。但是，值得注意的是，从横向看，在研发方面行业平均专利数为 613 项，而易华录的专利总数只有 375 项，有效专利数只有202 项。从纵向看，2016～2020 年易华录研发人员数量与年俱增，但是获得授权的专利数却保持平稳，年均不到 25 项，2020 年授权占比只有 45.76%，表明其研发能力和效率有待加强。

本章小结

本章选取深交所创业板信息技术服务行业上市公司北京易华录信息技术股份有限公司为案例。研究发现，在"建设数字中国"这一"十四五"规划重要目标引领下，信息服务行业成为国家重点发展行业，在北京市"建设成为全球新型智慧城市的标杆城市"的行动纲要引领下，易华录作为以城市智能交通管理系统、交通信息服务系统、移动警务系统为主要产品的企业，迎来了重要发展机遇。我们应用第七章所设计的京津冀高科技中小企业信用评级体系对其进行评级，评级结果为 70.27 分，换算成评级分数为 4.29 分，评级为 AA 级。理由是在政府支持、股东支持、竞争力方面，易华录均有优势。2020 年，公司的数据湖项目建设得到了大力的发展，经营效果显著提升。其偿还债务的能力很强，受不利经济环境的影响不大，违约风险很低。但是，值得注意的是，与同行业其他企业相比，易华录的研发能力有待加强。2016～2020 年，该公司发行债券的信用评级机构均为联合资信评估有限公司，其信用评级均为 AA 级。本评级结果与易华录现行评级相同。

第九章

京津冀高科技中小企业信用评级体系的应用
——以乐普医疗为例

根据本书构建的京津冀高科技中小企业信用评级体系，本章以"乐普（北京）医疗器械股份有限公司"（以下简称乐普医疗）为样本进行案例研究，为信用评级的研究提供更丰富的经验证据。

第一，高科技中小企业往往因为规模小、风险大、财产抵押难等在融资中受到阻碍，本书通过建立适用的高科技中小企业用评级体系，提供信用评级信息，对其拓宽融资渠道、缓解融资约束，促进京津冀地区高科技中小企业发展，进而实现国家创新驱动发展战略，具有重要战略和现实意义。

第二，通过研究京津冀高科技中小企业信用评级体系在乐普（北京）医疗器械股份有限公司的应用，能够进一步验证本信用评级体系的实用性，并根据应用结果与公司既有信用评级进行对比，以期进一步完善体系的构建，以便引入京津冀地区甚至全国高科技中小企业信用评级的实际应用中。

本章主要从以下两个方面展开。

第一，介绍乐普（北京）医疗器械股份有限公司的基本情况，包括发债情况和评级情况，尤其关注其在发债过程中是否存在评级变化，关注高科技因素对其债务融资过程中信用评级的影响。

第二，采用案例研究方法，对构建的京津冀高科技中小企业信用评级体系进行测试。将所构建的信用评级体系应用于乐普（北京）医疗器械股份有限公司中，测试该体系的可行性与科学性。

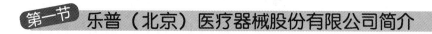

第一节 乐普（北京）医疗器械股份有限公司简介

一、公司简介

乐普（北京）医疗器械股份有限公司创立于1999年6月11日，注册资本18.05亿元，注册地是北京市，属于民营企业，第一大股东是中国船舶重工集团公司第七二五研究所（洛阳船舶材料研究所）。乐普医疗是2009年10月30日在深交所创业板上市（股票代码：300003），发行总市值11.89亿元。所属行业为医疗保健产品与服务行业，业务涵盖医疗器械、医药产品、医疗服务和新型医疗业态四大板块。公司产品由冠状动脉药物支架为基础，已步入生物可吸收医疗器械和人工AI智能医疗器械时代。公司拥有国际第二代生物可吸收支架NeoVas、新一代血管内药物（紫杉醇）洗脱球囊导管Vesselin等重磅产品，国际领先技术的人工智能AI-ECG心电分析软件系统产品获得美国FDA批准、欧盟CE认证及NMPA注册批准，并拥有多种技术特点的冠状动脉药物支架、球囊、起搏器、封堵器、心脏瓣膜、血管造影机、IVD设备及诊断试剂、外科器械、人工智能心电设备和家用智能医疗器械等。乐普医疗是中国最早从事心血管介入医疗器械研发制造的企业之一，目前发展为国内规模最大的也是唯一拥有多种技术特点药物支架产品的制造企业和亚洲最大的人工心脏瓣膜制造企业。

乐普医疗主营产品有：冠状动脉药物支架系统、呼吸系统用药、基层医院合作共建、精准医疗、抗微生物药、乐普医疗封堵器、消化系统用药、心血管健康咨询管理中心、心血管系统用药、血管内药物（西罗莫司）洗脱支架系统、医疗金融服务、医疗科技孵化及股权投资、移动医疗、营养剂、远程心电监测、中枢神经系统用药、中药产品。

乐普医疗的主营构成及占比分别为：药品—制剂（35.73%）；非心血管器械（21.28%）；医疗服务及健康管理（15.26%）；支架系统（13.85%）；药品—原料药（6.72%）；器械产品代理配送业务（4.8%）；结构型和心脏节律器械（2.38%）。

乐普医疗的发展战略是基于心血管健康领域应用互联网技术、AI技术的互联互通，将医疗信息化、数据化和智能化技术结合起来，高效便捷地为患者提供服务。同时，乐普医疗一直深耕研发，在研管线丰富，成为科技部授予的唯一一个国家心脏病植介入诊疗器械及装备工程技术研究中心，致力打造"心血管大健康 + 抗肿瘤"的特色化生态医疗平台，为心血管病患者提供基于全生命周期的健康管理。

由表 9 - 1 可知，乐普医疗在 2017 年间接融资大幅增加主要归因于中期债券的发放，为企业获得了大量流动资金。

表 9 - 1　　　　　　　　2016 ~ 2020 年乐普医疗间接融资情况

年份	资产负债率（%）	短期借款（万元）	长期借款（万元）	应付债券（万元）	长期应付款（万元）	一年内到期的非流动负债（万元）	合计（万元）	增长率（%）
2016	36.70	65 000	72 900	59 500	2 959.99	—	200 359.99	—
2017	45.06	146 400	119 200	119 200	3 287.67	14 300	402 387.67	101
2018	56.41	188 300	262 200	59 700	1 236.78	91 800	603 236.78	50
2019	49.74	146 400	245 800	—	1 032.05	135 900	529 132.05	-12
2020	41.97	190 200	111 500	121 900	366.31	110 200	534 166.31	1

注：1. 截至 2019 年末，短期借款的增加主要系报告期内借款增加所致。

2. 长期借款的减少主要系报告期内调整融资结构、到期偿付借款、满足公司资金需求所致。

3. 一年内到期的非流动资产的减少主要系融资租赁业务按照协议约定收回本金或中期票据及长期借款到期所致。

4. 2017 年度第一期中期票据期末余额 598 392 119.87 元，重新分类到一年内到期的非流动负债。

资料来源：乐普医疗年报。

由表 9 - 2 可知，乐普医疗在 2011 年首次公开发行股票，委托主承销商信达证券股份有限公司发行普通股（A 股）4 100 万股，发行价格为

29 元/每股，募集金额为人民币 113 951.31 万元。乐普医疗在 2015 年以定向非公开增发方式募集资金，与主承销商海通证券股份有限公司签订承销协议，发行的股票数量总计为 59 785 147 股，发行价格为 21.41 元/股，并且发行价格符合规定的发行标准，募集金额为人民币 126 201.02 万元，用于偿还银行贷款和补充公司流动资金。此次股票定向增发同比市场股价来说折让价格较小，对于乐普医疗这样有良好成长性的公司而言是利好消息，可减轻其在研发投入上的资金压力，用于公司具备成长性的项目中，进而为公司以后的发展带来盈利的空间和可能。

表 9 – 2　　　　　　　　　　乐普医疗直接融资情况

募集年份	募集方式	募集金额（万元）	承销商	发行价格（元/股）	发行数量	发行对象
2011	首次公开发行股票	113 951.31	信达证券	29	4 100 万股	非特定公众
2015	非公开发行股票	126 201.02	海通证券	21.41	5 978.5147 万股	兴证证券资产管理有限公司、王云友、中关村国盛、润晖香港、国开泰富
	合计	240 152.33				

二、商业模式与经营风险特点

（一）商业模式

乐普医疗的商业模式为策略型商业模式，涉及企业生产经营的方方面面，具体可以分为研发、销售、并购、信息化四个部分。

（1）自主研发。主要依靠自主研发和国外技术学习，不断在心脏支架领域深耕，向高精尖的医疗行业进步，研发出国内自产的支架设备。

（2）产品服务一体化销售模式。通过公司研发的产品或服务为不同类型的客户提供有效帮助以达到该阶段理想的治疗效果，其中包括：为心血管亚健康人群提供日常监控的智能器械，在监控的基础上提供有效的控制药物，建立起一级预防防控网；为心血管疾病的患者提供治疗和检测器械，通过医生把患者治好；为已经医治的患者提供康复途径、药品和措施；大力发展医疗智能化，把患者的预防到康复的过程有机结合起来，建立二次的防护网。

（3）纵向并购。通过构建"心血管医疗器械＋药品＋医疗服务及健康管理一体化"的战略模型，在优化现有产品和服务的基础上，专注一个领域的多元化，加大创新和国际化的进程。以"纵向产品服务一体化"为目标，完善主业的介入领域的配套能力，包括导管、导丝、鞘管等配套器械或介入配件、先心介入封堵器、血管造型技术、心脏瓣膜技术、双腔起搏器业务和心血管药品领域。经过先后 36 次并购业务，完成了自身资源优势的整合，使得整合后的集团更容易发挥协同作用，并实现了对被并购方的控制，最终形成全产业链的网状经济结构。

（4）信息化建设。乐普集团通过将研发、质量、财务等共性资源的集中管理，完成资源整合利用最大化优势，在降低成本的同时，优化信息和数据的共享，其中包括：应用互联网技术形成患者、医生、药品、检测器械的互联互通，全面建设公司心血管病大数据服务中心，建立统一完整的财务规章制度，进行统一的年度预算和收益清缴及审计监督；公司建立统一的产品策略和研发管理机制，完善技术研究平台和数据库等。

（二）经营风险特点

1. 政策环境风险

随着医药体制改革的不断推进，各省招标降价政策、国家医保控费、药品两票制等一系列政策的出台，将带来医疗器械和药品的降价趋势，对乐普医疗持续提升市场竞争力提出新的挑战。另外，随着国家药监局进一步加强医疗器械和药品全过程质量风险控制及监管、全面推进药品质量一致性评价，将对乐普医疗产品提出更高要求，如果不能满足相关规定，乐普医疗可能在运营等方面受到重大影响。

2. 财务风险

近年来，乐普医疗实施一系列并购活动，希望通过收购兼并实现资源优势整合，寻找新的高增长、高利润的潜在机会。但根据表 9－3 和

表9-4可知，乐普医疗的存货、应收账款、其他应收账款的规模都呈扩大趋势，给公司的财务运营带来不小的压力。

表9-3　　　　　2016～2020年乐普医疗存货、应收占用资金情况　　单位：万元

年份	存货	减值	应收账款	坏账	其他应收款	坏账
2016	57 416.12	370.94	121 914.36	1 901.17	7 729.10	82.66
2017	70 233.50	-540.73	163 227.19	2 667.83	10 393.52	-5.34
2018	78 566.10	443.14	196 950.95	3 784.53	20 859.65	217.22
2019	100 482.76	443.17	216 654.62	3 400.16	12 879.95	13 582.34
2020	142 374.37	393.51	210 044.32	3 684.67	14 581.39	-63.08

资料来源：乐普医疗年报。

表9-4　　　　　2016～2020年乐普医疗存货、应收账款周转率

项目	2016年	2017年	2018年	2019年	2020年
应收账款周转率	2.89	3.18	3.53	3.77	3.77
存货周转率	2.48	2.33	2.33	2.42	2.19

资料来源：乐普医疗年报。

根据表9-4可知，乐普医疗的应收账款周转率近几年有所提升，存货周转率在2.3附近波动。这是因为在2016年后，应收账款的增幅有所下降。存货周转率趋于稳定，说明乐普医疗对并入的各公司进行了有效管理与资源整合，并未因资产规模的大幅增加而使公司营运能力下降。

根据表9-5可知，近年来乐普医疗经营活动产生的现金流量净额在不断增加，是因为巨大的扩张带来现金流入。投资活动的现金流量虽然在2016～2018逐年上升，但在2019～2020年明显下滑。因为前几年企业进行频繁的并购活动，导致资金大量流出。从2019年开始，乐普医疗的并购活动开始放缓，更加注重业务整合，相关资金支出减少。筹资活动产生的现金流量净额呈下降趋势，主要原因是偿还债务支付现金的增多。

表 9 – 5		2016～2020 年乐普医疗净现金流			单位：万元	
项目	2016 年	2017 年	2018 年	2019 年	2020 年
经营活动产生的现金流量净额	69 189.01	91 313.25	150 050.89	199 025.51	208 969.93
投资活动产生的现金流量净额	-143 872.58	-170 020.65	-232 202.03	-65 121.87	-69 545.27
筹资活动产生的现金流量净额	77 793.26	97 427.14	76 759.88	-154 885.07	-76 343.63
合计	3 109.69	18 719.74	-5 391.26	-20 981.43	63 081.03

资料来源：乐普医疗年报。

　　根据表 9 – 6 和表 9 – 7，乐普医疗和同行业上市公司相比，公司资产负债率远高于同行业均值，流动比率和速动比率均低于同行业均值。可以看出，公司频繁的并购活动导致资金大量流出，负债压力变大，短期和长期偿债能力下降，公司面临较高的财务风险。

表 9 – 6	2016～2020 年乐普医疗偿债能力		
年份	流动比率	速动比率	资产负债率（%）
2016	2.04	1.75	36.70
2017	1.60	1.39	45.06
2018	1.13	0.97	56.41
2019	1.10	0.91	49.74
2020	1.37	1.07	41.96

资料来源：乐普医疗年报。

表 9 – 7	2017～2019 年乐普医疗偿债能力同行业比较			
项目	公司名称	2019 年	2018 年	2017 年
资产负债率	蓝帆医疗	36.17	38.58	22.25
	大博医疗	21.68	12.45	10.79
	阳普医疗	44.37	46.04	44.80
	三鑫医疗	37.33	26.24	13.23
	欧普康视	10.47	11.83	11.95
	英科医疗	49.81	47.49	34.42
	行业均值	33.31	30.44	22.91
	乐普医疗	49.74	56.41	45.06

续表

项目	公司名称	2019 年	2018 年	2017 年
流动比率	蓝帆医疗	1.30	1.41	1.96
	大博医疗	3.87	7.54	9.41
	阳普医疗	1.22	2.29	2.56
	三鑫医疗	1.10	1.49	3.20
	欧普康视	7.80	7.21	7.45
	英科医疗	1.78	1.34	1.62
	行业均值	2.85	3.55	4.37
	乐普医疗	1.10	1.13	1.60
速动比率	蓝帆医疗	1.14	1.22	1.32
	大博医疗	2.80	6.04	7.69
	阳普医疗	1.08	2.04	2.27
	三鑫医疗	0.75	1.02	2.27
	欧普康视	7.47	6.86	7.27
	英科医疗	1.51	1.15	1.31
	行业均值	2.46	3.06	3.69
	乐普医疗	0.91	0.97	1.39

3. 产品研发风险

医疗健康产业特点是新产品研发投入大、认证注册周期长但产品更新换代快。如果不能及时布局具备国际和国内市场竞争力的新产品新技术，被同行业先进的产品或技术所替代，将对公司收入增长和盈利能力产生不利影响。

4. 高值医用耗材、药品集采的风险

国务院办公厅《关于印发国家组织药品集中采购和使用试点方案的通知》全面制定了国家药品集中采购和使用试点方案要点，将逐步扩大集中采购的覆盖范围，引导社会形成长期稳定预期。乐普医疗现有硫酸氢氯吡格雷片和阿托伐他汀钙片已经进入药品集采目录，按照多家价格竞争的可能预期，公司存在个别药品未能中选后续有关省市药品集采的风险。

国务院办公厅《关于印发治理高值医用耗材改革方案的通知》全面制

定了国家高值医用耗材治理改革方案要点，乐普医疗现有冠状动脉心脏支架等产品将进入高值医用耗材集采试点目录，按照多家价格竞争的可能预期，公司存在个别高值医用耗材未能中选后续有关省市高值医用耗材集采的风险。

5. 业务整合、规模扩大带来的集团化管理风险

随着大规模并购业务的开展，乐普医疗已发展成为拥有国内外数家子公司的产业集团构架体系，呈现出鲜明的集团化特征。集团化特征对公司整体运营管理和人才队伍建设都提出了新的更高的要求，如何协调统一，加强管理，实现多元化协同效应，提高整体运营效率是未来发展面临的风险因素之一。

6. 新冠肺炎疫情带来的风险

受到国内新冠肺炎疫情的影响，国内医院门诊量和手术量受到较大影响，导致植入类器械销售受到影响；地方政府疫情隔离和医疗机构暂停营业导致医疗服务及健康管理营收下降；由于医疗机构门诊暂停接诊，导致医疗机构药品销售量下降。

三、发债情况

如表 9 - 8 所示，截至 2020 年底，乐普医疗已发行债券共九次，都已按时付息、兑付，无违约现象。存续债券为三年期限的 6 亿元的 20 乐普 MTN001 和三年期限的 6 亿元的 20 乐普 MTN002。

四、评级情况

正如表 9 - 9 所示，乐普医疗在各期债券的跟踪期内评级没有发生变化。从整体时间上来看，在 2019 年中诚信国际将乐普医疗主体的信誉评级由 AA 升为 AA +，主要原因是基于 2018 年以来乐普医疗不断完善医疗器械、医药、医疗服务和新型医疗业态四位一体的心血管全产业链建设，且其自主研发产品上市成功，同时核心药品收入规模保持快速增长，为公司未来发展提供了有力保障等。2015 ~ 2020 年乐普医疗营业收入情况如表 9 - 10 所示。

表 9 - 8　　乐普医疗债券基本情况

债券代码	债券简称	债券名称	发行目的	发行金额（万元）	期限	起息日	到期兑付日	债券利率（%）	偿还方式	担保情况	主承销商/管理人	联席主承销商
04155102	15 乐普医疗 CP001	2015 年度第一期短期融资券	2.35 亿元用于偿还银行短期贷款，2.65 亿元用于补充流动资金	50 000	366 天	2015 年 5 月 29 日	2016 年 5 月 29 日	4.45	到期一次还本付息		中国工商银行股份有限公司	—
04165103	16 乐普 CP001	2016 年度第一期短期融资券	4.5 亿元用于偿还短期贷款，1.5 亿元用于补充流动资金	60 000	365 天	2016 年 8 月 5 日	2017 年 8 月 5 日	3	到期一次还本付息	无担保	中国工商银行股份有限公司	—
10166903	16 乐普 MTN001	2016 年第一期中期票据	5 亿元将用于补充下属子公司乐普医学电子仪器股份有限公司的流动资金，1 亿元将用于补充下属子公司北京乐普科技有限责任公司的流动资金	60 000	3 年	2016 年 11 月 28 日	2019 年 11 月 28 日	3.59	每年付息一次，到期一次还本		招商银行股份有限公司	—
10175804	17 乐普 MTN001	2017 年度第一期中期票据	4 亿元用于偿还银行即将到期的流动资金贷款，2 亿元用于补充下属子公司乐普医学电子仪器股份有限公司的流动资金	60 000	3 年	2017 年 10 月 11 日	2020 年 10 月 11 日	5.35	到期一次还本付息		招商银行股份有限公司	—

续表

债券代码	债券简称	发行目的	发行金额（万元）	期限	起息日	到期兑付日	债券利率（%）	偿还方式	担保情况	主承销商/管理人	联席主承销商
011800201	18乐普SCP001 2018年度第一期超短期融资券	6亿元全部用于偿还即将到期的各银行到期流动资金贷款	60 000	270天	2018年2月7日	2018年11月4日	5.68	到期一次还本付息	无担保	中国工商银行股份有限公司	—
011900782	19乐普SCP001 2019年度第一期超短期融资券	6亿元资金拟全部用于偿还发行人本部的6亿元超短期融资券	60 000	270天	2019年3月29日	2019年12月24日	4.82	到期一次还本付息		中国工商银行股份有限公司	—
011902721	19乐普SCP002 2019年度第二期超短期融资券	将8亿元用于偿还即将到期的6亿元中期票据及部分银行借款	80 000	180天	2019年11月21日	2020年5月19日	4.45	到期一次还本付息		中信银行股份有限公司	—
102000638	20乐普MTN001 2020年第一期中期票据	6亿元资金拟全部用于偿还发行人本部的超短期融资券	60 000	3年	2020年4月13日	2023年4月13日	4.15	每年付息一次，到期一次还本		中国工商银行股份有限公司	上海浦东发展银行股份有限公司
102001717	20乐普MTN002 2020年第二期中期票据	6亿元资金拟全部用于偿还发行人本部的中期票据	60 000	3年	2020年9月3日	2023年9月3日	4.7	每年付息一次，到期一次还本		中国工商银行股份有限公司	上海浦东发展银行股份有限公司

表 9 – 9 乐普医疗评级情况

评级机构	评级时间	债券名称	主体评估结果	债券评估结果
东方金诚国际信用评估有限公司	2014 年 10 月 30 日	15 乐普医疗 CP001	AA	A – 1
	2015 年 8 月 3 日	15 乐普医疗 CP001	AA	A – 1
	2016 年 5 月 27 日	15 乐普医疗 CP001	AA	A – 1
	2016 年 6 月 12 日	16 乐普 CP001	AA	A – 1
	2017 年 1 月 24 日	16 乐普 CP001	AA	A – 1
	2017 年 6 月 23 日	16 乐普 CP001	AA	A – 1
大公国际资信评估有限公司	2016 年 7 月 29 日	16 乐普 MTN001	AA	AA
	2017 年 6 月 8 日	16 乐普 MTN001	AA	AA
	2018 年 6 月 11 日	16 乐普 MTN001	AA	AA
	2019 年 6 月 12 日	16 乐普 MTN001	AA	AA
大公国际资信评估有限公司	2017 年 9 月 27 日	17 乐普 MTN001	AA	AA
	2018 年 6 月 11 日	17 乐普 MTN001	AA	AA
	2019 年 6 月 12 日	17 乐普 MTN001	AA	AA
	2020 年 6 月 8 日	17 乐普 MTN001	AA	AA
大公国际资信评估有限公司	2017 年 9 月 27 日	18 乐普 SCP001	AA	AA
中诚信国际信用评级有限责任公司	2018 年 9 月 21 日	19 乐普 SCP001	AA	—
中诚信国际信用评级有限责任公司	2019 年 6 月 28 日	19 乐普 SCP002	AA +	—
中诚信国际信用评级有限责任公司	2020 年 2 月 11 日	20 乐普 MTN001	AA +	–
	2020 年 5 月 28 日	20 乐普 MTN001	AA +	–
	2021 年 6 月 28 日	20 乐普 MTN001	AA +	–
中诚信国际信用评级有限责任公司	2020 年 8 月 20 日	20 乐普 MTN002	AA +	AA +
	2021 年 6 月 28 日	20 乐普 MTN002	AA +	AA +

表 9 – 10 2015 ~ 2020 年乐普医疗营业收入情况 单位：亿元

项目	2015 年	2016 年	2017 年	2018 年	2019 年	2020 年
医疗器械	17. 97	21. 08	25. 21	29. 07	36. 23	34. 00
药品	8. 78	11. 55	17. 42	31. 72	38. 49	34. 12
其他	0. 95	2. 05	2. 74	2. 77	5. 10	12. 27
合计	27. 70	34. 68	45. 37	63. 56	79. 82	80. 39

乐普医疗公司在心血管医疗器械领域突出的行业地位、研发管线丰富且加大了研发投入力度、部分项目取得重要进展、融资渠道畅通、盈利和获现能力提升等优势以及良好的外部发展环境对公司整体信用实力提供了有力支持。这些都是评级稳定发展且有所提升的重要影响因素。

第二节　信用评级体系在乐普医疗的应用

我们获取了乐普医疗 2016～2020 年的相关数据，并将数据运用到我们建立的评级体系中，由此根据各项指标做出相应分析，认定乐普医疗的经营状况与发展前景。

一、经营风险要素

（一）行业状况

1. 产业政策

乐普医疗所属行业为医疗保健设备与服务行业。《中华人民共和国国民经济和社会发展第十四个五年规划和 2035 年远景目标纲要》明确指出，发展高端医疗设备。完善创新药物、疫苗、医疗器械等快速审评审批机制，加快临床急需和罕见病治疗药品、医疗器械审评审批，促进临床急需境外已上市新药和医疗器械尽快在境内上市。医疗健康行业《中国制造 2025》提出，提高医疗器械的创新能力和产业化水平，重点发展影像设备、医用机器人等高性能诊疗设备，全降解血管支架等高值医用耗材，可穿戴、远程诊疗等移动医疗产品。《"健康中国 2030"规划纲要》明确要求，加强高端医疗器械创新能力建设，推进医疗器械国产化。

《北京市"十四五"时期高精尖产业发展规划》指出，医药健康领域，争取跨境远程医疗、国际合作研发审批、急备医疗器械和研发用材料试剂设备通关等改革试点实施；《北京市关于加强医疗卫生机构研究创新功能的实施方案（2020—2022）委内分工方案》指出，支持医疗卫生机构与国内外高校、科研院所（含新型研发机构）、高新技术企业共建联合实验室等协同创新基地，鼓励社会资本积极参与基地建设，融合技术、平台、资金和人才等产业发展要素，围绕药物和医疗器械研发中的关键共性问题开展联合攻关，提升全市创新药物和医疗器械试剂研发和产业化能力。

近年来，公司积极发挥自身企业优势，积极响应国家医疗器械发展战略，精准把握时机，进一步促进医疗器械研发与生产单位的分工合作，优化生产资源配置，加快科研成果转化和创新医疗器械，搭建起来技术创新、研发支撑和战略研究平台，利用平台为各种创新要素、资源密切联系和汇融创造良好的条件，组织业内优势企业与科研院所、医疗单位共同对关键技术、零配件和重大产品国产化实施攻关。

2. 行业生产总值增长率

2016～2019 年行业生产总值增长率情况如表 9 – 11 所示。

表 9 – 11　　　　　**2016～2019 年行业生产总值增长率**　　　　单位：%

指标	2016 年	2017 年	2018 年	2019 年
行业生产总值增长率	13.55	10.63	11.34	8.24

3. 行业销售收入增长率

2017～2020 年行业销售收入增长率情况如表 9 – 12 所示。

表 9 – 12　　　　　**2017～2020 年行业销售收入增长率**　　　　单位：%

指标	2017 年	2018 年	2019 年	2020 年
行业销售收入增长率	31.31	14.93	13.87	41.84

（二）企业素质

1. 高管的学历

截至 2020 年底，公司董事会、监事及其他高级管理人员学历情况如下：

公司共设 9 名董事，其中 3 名独立董事。学历情况分布为：学士学位 1 名，硕士学位 1 名，博士学位 7 名。公设 3 名监事，其中学士学位 1 名，硕士学位 2 名。高级管理人员共 7 名，其中，学士学位 2 名，硕士学位 4 名，博士学位 1 名。

2. 从政经历

公司的董事长从未在政府相关部门任职。

3. 实际控制人信用

公司的实际控制人未受到监管处罚、未被列为失信被执行人、没有信用违约、没有违法违纪等。

4. 高新技术企业认证

公司于 2020 年 12 月 2 日获得高新技术企业认证，截止日为 2023 年 12 月 2 日。

（三）经营管理

1. 企业规模（营业总收入）

公司 2016～2020 年的营业总收入情况如表 9 – 13 所示。

表 9 – 13　　　　　　　　　2016～2020 年乐普医疗营业总收入　　　　　　　　　单位：元

指标	2016 年	2017 年	2018 年	2019 年	2020 年
营业总收入	3 467 748 233.68	4 537 642 656.24	6 356 304 792.21	7 795 529 386.34	8 038 667 540.97

乐普医疗近五年的营业总收入持续走高，其中很大一部分来自医疗器械板块，公司自产耗材产品主要包括支架系统、封堵器、起搏器及外科器械等高值耗材产品；基层医院介入诊疗及心血管科室合作业务，公司新增 30 余家县级医院合作介入导管治疗室；体外诊断产品，医疗产品代理配送业务。在药品方面，公司持续推进"医疗机构 + 药店 OTC + 第三终端"的药品营销网络建设工作，这些主流业务助力了乐普医疗营收持续走高，且显著高于行业平均水平。

2. 市场地位

公司以及行业 2016～2020 年的营业收入与市场占有率情况如表 9 – 14 所示。

表 9 - 14　　　　2016～2020 年乐普医疗及行业营业收入与市场占有率

指标	2016 年	2017 年	2018 年	2019 年	2020 年
营业收入（万元）	346 774.82	453 764.27	635 630.48	779 552.94	803 866.75
行业营业收入（万元）	6 911 858.76	9 075 904.23	10 431 308.61	11 877 666.99	16 847 083.74
市场占有率（%）	5.02	5.00	6.09	6.56	4.77

2016～2020 年，医疗保健行业并购行为时有发生，在政府支持、资本大力推动的情况下，医疗保健行业整体营业收入持续、大幅度上涨。公司在整个市场的占有率方面，2016～2019 年小幅度上升，基本稳定，在 2020 年出现大幅下降的情况，这与医疗保健行业的快速发展以及乐普医疗在发展新型医疗业态有关。

3. 应收账款周转率

公司 2016～2020 年应收账款周转率如表 9 - 15 所示。

表 9 - 15　　　　2016～2020 年乐普医疗应收账款周转率

指标	2016 年	2017 年	2018 年	2019 年	2020 年
应收账款周转率	2.8874	3.1827	3.5295	3.7695	3.7678

2016～2020 年，公司的应收账款周转率逐年下降。应收账款周转率下降说明公司回款速度降低，稳定性降低，坏账损失高，资产的流动性低。公司需要的自有资金就越多，资金成本也就越高，资金风险也越高。这个可能与医疗保健行业的产业性质有关。

4. 存货周转率

公司 2016～2020 年存货周转率如表 9 - 16 所示。

表 9 - 16　　　　2016～2020 年乐普医疗存货周转率

指标	2016 年	2017 年	2018 年	2019 年	2020 年
存货周转率	2.4785	2.3297	2.3282	2.4186	2.1855

2016～2020 年，乐普医疗存货周转率趋于稳定。存货周转速度越快，

存货的占用水平就越低，流动性越强，存货转化为现金或应收账款的速度越快，说明企业的销售比较顺畅。

5. 成本费用利润率

公司 2016～2020 年成本费用利润率如表 9－17 所示。

表 9－17	2016～2020 年乐普医疗成本费用利润率				单位：%
指标	2016 年	2017 年	2018 年	2019 年	2020 年
成本费用利润率	34.6034	35.8181	33.1185	38.9369	40.3805

2016～2020 年，公司的成本费用率有所上涨，表明企业为获得收益所付出的代价有所下降，利润会有所上升，反映出企业拥有较好的经济效益。

二、财务风险评级要素

（一）盈利能力

1. EBITDA 利润率

公司 2016～2020 年 EBITDA 利润率如表 9－18 所示。

表 9－18	2016～2020 年乐普医疗 EBITDA 利润率				单位：%
指标	2016 年	2017 年	2018 年	2019 年	2020 年
EBITDA 利润率	32.56	33.22	30.97	34.19	35.73

近年来，乐普医疗 EBITDA 利润率逐年增长，表明企业对存续期内债券保障能力较强，经营业绩较好。

2. 主营业务净利润率

公司 2016～2020 年主营业务净利润率如表 9－19 所示。

表 9－19	2016～2020 年乐普医疗主营业务净利润率				单位：%
指标	2016 年	2017 年	2018 年	2019 年	2020 年
主营业务净利润率	21.53	21.89	19.74	22.11	23.35

2016～2020 年，乐普医疗的主营业务净利率，总体上有所上涨，该指标增长的原因主要为企业的近期利润存在大幅度上涨，利润分别为：

74 670. 80 万元、99 367. 99 万元、125 487. 39 万元、172 379. 17 万元、187 707. 86 万元。而在此期间,乐普医疗的营业收入相对稳定,表明公司作为一家上市公司,其业绩在近年来明显变好,利润水平有所提高。

3. 净资产收益率

公司 2016～2020 年净资产收益率如表 9－20 所示。

表 9－20　　　　　　　**2016～2020 年乐普医疗净资产收益率**　　　　单位:%

指标	2016 年	2017 年	2018 年	2019 年	2020 年
净资产收益率	13. 14	15. 03	19. 05	24. 92	20. 76

2016～2020 年,乐普医疗的净资产收益率整体呈现上涨趋势。分析期内,乐普医疗的净利润涨幅明显,且乐普医疗近年来股东权益较为稳定。具体分析,能够发现,2020 年净资产收益率一定幅度下降是因为企业负债规模扩大,导致净资产收益率有所下降。

4. 现金收入比

公司 2016～2020 年现金收入比情况如表 9－21 所示。

表 9－21　　　　　　　**2016～2020 年乐普医疗现金收入比**　　　　单位:%

指标	2016 年	2017 年	2018 年	2019 年	2020 年
现金收入比	19. 95	20. 12	23. 68	25. 53	25. 99

2016～2020 年,现金收入比例逐年上升,源于企业加大了应收账款的收回力度和严格控制新项目回款等,表明了乐普医疗经营质量有所提升。但是该比率一直小于 1,说明还有部分收入没有收回。

(二) 创新能力

1. 研发机构的设置

乐普医疗器械有限公司共有 5 家全资子公司,搭建起一整套的科学研发平台。其中北京乐普医疗科技有限责任公司拥有诊断试剂的专业研发团队,已建立胶体金免疫层析技术平台、荧光微球免疫层析定量技术平台、化学发光技术平台、血栓弹力图检测技术平台、基因分子诊断技术平台等产品开发平台；已获得 10 余项国家专利和 20 余项产品注册证。公司拥有符合 GMP 要求的万级洁净生产车间，并已通过 EN ISO 9001：2008/EN ISO 13485：2003 + AC：2009 质量体系认证；多项产品获得欧盟 CE 认证。

2. 研发人员的素质

公司 2020 年员工人数为 9 388 人，技术人员 2 654 人，一直以来，公司坚持"以人为本"，建立了一整套引进、培养、使用、激励专业人才的管理机制。公司追求团队的专业化和国际化，通过全球的研发中心吸引当地优质的技术人才，不断引进市场高端人才，建立起了从优秀应届毕业生到资深海内外行业专家的多层次、多样性的人才队伍。同时，公司建立了完善的任职资格管理体系，为员工的职业发展提供通道，并配套完善的培训机制，促进和推动员工的能力提升，充分激发员工的主观能动性，为公司的长期可持续发展奠定了坚实的基础。

3. 研发经费的投入

公司 2016～2020 年研发投入情况如表 9－22 所示。

表 9－22　　　　2016～2020 年乐普医疗研发投入情况

指标	2016 年	2017 年	2018 年	2019 年	2020 年
研发人员数量（人）	1 035	1 251	1 769	2 005	2 338
研发人员占比（%）	18.93	19.81	23.01	22.48	24.90
研发投入金额（万元）	22 504.83	28 915.73	47 178.32	63 083.65	80 555.21
研发投入占营业收入比例（%）	6.49	6.37	7.42	8.09	10.02
研发投入占总资产比例（%）	2.37	2.26	3.12	3.96	4.44

4. 研发成果的水平

乐普医疗专利总数为 1 013 项，其中，有效专利总数为 692 项。在专利类型方面，发明专利占 40.97%。从年度趋势分析，乐普医疗近五年获得授权的专利数呈现下降的趋势，尤其是 2020 年下降幅度明显（见表 9－23）。然而，对比表 9－22 研发投入、研发人员逐年增加的趋势，表明近年来乐普医疗研发产出效率显著降低。

表 9 - 23   2016 ~ 2020 年乐普医疗研发成果

指标	2016 年	2017 年	2018 年	2019 年	2020 年
申请专利数	129	112	124	126	93
已取得授权的专利	117	86	70	77	43

(三) 偿债能力

1. 流动比率

公司 2016 ~ 2020 年流动比率如表 9 - 24 所示。

表 9 - 24   2016 ~ 2020 年乐普医疗流动比率

指标	2016 年	2017 年	2018 年	2019 年	2020 年
流动比率	2.04	1.60	1.13	1.10	1.73

2016 ~ 2019 年,乐普医疗的流动比率呈下降趋势,2020 年流动比率有所提升。此外,流动比率低于一般情况下的正常值 2。究其原因,主要源于其流动资产的增长率明显小于流动负债的增长比率。2018 ~ 2020 年,流动资产增长比率为 24.51%、10.61%、-1.25%,流动负债的增长比率为 58.04%、0.81%、-5.84%。其中 2020 年流动资产降低 1.25%,流动负债降低 5.84%,从而造成 2019 ~ 2020 年流动比率的提高。企业随着规模的不断扩大,其债务规模持续增长,使得公司的短期偿债压力较大。

2. 速动比率

2016 ~ 2020 年乐普医疗速动比率如表 9 - 25 所示。

表 9 - 25   2016 ~ 2020 年乐普医疗速动比率

指标	2016 年	2017 年	2018 年	2019 年	2020 年
速动比率	1.75	1.39	0.97	0.91	1.07

2016 ~ 2019 年,乐普医疗的速动比率呈现下降趋势,2020 年速动比率有所上升。2020 年超过了一般情况下的正常数值 1,进一步表明企业短期债务不断增加,债务负担比较重。

3. 利息保障倍数

公司 2016 ~ 2020 年利息保障倍数如表 9 - 26 所示。

表 9 - 26　　　　　　　　　　2016～2020 年乐普医疗利息保障倍数

指标	2016 年	2017 年	2018 年	2019 年	2020 年
利息保障倍数	15. 28	15. 56	6. 68	6. 50	8. 43

　　乐普医疗的利息保障倍数经历了一个下降到恢复的过程，2018 年，利息保障倍数下降了 51%，此后逐渐增加，意味着偿债能力不断增强。

4. 债务保障倍数

　　公司 2016～2020 年债务保障倍数如表 9 - 27 所示。

表 9 - 27　　　　　　　　　　2016～2020 年乐普医疗债务保障倍数

指标	2016 年	2017 年	2018 年	2019 年	2020 年
债务保障倍数	1. 72	1. 22	0. 77	1. 01	1. 38

　　2016～2020 年，乐普医疗的债务保障倍数总体来说都比 1 大，说明企业具有偿债能力，在 2016～2018 年有大幅下降的趋势，根本原因是企业的总负债急剧上涨，近五年的总负债分别为 348 712.32 万元、576 347.14 万元、852 523.99 万元、792 134.21 万元、761 943.86 万元。

（四）发展前景

1. 营业收入增长率

　　公司 2016～2020 年营业收入增长率如表 9 - 28 所示。

表 9 - 28　　　　　　　2016～2020 年乐普医疗营业收入增长率　　　　　单位：%

指标	2016 年	2017 年	2018 年	2019 年	2020 年
营业收入增长率	25. 24	30. 85	40. 07	22. 64	3. 12

2. 资产增长率

　　选择公司的轻资产增长率还是总资产增长率，需要根据以下步骤进行判断。

　　第一步，判断是否轻资产运营模式，若企业同时符合以下两个条件则可视为该企业该年度是轻资产运营模式：（1）固定资产占比，也就是固定资产与资产总额的比值，在所处行业中排名最后的 5%。（2）销售费用占比（销售费用与销售收入的比值）在所处行业中排名最前的5%。

第二步，如果是轻资产运营，则用轻资产增长率衡量。

通过计算分析，乐普医疗2020年固定资产占比为11.45%，在行业69家企业中排名第36名。同时，公司2020年销售费用占比为22.87%，在行业69家企业中排名第14名。不符合轻资产运营模型的判断条件，因此采用公司的总资产增长率进行分析。

公司2016~2020年总资产增长率如表9-29所示。

表9-29　　　　　　　2016~2020年乐普医疗总资产增长率　　　　单位：%

指标	2016年	2017年	2018年	2019年	2020年
总资产增长率	22.90	34.63	18.15	5.37	14.00

三、其他要素

（一）股东支持

公司的控股股东与实际控制人均为蒲忠杰。公司与实际控制人之间的产权及控制关系的方框图如图9-1所示。

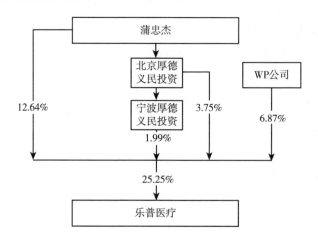

图9-1　乐普医疗股权结构

公司持股5%以上的股东或前10名股东持股情况如表9-30所示。

表 9 – 30   乐普医疗股东持股情况

股东名称	股东性质	持股比例（%）
中国船舶重工集团公司第七二五研究所 （洛阳船舶材料研究所）	其他	13.52
蒲忠杰	个人	12.64
WP 医疗技术有限公司	其他	6.87
北京厚德义民投资管理有限公司	投资公司	3.75
香港中央结算有限公司	其他	3.58
宁波厚德义民投资管理有限公司	投资公司	1.99
中央汇金资产管理有限责任公司	其他	1.05
熊晴川	个人	0.80
乐普（北京）医疗器械股份有限公司 回购证券专用账户	其他	0.69
科威特政府投资局	QFII	0.67

（二）政府支持

1. 支持企业发展资金

因从事国家鼓励和扶持特定行业、产业而获得的补助（按国家级政策规定依法取得），由项目城市市政府发放 5 982.21 万元。

2. 贷款优惠政策

2020 年 2 月 1 日中国人民银行总行印发《关于发放专项再贷款支持防控新型冠状病毒感染的肺炎疫情有关事项的通知》，国家通过专项再贷款向定点银行提供低成本资金，支持金融机构向直接参与防疫的重点医用物品和生活物资的生产、运输和销售的重点企业，提供优惠利率信贷支持。乐普医疗生产的额温枪、血氧仪、制氧机等十余种医疗器械产品和左西孟旦注射液等药品，均是防控新冠肺炎所需要的医用物品。为享受上述贷款优惠政策，支持乐普医疗稳健快速发展，公司向北京中关村银行申请授信额度不超过 2 亿元。

（三）是否存在经营异常

截至 2020 年底，乐普医疗存在 10 项诉讼案件，但未发生重大诉讼和重大监管处罚事项。

第三节 乐普医疗信用评级结果

本书应用前面章节所述及的京津冀高科技中小企业信用评级体系中的大样本主成分法与专家打分层次分析法综合权重，对乐普医疗的信用进行了评估，其中，根据定量指标分值计算公式，定量指标的评分结果如表 9-31 所示。除表中列示的定量指标外，剩余指标均为定性指标，其评分依据主要为前文中所述的企业实际情况。最终得分为 215.2 分，具体评分结果如表 9-32 所示。同时按照前文中评级模型结果级别映射表，将评级模型结果进行折算，乐普医疗的评分为 13.15 分，评级为 AAA 级。

表 9-31　　　　　　　　　　　定量指标评分情况

指标	行业指标最佳值	行业指标平均值	指标实际值	指标分值
企业规模（营业总收入）C8（元）	2 645 382 000.00	2 441 631 244.69	8 038 667 540.97	1 638.50
市场地位 C9（%）	1.58	1.49	4.77	1 593.14
应收账款周转率 C10（次）	16.30	11.01	3.77	5.20
存货周转率 C11（次）	5.91	7.79	2.19	179.31
成本费用利润率 C12（%）	62.83	45.24	40.38	48.95
EBITDA 利润率 C13（%）	43.42	28.93	35.73	78.77
主营业务净利润率 C14（%）	31.67	21.65	23.35	66.79
净资产收益率 C15（%）	28.12	22.42	20.76	48.39
现金收入比 C16	0.4219	0.2763	0.2600	55.51
研发经费的投入 C19（%）	4.85	3.70	4.44	85.65
流动比率 C21	7.77	5.04	1.37	6.10
速动比率 C22	7.15	4.48	1.07	8.90
利息保障倍数 C23	22.92	-108.09	8.43	95.58
债务保障倍数 C24	7.61	5.09	1.38	1.17
营业收入增长率 C25（%）	50.03	46.71	3.12	-464.74
资产增长率 C26（%）	56.85	49.15	14.01	-122.57

表 9－32			乐普医疗信用评级得分		
准则层	子准则层	指标层	最终权重	评分	得分
A1	B1	C1	0.0715	100.00	7.15
		C2	0.0238	100.00	2.03
		C3	0.0715	100.00	6.79
	B2	C4	0.0178	100.00	1.70
		C5	0.0178	100.00	0.36
		C6	0.0874	100.00	8.74
		C7	0.0437	100.00	4.37
	B3	C8	0.0228	1 638.50	37.38
		C9	0.1262	1 593.14	210.10
		C10	0.0631	5.20	0.33
		C11	0.0582	179.31	10.44
		C12	0.0631	48.95	3.09
A2	B4	C13	0.0132	78.77	1.04
		C14	0.0132	66.79	0.88
		C15	0.0066	48.39	0.32
		C16	0.0132	55.51	0.73
	B5	C17	0.0045	100.00	0.45
		C18	0.0045	100.00	0.45
		C19	0.0134	85.65	1.15
		C20	0.0134	100.00	1.34
	B6	C21	0.0098	6.10	0.06
		C22	0.0098	8.90	0.09
		C23	0.0196	95.58	1.87
		C24	0.0098	1.17	0.01
	B7	C25	0.1516	－464.74	－70.45
		C26	0.0505	－122.57	－6.19
合计			1		215.20

信用评级结论为：乐普（北京）医疗器械股份有限公司信用评级为AAA级。原因在于，本书认为乐普医疗在医疗器械以及药品业务方面营业收入持续走高，且显著高于行业平均水平，乐普医疗作为国内规模最大的

也是唯一拥有多种技术特点药物支架产品的制造企业和亚洲最大的人工心脏瓣膜制造企业，由于其处于行业的领先地位，导致其在营业收入不断提高的情况下，其营业收入增长率低于行业平均值，但这并不影响乐普医疗各方面处于行业的领先地位。经过将近20年的发展，大规模的外延式扩张已经逐步在减少，取而代之的是内部创新的比重在逐步强化，乐普医疗的专利总数为1 013项，在行业遥遥领先，行业平均专利数只有169项，该公司产品已经发展到生物可吸收医疗器械和人工AI智能医疗器械水平，将强有力地支撑公司未来的发展。而且乐普医疗的成本费用利润率处于不断增加的态势，表明乐普医疗的经济效益越来越好。因此，本书将乐普医疗的信用评级评为最高级AAA级，高于评级机构中诚信国际信用评级有限责任公司给出的2021年债券评级AA+级。

本章小结

本章选取深交所创业板医疗保健设备与服务行业上市公司乐普（北京）医疗器械股份有限公司为案例。研究发现，在"十四五"规划"健康中国"重要战略引领下，"加强高端医疗器械创新能力建设，推进医疗器械国产化"成为"健康中国2030规划纲要"的重要任务。《北京市"十四五"时期高精尖产业发展规划》也将"提升全市创新药物和医疗器械试剂研发和产业化能力"作为重要目标。乐普医业务涵盖医疗器械、医药产品、医疗服务和新型医疗业态四大板块，迎来了重要发展机遇。我们应用第七章所设计的京津冀高科技中小企业信用评级体系对其进行评级。评级结果为215.2分，换算成评级分数为13.15分，评级为AAA级。理由是营业收入显著高于行业平均水平、专利数也是行业平均水平的6倍，且其产品已经进入生物可吸收医疗器械和人工AI智能医疗器械时代，遥遥领先于行业平均水平。因此，本书将乐普医疗的信用评级评为最高级AAA级，高于评级机构中诚信国际信用评级有限责任公司给出的2021年债券评级AA+级。

第十章 ▶

结论、建议与展望

第一节 结 论

现有文献都是根据债券信用评级进行的研究，鲜少涉及对企业总体进行的信用评级，缺乏针对中小企业，尤其是高科技中小企业信用评级的研究。国内外主要信用评级机构大多采用单一信用评级体系，尚未制定针对高科技中小企业的信用评级体系。在此背景下，本书构建了京津冀高科技中小企业信用评级体系。

本书得出以下结论。

第一，通过实证研究发现，从总体来看，在控制资本结构的影响因素后，信用评级及其变动会影响公司资本结构的动态调整。信用评级越高，公司资本结构调整速度越快，在同等条件下能够更快地向目标资本结构进行调整；当信用等级发生变动时，也会对资本结构的调整造成影响。具体表现为当信用等级提高时，公司的资本结构调整会加快。在负债不足的公司中，信用评级对资本结构调整影响程度更大，信用评级变动对资本结构调整的影响只在负债不足时显著。在国有企业中，信用评级对资本结构调整的影响更大；信用评级变动对资本结构调整的影响仅在国有企业中显著。由此表明，民营企业信用评级尚未对其融资能力发挥显著导向作用，可能表明，金融机构在对民营企业，尤其是民营中小企业信用评级时可能存在歧视与不合理。

第二，通过研究京津冀地区高科技中小企业的发展现状、商业模式、经营风险、融资需求与融资方式，发现京津冀地区高科技中小企业发展各有特色，且彼此协作创新，一方面可以解决北京地区科技型企业的空间资源紧张的问题，有利于促进科技成果落到实处；另一方面也可以有效发挥北京地区的创新带头作用，资源共享，带动河北和天津的科技型中小企业发展。北京和天津地区市场化、法治化水平高，北京市是全国教育中心、科技中心，并且辐射河北。京津冀高科技中小企业依靠地缘优势，拥有技术创新和人才优势，发展条件得天独厚。京津冀高科技中小企业主要采取电商平台模式、智能商业消费体验模式等新兴商业模式，偏好内源融资与股权融资方式，因其信用评级不高，导致很难获得银行贷款。这些地区政府都为扶持中小企业的发展制定了优惠的信贷政策，尤其是在新冠肺炎疫情期间，信贷政策有效帮助了京津冀地区高科技中小企业摆脱困境，实现持续生存与发展。

第三，通过研究标准普尔、穆迪、东方金诚、中诚信、大公国际等国内外主要信用评级机构采用的信用评级体系，发现其大多采用单一信用评级体系，尚未制定针对高科技中小企业的信用评级体系，可能导致对该类企业信用评级过低。本书在充分借鉴现有金融机构采用的通用信用评级体系的基础之上，充分考虑了高科技中小企业重视研发投入、抵押品少等特点，根据高层梯队理论、产品/技术创新理论、国家干预理论与福利经济学等，设计了适用于高科技中小企业的信用评级指标体系，综合运用考虑大样本主成分分析法与专家打分层次分析法赋权，构建了针对高科技中小企业的信用评级体系。通过多元回归分析，证明了定量指标在解释财务风险的统计显著性；通过信度与效度检验，证明了该高科技中小企业信用评级体系的科学性；通过采用主客观综合赋权法，克服了单一客观赋权法和主观赋权法的缺陷，具有合理性；通过研究京津冀高科技中小企业信用评级体系在北京易华录信息技术股份有限公司及乐普（北京）医疗器械股份有限公司的应用，进一步验证了该信用评级体系的可行性。而且，由于本信用评级体系纳入了创新能力等评级要素，对研发能力出众的公司，如乐普医疗，给出了高于现行评级机构的评级，有利于其更好实现融资。

第二节　建　议

一、政府应从引导改进信用评级角度帮助高科技中小企业纾困

虽然为了实现国家创新驱动发展战略，支持高科技中小企业发展，新冠肺炎疫情以前，我国出台了一系列配套政策：一是中小企业促进办法，如《促进中小企业发展规划（2016—2020 年）》《中华人民共和国中小企业促进法》；二是减税措施，如《关于提高科技型中小企业研究开发费用税前加计扣除比例有关问题的公告》、2018 年 4 月国务院发布 7 项减税措施；三是信贷措施，如《关于进一步加大对科技型中小企业信贷支持的指导意见》、2015 年河北省发布的《财政支持科技型中小企业创新发展十项措施》。这些政策的出台有力地支持了中小企业的孵化和成长。但是，面对突如其来的新冠肺炎疫情，还需要力度更大的暂时性帮扶政策帮助中小企业纾困。2020 年 1 月至 2 月，国务院及各部委为了帮助中小微企业应对疫情的困难，也及时出台了一系列政策（见附录 C）。2020 年 2 月，京津冀地区也出台了一系列应对新冠肺炎疫情的地方性中小企业扶持政策，如《北京市人民政府办公厅关于应对新型冠状病毒感染的肺炎疫情影响促进中小微企业持续健康发展的若干措施》等。从上述政策中，我们可以看出国家层面和地方层面在帮扶中小企业应对疫情冲击上，主要是通过减免税费、增加补贴、加大金融支持、稳定就业、加强培训等几大方面政策来实现的。其中，关于金融支持政策，国家层面和地方层面都提出了加大对中小微企业的信贷支持力度，如全国工商联提出"推出纯信用、无需担保或抵押的'无接触贷款'方案"，京津冀地区在新冠肺炎疫情期间也提出了很多关于"加强创新型中小微企业融资服务"的有力举措。这些政策在2020～2021 年中国中小企业摆脱资金压力、迅速恢复经营方面发挥了重要作用。但是，上述政策毕竟是新冠肺炎疫情期间的暂时特殊政策，并非长久之计。为了在保证高科技中小企业信贷支持与控制金融机构的金融风险

之间找到平衡，在政府引导下，鼓励金融机构、信用评级机构在现有通用性信用评级体系的基础之上，针对高科技中小企业高智力投入、高资金投入、高风险性和高收益性、无形资产比重高、时效性强等特点，设计适用性较强的高科技中小企业信用评级体系是更可行的长效机制。

二、金融机构应积极探索构建高科技中小企业信用评级体系

高科技中小企业最大的困难就是缺乏可供抵押的不动产，其最重要的资产往往是其人力资本、技术专利等，而这些资产都不具备可抵押性。此外，中小企业的资产还可能具有专业性，即只有该企业才能够使用，或者只有该企业的技术人员才会操作，导致抵押价值大大缩水，需要补充抵押物，才能够借到足够多的钱。加之中小企业的经营风险更高，导致其信用评级有限，贷款利率较高。这些因素都导致了中小企业面临较为严重的债务融资约束。面对重大突发公共卫生事件的冲击，相比不存在融资约束的企业，存在融资约束的中小企业流动性更差，因而会导致其生存更加困难。本书通过实证分析，证明民营企业信用评级尚未对其融资能力发挥显著导向作用，表明金融机构在对民营企业，尤其是民营中小企业信用评级时可能存在歧视与不合理。同时，通过梳理现有主要信用评级机构的评级体系，发现尚未制定针对高科技中小企业的信用体系，其现有信用评级体系的不适应性可能会导致低估高科技中小企业的信用等级。虽然，国家制定政策倡导金融机构在新冠肺炎疫情期间积极为中小微企业提供贷款业务，给予贷款利息优惠（见附录C），如中国银行提出了"因防控疫情造成的贷款逾期不计入违约"的创新信用政策，但是，在市场经济背景下，要控制金融风险并实现盈利目标，金融机构如果不改变现有通用信用评级体系，则从长久看，金融机构仍然缺乏动机和理由向高科技中小企业提供贷款。因此，要从根本上改变高科技中小企业贷款难问题，金融机构应该改变其单一信用评级体系的现状，寻求创建多层次信用评级体系。本书认为，多层次信用评级体系的多层次应该体现在企业规模差异以及行业差异的针对性上，在指标设计与权重赋值上应该考虑规模差异与行业特征等方面的影响。其中，针对高科技中小企业的信用评级体系，建议在指标设计

上增加研发创新方面的指标，在指标权重上，降低抵押物的权重，本书能够为其设计高科技中小企业信用评级体系提供借鉴和参考。

三、高科技中小企业应提高信息透明度

理论上，我国中小企业难以获得债务融资，主要是由于存在信息不对称问题。韦德克（Wdker，1995）发现上市公司的信息不对称程度与信息披露质量显著负相关。钱龙（2015）指出信贷市场逆向选择和道德风险行为，加剧信贷风险并导致信贷配给问题。故会计信息质量可以显著降低融资成本。鲍尔和施瓦－库玛（Ball & Shiva-kumar，2005）进一步研究指出会计稳健性主要通过两种途径缓解管理层和债权人的代理冲突：一是对公司净资产低估的倾向，二是促使管理层对不利信息的及时确认，这两种作用抑制了管理层通过资产替代等方式将债权人部分利益转移给股东的做法。实务中，由于高科技中小企业的信息一般较为不透明度，银行在对他们征信调查或者贷款管理时所需的付出较高等问题，不愿向其投放贷款。在金融机构改进信用评级体系的同时，高科技中小企业也应做出努力改变现状，例如，采取相对稳健的会计政策，积极配合外部信用评级检查，提高信息公开透明度，促进信息交换，从而减少信息不对称（高柳娜，2020）。再如，在申请贷款或申请进行信用评级时，高科技中小企业应当主动提供真实的信用相关背景资料与数据，一旦发生了可能影响信用的事件或事项，应当及时向金融机构或信用评级机构提供风险提示，以保护债权人以及其他利益相关者的合法权益。

 第三节　展　望

根据问卷调查第12题（见附录B），被调查者给出了一些本书构建的信用评级体系尚未涵盖的影响高科技中小企业信用评级体系的重要因素，对于完善本体系具有重要参考价值，如科技成果转化率、ESG等，我们可以在未来进一步讨论上述因素的定义与量化问题。

附录 A

高科技中小企业信用评级体系
建设研究调查问卷

　　您好！此次问卷针对 2018 年北京市社会科学基金项目"京津冀高科技中小企业信用评级体系构建及应用效果研究"（主持人：刘婷），为了确定高科技中小企业信用评级各指标的权重，运用了层次分析法，现邀请您对各指标的重要程度进行打分。感谢您的热心帮助和辛劳付出！

　　打分标准：按指标对评分角度的重要程度进行打分，从 1 至 9 重要程度依次增加。

　　1. 您的身份是（　　　）。

　　A. 高校教师　　　B. 银行工作人员　　　C. 券商　　　D. 企业高层

　　E. 企业中层

　　2. 从高科技中小企业信用评级角度，您认为以下指标的重要程度是：

指标	1	2	3	4	5	6	7	8	9
经营风险评级要素	○	○	○	○	○	○	○	○	○
财务风险评级要素	○	○	○	○	○	○	○	○	○

　　3. 从经营风险评级要素角度，您认为以下指标的重要程度是：

指标	1	2	3	4	5	6	7	8	9
行业状况	○	○	○	○	○	○	○	○	○
企业素质	○	○	○	○	○	○	○	○	○
经营管理	○	○	○	○	○	○	○	○	○

4. 从财务风险评级要素角度，您认为以下指标的重要程度是：

指标	1	2	3	4	5	6	7	8	9
盈利能力	○	○	○	○	○	○	○	○	○
创新能力	○	○	○	○	○	○	○	○	○
偿债能力	○	○	○	○	○	○	○	○	○
发展前景	○	○	○	○	○	○	○	○	○

5. 从行业状况角度，您认为以下指标的重要程度是：

指标	1	2	3	4	5	6	7	8	9
产业政策	○	○	○	○	○	○	○	○	○
行业 GDP 增长率	○	○	○	○	○	○	○	○	○
行业销售收入增长率	○	○	○	○	○	○	○	○	○

6. 从企业素质角度，您认为以下指标的重要程度是：

指标	1	2	3	4	5	6	7	8	9
高管的学历	○	○	○	○	○	○	○	○	○
董事长/CEO 的从政经历	○	○	○	○	○	○	○	○	○
实际控制人信用	○	○	○	○	○	○	○	○	○
高新技术企业认证	○	○	○	○	○	○	○	○	○

7. 从经营管理角度，您认为以下指标的重要程度是：

指标	1	2	3	4	5	6	7	8	9
企业规模	○	○	○	○	○	○	○	○	○
市场地位（市场占有率）	○	○	○	○	○	○	○	○	○
应收账款周转率	○	○	○	○	○	○	○	○	○
存货周转率	○	○	○	○	○	○	○	○	○
成本费用利润率（利润总额/成本费用总额）	○	○	○	○	○	○	○	○	○

8. 从盈利能力角度，您认为以下指标的重要程度是：

指标	1	2	3	4	5	6	7	8	9
EBITDA 利润率（EBITDA/营业总收入）	○	○	○	○	○	○	○	○	○
主营业务净利润率	○	○	○	○	○	○	○	○	○
净资产收益率	○	○	○	○	○	○	○	○	○
现金收入比	○	○	○	○	○	○	○	○	○

9. 从创新能力角度，您认为以下指标的重要程度是：

指标	1	2	3	4	5	6	7	8	9
研发机构的设置	○	○	○	○	○	○	○	○	○
研发人员占比	○	○	○	○	○	○	○	○	○
研发经费的投入	○	○	○	○	○	○	○	○	○
研发成果的水平（专利数量）	○	○	○	○	○	○	○	○	○

10. 从偿债能力角度，您认为以下指标的重要程度是：

指标	1	2	3	4	5	6	7	8	9
流动比率	○	○	○	○	○	○	○	○	○
速动比率	○	○	○	○	○	○	○	○	○
利息保障倍数（EBITDA/利息费用）	○	○	○	○	○	○	○	○	○
债务保障倍数（所有者权益总额/总负债）	○	○	○	○	○	○	○	○	○

11. 从发展前景角度，您认为以下指标的重要程度是：

指标	1	2	3	4	5	6	7	8	9
营业收入增长率	○	○	○	○	○	○	○	○	○
资产增长率（轻资产运营模式该指标等价于轻资产增长率；非轻资产运营模式则等价于总资产增长率）	○	○	○	○	○	○	○	○	○

12. 请问您觉得除了上述因素之外，还有什么因素是影响高科技中小企业信用评级的重要因素？

_____

_____

非常感谢您能在百忙之中抽出时间帮助我们调查工作的进行，对于您所提供的协助，我们再次表示诚挚的感谢！祝您生活愉快！

附录 B

高科技中小企业信用评级体系建设研究调查问卷结果统计

附表 1 ~ 附表 11 分别为问卷第 1 ~ 第 11 题的结果统计情况。

附表 1　　　　　　　　　　调研对象身份统计结果

选项	合计（人）	比例（%）
高校教师	58	37.66
银行工作人员	13	8.44
券商	8	5.19
企业高层	26	16.88
企业中层	49	31.82
本题有效填写人次	154	100.00

附表 2　　　　　　高科技中小企业信用评级重要程度打分情况

选项	1	2	3	4	5	6	7	8	9
经营风险评级要素	0 (0%)	0 (0%)	1 (0.65%)	0 (0%)	10 (6.49%)	18 (11.69%)	18 (11.69%)	42 (27.27%)	65 (42.21%)
财务风险评级要素	2 (1.30%)	1 (0.65%)	2 (1.30%)	3 (1.95%)	13 (8.44%)	21 (13.64%)	26 (16.88%)	28 (18.18%)	58 (37.66%)

附表 3　　　　　　　经营风险评级要素重要程度打分情况

选项	1	2	3	4	5	6	7	8	9
行业状况	0 (0%)	1 (0.65%)	0 (0%)	3 (1.95%)	13 (8.44%)	18 (11.69%)	37 (24.03%)	39 (25.32%)	43 (27.92%)
企业素质	1 (0.65%)	0 (0%)	0 (0%)	2 (1.30%)	8 (5.19%)	24 (15.58%)	32 (20.78%)	39 (25.32%)	48 (31.17%)
经营管理	1 (0.65%)	1 (0.65%)	0 (0%)	1 (0.65%)	7 (4.55%)	9 (5.84%)	30 (19.48%)	48 (31.17%)	57 (37.01%)

附表4　　　　　　　　　　财务风险评级要素重要程度打分情况

选项	1	2	3	4	5	6	7	8	9
盈利能力	2 (1.30%)	1 (0.65%)	3 (1.95%)	4 (2.60%)	16 (10.39%)	20 (12.99%)	26 (16.88%)	34 (22.08%)	48 (31.17%)
创新能力	2 (1.30%)	0 (0%)	3 (1.95%)	4 (2.60%)	16 (10.39%)	15 (9.74%)	25 (16.23%)	41 (26.62%)	48 (31.17%)
偿债能力	2 (1.30%)	0 (0%)	3 (1.95%)	4 (2.60%)	20 (12.99%)	15 (9.74%)	38 (24.68%)	21 (13.64%)	51 (33.12%)
发展前景	0 (0%)	0 (0%)	2 (1.30%)	1 (0.65%)	9 (5.84%)	9 (5.84%)	31 (20.13%)	47 (30.52%)	55 (35.71%)

附表5　　　　　　　　　　行业状况重要程度打分情况

选项	1	2	3	4	5	6	7	8	9
产业政策	1 (0.65%)	1 (0.65%)	1 (0.65%)	1 (0.65%)	11 (7.14%)	16 (10.39%)	30 (19.48%)	48 (31.17%)	45 (29.22%)
行业GDP增长率	1 (0.65%)	1 (0.65%)	1 (0.65%)	5 (3.25%)	18 (11.69%)	29 (18.83%)	48 (31.17%)	34 (22.08%)	17 (11.04%)
行业销售收入增长率	0 (0%)	0 (0%)	1 (0.65%)	4 (2.60%)	11 (7.14%)	19 (12.34%)	40 (25.97%)	41 (26.62%)	38 (24.68%)

附表6　　　　　　　　　　企业素质重要程度打分情况

选项	1	2	3	4	5	6	7	8	9
高管的学历	2 (1.30%)	1 (0.65%)	5 (3.25%)	15 (9.74%)	27 (17.53%)	36 (23.38%)	33 (21.43%)	18 (11.69%)	17 (11.04%)
董事长/CEO的从政经历	2 (1.30%)	3 (1.95%)	8 (5.19%)	9 (5.84%)	25 (16.23%)	33 (21.43%)	35 (22.73%)	22 (14.29%)	17 (11.04%)
实际控制人信用	1 (0.65%)	0 (0%)	0 (0%)	2 (1.30%)	6 (3.90%)	23 (14.94%)	26 (16.88%)	36 (23.38%)	60 (38.96%)
高新技术企业认证	1 (0.65%)	1 (0.65%)	4 (2.60%)	7 (4.55%)	12 (7.79%)	35 (22.73%)	34 (22.08%)	34 (22.08%)	26 (16.88%)

附表7 经营管理重要程度打分情况

选项	1	2	3	4	5	6	7	8	9
企业规模	2 (1.30%)	0 (0%)	4 (2.60%)	12 (7.79%)	27 (17.53%)	35 (22.73%)	36 (23.38%)	21 (13.64%)	17 (11.04%)
市场地位（市场占有率）	0 (0%)	1 (0.65%)	1 (0.65%)	4 (2.60%)	8 (5.19%)	21 (13.64%)	38 (24.68%)	37 (24.03%)	44 (28.57%)
应收账款周转率	0 (0%)	1 (0.65%)	1 (0.65%)	8 (5.19%)	13 (8.44%)	27 (17.53%)	34 (22.08%)	41 (26.62%)	29 (18.83%)
存货周转率	0 (0%)	1 (0.65%)	4 (2.60%)	7 (4.55%)	15 (9.74%)	28 (18.18%)	42 (27.27%)	32 (20.78%)	25 (16.23%)
成本费用利润率（利润总额/成本费用总额）	1 (0.65%)	1 (0.65%)	2 (1.30%)	3 (1.95%)	17 (11.04%)	24 (15.58%)	46 (29.87%)	29 (18.83%)	31 (20.13%)

附表8 盈利能力重要程度打分情况

选项	1	2	3	4	5	6	7	8	9
EBITDA利润率（EBITDA/营业总收入）	1 (0.65%)	1 (0.65%)	2 (1.30%)	2 (1.30%)	14 (9.09%)	20 (12.99%)	38 (24.68%)	45 (29.22%)	31 (20.13%)
主营业务净利润率	1 (0.65%)	1 (0.65%)	1 (0.65%)	2 (1.30%)	12 (7.79%)	19 (12.34%)	45 (29.22%)	47 (30.52%)	26 (16.88%)
净资产收益率	2 (1.30%)	0 (0%)	3 (1.95%)	5 (3.25%)	15 (9.74%)	25 (16.23%)	43 (27.92%)	29 (18.83%)	32 (20.78%)
现金收入比	1 (0.65%)	0 (0%)	2 (1.30%)	5 (3.25%)	11 (7.14%)	21 (13.64%)	32 (20.78%)	48 (31.17%)	34 (22.08%)

附表9 创新能力重要程度打分情况

选项	1	2	3	4	5	6	7	8	9
研发机构的设置	1 (0.65%)	1 (0.65%)	2 (1.30%)	3 (1.95%)	22 (14.29%)	29 (18.83%)	38 (24.68%)	26 (16.88%)	32 (20.78%)
研发人员占比	1 (0.65%)	1 (0.65%)	2 (1.30%)	2 (1.30%)	17 (11.04%)	24 (15.58%)	40 (25.97%)	44 (28.57%)	23 (14.94%)
研发经费的投入	0 (0%)	1 (0.65%)	2 (1.30%)	0 (0%)	9 (5.84%)	7 (4.55%)	46 (29.87%)	39 (25.32%)	50 (32.47%)
研发成果的水平（专利数量）	2 (1.30%)	1 (0.65%)	1 (0.65%)	0 (0%)	8 (5.19%)	13 (8.44%)	34 (22.08%)	44 (28.57%)	51 (33.12%)

附表10　　　　　　　　　　　偿债能力重要程度打分情况

选项	1	2	3	4	5	6	7	8	9
流动比率	2 (1.30%)	1 (0.65%)	3 (1.95%)	6 (3.90%)	14 (9.09%)	28 (18.18%)	36 (23.38%)	36 (23.38%)	28 (18.18%)
速动比率	3 (1.95%)	1 (0.65%)	2 (1.30%)	5 (3.25%)	12 (7.79%)	30 (19.48%)	39 (25.32%)	26 (16.88%)	36 (23.38%)
利息保障倍数（EBITDA/利息费用）	1 (0.65%)	1 (0.65%)	2 (1.30%)	4 (2.60%)	10 (6.49%)	19 (12.34%)	35 (22.73%)	46 (29.87%)	36 (23.38%)
债务保障倍数（所有者权益总额/总负债）	2 (1.30%)	3 (1.95%)	2 (1.30%)	5 (3.25%)	14 (9.09%)	26 (16.88%)	39 (25.32%)	36 (23.38%)	27 (17.53%)

附表11　　　　　　　　　　　发展前景重要程度打分情况

选项	1	2	3	4	5	6	7	8	9
营业收入增长率	1 (0.65%)	0 (0%)	1 (0.65%)	1 (0.65%)	9 (5.84%)	16 (10.39%)	31 (20.13%)	50 (32.47%)	45 (29.22%)
资产增长率(轻资产运营模式该指标等价于轻资产增长率；非轻资产运营模式则等价于总资产增长率)	2 (1.30%)	0 (0%)	1 (0.65%)	4 (2.60%)	16 (10.39%)	35 (22.73%)	40 (25.97%)	32 (20.78%)	24 (15.58%)

第12题被调查者给出的答案统计如下：

（1）盈利能力与创新投入；

（2）信贷情况；

（3）高管在行业从事专业相关工作年限；

（4）发展战略和市场环境；

（5）数字化程度、ESG；

（6）技术能力、业务开拓能力；

（7）股东背景、筹资能力；

（8）核心专利；

（9）管理层的务实程度；

（10）实际控制人的信用等级；

（11）资产结构影响企业经营风险，资本结构影响企业财务风险等；

（12）经营时间长短；

（13）企业自身为规避风险而制定的相关制度和执行力等因素；

（14）科技成果的转化率；

（15）纳税申报结果；

（16）企业自身素质；

（17）持续融资能力；

（18）享受政府政策补贴情况；

（19）企业社会责任；

（20）实控人历史信用；

（21）科技企业的专利；

（22）营商环境；

（23）历史违约情况及信用评级；

（24）融资能力，包含股东背景、股票和债券融资能力；

（25）创始人的道德和价值观，是否个人提供担保；

（26）财务健全程度。

附录 C

中小企业优惠政策文件

附表 1   2020 年 1～2 月全国应对新冠肺炎疫情影响
帮助中小微企业纾困政策

政策类别	发布时间	发布单位	文件名称	主要内容
支持企业发展类	2020年2月9日	工业和信息化部	关于应对新型冠状病毒肺炎疫情帮助中小企业复工复产共渡难关有关工作的通知	一、全力保障企业有序复工复产 1. 加强分类指导 2. 推动落实复工复产措施 3. 强化复工复产要素保障 4. 发挥中小企业服务疫情防控的作用 二、进一步加强对中小企业的财政扶持 5. 推动落实国家对防疫重点企业财税支持政策 6. 鼓励地方政府出台相关财政扶持政策 7. 推动加大政府采购和清欠工作的力度 三、进一步加强对中小企业的金融扶持 8. 加大信贷支持力度 9. 强化融资担保服务 10. 创新融资产品和服务 11. 加快推进股权投资及服务 四、进一步加强对中小企业的创新支持 12. 组织开展疫情防控相关技术与产品创新 13. 支持企业数字化转型 14. 支持企业提升智能制造水平 15. 促进大中小企业融通创新发展 五、进一步加强对中小企业的公共服务 16. 发挥中小企业公共服务平台作用 17. 加强培训服务 18. 加强涉疫情相关法律服务 六、进一步加强统筹协调 19. 发挥各级促进中小企业发展工作协调机制作用，提请召开领导小组会议专题研究部署，结合实际采取精准有效措施，减轻企业负担、降低生产成本、稳定人员就业、保障要素供给，帮助广大中小企业树立信心、减少损失、渡过难关，有序复工复产，切实保障经济平稳运行 20. 各级中小企业主管部门要切实履行职责，加强中小企业生产经营监测分析，及时发现并推动解决企业复工复产过程中遇到的突出问题。加强舆论宣传工作，引导中小企业坚定信心，共克时艰

续表

政策类别	发布时间	发布单位	文件名称	主要内容
支持企业发展类	2020年2月24日	工业和信息化部	关于有序推动工业通信业企业复工复产的指导意见	一、总体要求 二、全力保障医用防护物资供给 三、切实帮助企业做好疫情防控工作 四、加大中小企业扶持力度 五、加紧推动民生必需品生产企业复工复产 六、推动重点行业企业复工复产 七、推进重大项目开工复工 八、大力促进市场消费提质扩容 九、打通人流、物流堵点 十、加强分类指导
	2020年2月10日	工业和信息化部	关于组织开展"企业微课"线上培训的通知	为做好疫情期间中小企业服务工作,进一步提升中小企业经营管理水平,决定开展"企业微课"线上培训工作,积极鼓励广大中小企业参与线上培训,为中小企业送政策、送技术、送管理
	2020年2月5日	人力资源社会保障部、教育部、财政部、交通运输部、国家卫生健康委	关于做好疫情防控期间有关就业工作的通知	一、有力确保重点企业用工 二、做好返岗复工企业和劳动者的疫情防控 三、关心关爱重点地区劳动者 四、支持中小微企业稳定就业 五、完善高校毕业生就业举措 六、推广优化线上招聘服务
	2020年2月20日	人力资源社会保障部、财政部、税务总局	关于阶段性减免企业社会保险费的通知	一、自2020年2月起,各省、自治区、直辖市(除湖北省外)及新疆生产建设兵团(以下统称省)可根据受疫情影响情况和基金承受能力,免征中小微企业三项社会保险单位缴费部分,免征期限不超过5个月;对大型企业等其他参保单位(不含机关事业单位)三项社会保险单位缴费部分可减半征收,减征期限不超过3个月 二、自2020年2月起,湖北省可免征各类参保单位(不含机关事业单位)三项社会保险单位缴费部分,免征期限不超过5个月 三、受疫情影响生产经营出现严重困难的企业,可申请缓缴社会保险费,缓缴期限原则上不超过6个月,缓缴期间免收滞纳金 四、各省根据工业和信息化部、统计局、发展改革委、财政部《关于印发中小企业划型标准规定的通知》等有关规定,结合本省实际确定减免企业对象,并加强部间信息共享,不增加企业事务性负担 五、要确保参保人员社会保险权益不受影响,企业要依法履行好代扣代缴职工个人缴费的义务,社保经办机构要做好个人权益记录工作 六、各省级政府要切实承担主体责任,确保各项社会保险待遇按时足额支付。加快推进养老保险省级统筹,确保年底前实现基金省级统收统支。2020年企业职工基本养老保险基金中央调剂比例提高到4%,加大对困难地区的支持力度 七、各省要结合当地实际,按照本通知规定的减免范围和减免时限执行,规范和加强基金管理,不得自行出台其他减收增支政策。各省可根据减免情况,合理调整2020年基金收入预算

政策类别	发布时间	发布单位	文件名称	主要内容
财政、金融支持类	2020 年 2 月 14 日	银保监会	关于进一步做好疫情防控金融服务的通知	一、做好金融服务，支持企业复工复产 （一）全力支持疫情防控企业扩大产能 （二）全面服务受疫情影响企业复工复产 （三）积极帮扶遇困小微企业、个体工商户 （四）加大春耕春种金融支持 二、加强科技应用，创新金融服务方式 （五）提高线上金融服务效率 （六）加强线下配套服务和宣传引导 三、增强使命意识，切实履行社会责任 （七）加强社会责任承担 四、完善制度机制，落实疫情防控要求 （八）严格做好金融服务卫生防疫 （九）加强员工防疫关心关爱 五、改进工作作风，提升金融监管服务质效 （十）强化政治担当 （十一）力戒形式主义和官僚主义 （十二）加强业务学习
	2020 年 2 月 20 日	全国工商联	关于推广"无接触贷款"缓解小微企业经营困难的通知	面向全国符合条件的小微企业，推出纯信用、无需担保或抵押的"无接触贷款"方案及相关优惠措施
	2020 年 1 月 31 日	中国人民银行、财政部、银保监会、证监会、国家外汇管理局	关于进一步强化金融支持防控新型冠状病毒感染肺炎疫情的通知	一、保持流动性合理充裕，加大货币信贷支持力度 （一）保持流动性合理充裕 （二）加大对疫情防控相关领域的信贷支持力度 （三）为受疫情影响较大的地区、行业和企业提供差异化优惠的金融服务 （四）完善受疫情影响的社会民生领域的金融服务 （五）提高疫情期间金融服务的效率 （六）支持开发性、政策性银行加大信贷支持力度 （七）加强制造业、小微企业、民营企业等重点领域信贷支持 （八）发挥金融租赁特色优势

续表

政策类别	发布时间	发布单位	文件名称	主要内容
财政、金融支持类	2020年1月31日	中国人民银行、财政部、银保监会、证监会、国家外汇管理局	关于进一步强化金融支持防控新型冠状病毒感染肺炎疫情的通知	二、合理调度金融资源，保障人民群众日常金融服务 （九）保障基本金融服务畅通 （十）加强流通中现金管理 （十一）确保支付清算通畅运行 （十二）建立银行账户防疫"绿色通道" （十三）加大电子支付服务保障力度 （十四）切实保障公众征信相关权益 （十五）畅通国库紧急拨款通道 （十六）切实保障消费者合法权益 三、保障金融基础设施安全，维护金融市场平稳有序运行 （十七）加强金融基础设施服务保障 （十八）稳妥开展金融市场相关业务 （十九）提高债券发行等服务效率 （二十）灵活妥善调整企业信息披露等监管事项 （二十一）适当放宽资本市场相关业务办理时限 （二十二）减免疫情严重地区公司上市等部分费用 四、建立"绿色通道"，切实提高外汇及跨境人民币业务办理效率 （二十三）便利防疫物资进口 （二十四）便捷资金入账和结汇 （二十五）支持企业跨境融资防控疫情 （二十六）支持个人和企业合理用汇需求 （二十七）简化疫情防控相关跨境人民币业务办理流程 五、加强金融系统党的领导，为打赢疫情防控阻击战提供坚强政治保证 （二十八）强化疫情防控的组织保障 （二十九）做好自身的疫情防控工作 （三十）配合地方政府加强应急管理
	2020年1月30日	中国银行	中国银行：因防控疫情造成的贷款逾期不计入违约	一、加大对防疫相关企业客户信贷支持力度 二、践行社会责任向重点防控地区献爱心 三、加大对小微企业支持力度 四、加大对防疫相关个人客户保障力度 五、开通金融服务绿色通道 六、免收捐赠及防疫款项汇划手续费 七、加强构建营业网点和办公场所"防护网" 八、加强电子渠道客户服务 九、加大保险保障力度 十、做好疫情防控正面宣传
支持企业发展类	2020年2月6日	科技部火炬中心	关于疫情防控期间进一步为各类科技企业提供便利化服务的通知	一、充分认识应对疫情、服务科技企业的重要性 二、推行技术合同认定登记"无纸化" 三、推进高新技术企业认定工作便利化 四、坚持科技型中小企业评价工作全流程网上办理 五、鼓励科技企业孵化器、众创空间对在孵企业适当减免租金 六、做好国家高新区疫情防控工作 七、做好火炬统计调查工作相关预案 八、积极支持受疫情影响较大的科技企业 九、组织推荐针对疫情防控的新技术新产品新服务 十、及时总结科技企业抗击疫情先进典型

资料来源：作者根据各级政府部门官方网站搜集、整理并摘录。

附表 2

北京市中小企业信贷政策

发布时间	发布单位	文件名称	主要内容
2021年3月18日	北京市政府办公厅	关于支持中小微企业和个体工商户做好常态化疫情防控加快恢复发展的若干措施（简称"新6条"）	（1）本市将落实国家普惠小微企业贷款延期还本付息和信用贷款支持延续至2021年3月31日的政策。 （2）升级本市首贷中心、续贷中心、确权融资中心和知识产权质押融资服务中心功能，持续增加小微企业用贷款，首贷和无还本续贷。 （3）继续执行小微企业信用担保代偿补偿、首贷服务担保费用补贴和首贷贴息措施。 （4）利用银行对接系统和北京小微企业金融综合服务平台开展创业担保贷款线上申请业务，推动创业担保贷款增量扩面。 （5）对中关村国家自主创新示范区内符合条件的科技型中小企业，通过科技信贷产品融资的，继续对其给予贷款贴息支持，贴息比例调整为实际贷款利息的40%，每家企业单一信贷产品年度利息补贴不超过50万元。
2021年3月15日	北京市科学技术委员会、中关村科技园区管理委员会	关于建立实施中关村知识产权质押融资风险本分担和风险补偿机制的若干措施	（1）支持科技型中小微企业积极开展知识产权价值评估等专业化服务。对于企业（指年收入在2亿元及以下、符合本市高精尖产业领域，具有核心技术或知识产权，以下同）获得知识产权质押融资，且贷款实际利息上浮幅度不超过同期银行一年期贷款市场报价利率（LPR）40%的，按照知识产权质押融资实际利息的40%给予企业支持，对单家企业年度利息补贴不超过50万元。在市政务服务中心设立知识产权质押融资专业化服务中心，为企业提供知识产权质押融资业务支持快速通道。 （2）对于银行、担保、保险、知识产权专业服务机构各自承担知识产权质押融资服务且发生不良的，按知识产权质押融资服务单独或组合为企业提供知识产权质押融资服务且发生不良的，涉及单家企业风险分散部分的50%对相关机构已购买再担保或再保险或保险等机构进行风险补偿。若担保或承担再担保风险或保险的年度风险补偿金额不超过500万元，累计不超过1 000万元。若担保或承担再担保风险或保险机构已购买再担保或保险的，需将已分散风险部分资金从代偿或赔付计算基数中扣除。 （3）金融机构需做好知识产权质押融资业务风险管理，并根据自身情况设定合理的知识产权质押融资本不良率上限。对于企业知识产权质押融资不良率超出其设定上限时，中关村管委会暂停对该机构的风险补偿支持，对该机构享受风险补偿资金支持，对以不正当手段骗取、套取风险补偿专项资金申报资格，取消该5年内知识产权质押融资补偿成本分担和风险补偿专项资金申报资格，并将该不良记录列入北京市公共信用信息服务平台，依照有关法律法规处理。 （4）银行、担保、保险、知识产权补偿和承担风险补偿比例返还各自出资方。支持北京知识产权交易中心发挥盘活知识产权功能，处置或追偿回收资金对发生不良的知识产权质押融资资产进行处置及追偿，处置知识产权资产、处置违约质押物，建立专利池等创新方式协助金融机构资产处置及追偿。通过专利池股权联动、收购许可，建立专利池等创新方式协助金融机构交易、处置知识产权质押融资资产，提升知识产权质押融资资产处置效能。

续表

发布时间	发布单位	文件名称	主要内容
2020年12月29日	北京市财政局	关于北京市进一步加大创业担保贷款支持力度推动创业带动就业的补充通知	(1) 调整贷款额度：小微企业等借款人当年新招用职工达到现有在职职工人数15%（职工超过100人的达到8%），并按规定缴纳社会保险的，根据实际需求和经营状况与担保公司协商确定，贷款额度可提高至不超过300万元。 (2) 降低申请门槛：对50万元以下的创业担保贷款，原则上免除反担保措施。 (3) 优化办理程序：申请50万元以下（含50万元）创业担保贷款的，借款人直接到创业担保贷款经办银行办理担保和贷款手续；申请50万元以上创业担保贷款的，借款人到注册地所在区签约担保机构申请，认定通过后到注册地所在区级签约担保机构和经办银行办理担保和贷款手续，借款人到注册地所在区人力资源和社会保障局申请社保贴息。实际贷款期限最长不超过2年。
2020年11月4日	北京市财政局、北京市经济和信息化局	北京市小微企业信用担保代偿补偿资金管理实施细则（修订）	(1) 当担保机构从事小微企业贷款担保等政策性担保业务，项目发生代偿，为再担保机构提供部分再偿。 (2) 代偿补偿资金的来源包括：市财政预算资金、代偿补偿资金运作收益及担保代偿项目追偿回收赔款等。 (3) 代偿补偿资金对担保机构新增融资担保业务提供代偿。担保机构当年在北京市新增小微企业融资担保业务额占担保业务总额的比例达到80%、60%、50%、40%的，代偿补偿资金对担保实际发生代偿总额的20%、15%、12.5%、10%。代偿补偿资金对再担保机构提供再担保业务再偿，但补偿总额不高于实际担保机构实际承担担保风险责任按照不高于25%的比例予以分担，代偿补偿资金对实际担保机构实际承担风险责任（含再担保）补偿不高于担保机构自担责任比例不得低于实际代偿发生额的30%。
2020年10月9日	北京市人民代表大会常务委员会	北京市促进中小企业发展条例	(1) 市、区财政应当在本级财政预算科目中安排中小企业发展专项资金。中小企业发展专项资金通过贷款贴息、风险补偿、购买服务、奖励等方式，重点支持中小企业公共服务体系建设、融资服务体系建设、政府性担保体系建设、专精特新发展、创业创新、人才培训等事项，应当优先支持符合本条例的中小企业。 (2) 本市设立中小企业发展基金。中小企业发展基金通过合作设立子基金、直接投资等方式及利用新技术、新模式改造提升传统产业，成长期的中小企业，前沿技术和创新型中小企业，遵循政策性引导和市场化运作原则，重点支持拥有自主核心技术、重点投资于初创期中小企业资金占比不低于50%。市、区财政应设立支持企业和产业发展的其他政策性基金、投资基金等协调，应当加强中小企业统筹协调，优先支持符合本条例的中小企业。

续表

发布时间	发布单位	文件名称	主要内容
2020年10月9日	北京市人民代表大会常务委员会	北京市促进中小企业发展条例	（3）鼓励各类金融机构加大中小企业融资供给，创新普惠金融产品，提高中小企业融资规模和比例。 （4）本市按照国家有关规定实行小型微型企业金融服务差异化监管政策，建立小型微型企业信贷业务绩效考核激励机制；提高小型微型企业不良贷款容忍度，增加小型微型企业金融服务的规模和比重。市金融管理部门按照国家要求推进普惠金融发展，引导银行业金融机构创新信贷产品和服务，单列小型微型企业信贷计划，建立适合小型微型企业信贷特点的授信制度，提供信用贷款、中长期贷款、开展无还本续贷业务。银行业金融机构应当按照国家有关规定完善内部考核激励机制，落实尽职免责制度。对于市场前景好、经营诚信暂时有困难的中小企业，不停贷、压贷、抽贷和断贷。 （5）支持金融机构为中小企业提供以应收账款、知识产权、股权、特许经营收益权、收费权、机器设备、存货、担保品的担保融资。支持金融机构基于供应链核心部门、企业的信用信息和交易平台，为上下游中小企业提供应收账款融资。本市建设基于区块链等技术的供应链债权方及时确认与中小企业的债权债务关系。 （6）本市建立与中小企业融资担保需求规模相适应的政府性融资担保业务为重点，服务小型微型企业的风险容忍度。对代偿率控制在合理区间的政府性融资担保机构对小型微型企业的业务为重点，服务小型微型企业的风险容忍度。对代偿率控制在合理区间的担保机构，给予一定比例的代偿补偿。 （7）支持保险机构开展中小企业贷款保证保险和信用保险业务。开发适应中小企业特点和需求的保险产品，完善政府、银行、保险合作机制，发挥保险增信、分散风险作用，发挥市场化再保险作用，支持小型微型企业融资。 （8）本市推进政务数据开放，加强金融数据专区建设，支持首贷服务中心、续贷受理中心建设运行。市金融管理部门组织银行业金融机构在政务服务中心建设首贷服务中心、续贷受理中心、知识产权质押融资受理、提供信息查验、涉企政务贷、无还本续贷、应收账款融资、信用贷款、中长期贷款、知识产权质押等业务，提高首贷质押业务比例。开展首贷和无还本续贷业务给予担保代偿费率，通过首贷服务中心获得首次得到贷款的中小企业给予财政贴息。 （9）支持有条件的中小企业通过境内外上市挂牌、发行债券、股权融资、票据融资、信托融资、资产证券化等法律，法规允许的方式直接融资。鼓励、引导中小企业在全国中小企业股份转让系统挂牌融资、发行小型微型企业增信集合债券；支持符合条件的企业发行创业投资债券，募集资金用于出资设立或者参资创业投资基金。

续表

续表

发布时间	发布单位	文件名称	主要内容
2020年10月9日	北京市人民代表大会常务委员会	北京市促进中小企业发展条例	(10) 本市将区域性股权市场作为扶持中小企业政策措施的综合运用平台，支持、引导中小企业在区域性股权市场进行直接股权融资。区域性股权市场设立专精特新板，根据专精特新型中小企业特点，提供挂牌展示、托管交易、投融资服务、培训辅导等服务。 (11) 支持征信机构发展针对中小企业融资的征信产品和服务，依法向政府有关部门、公共事业单位和商业机构采集信息。鼓励第三方评级机构开展中小企业信用评级。 (12) 本市建立政府、金融机构、中小企业综合服务平台作用，中小企业的常态化对接交流机制和金融服务快速响应机制。发挥银企对接系统和小型微型企业金融综合服务平台作用，综合运用大数据、人工智能、区块链等技术，畅通金融服务通道，提升金融机构服务及时性、可获得性
2020年2月29日	北京市地方金融监督管理局	关于加快优化金融信贷营商环境的意见	(1) 积极营造敢贷、愿贷、能贷政策环境，力争全年普惠小微贷款增速较各项贷款增速高10个百分点，其中国有大型银行普惠小微贷款增速不低于20%。 (2) 推动2020年全市普惠型小微企业贷款综合融资成本较2019年再下降0.5个百分点，政府性融资担保公司平均担保费率较2019年再下降0.5个百分点，严格执行小微企业金融服务收费的各项监管政策，切实降低小微企业综合融资成本。 (3) 积极提供再贴现资金支持，力争2020年办理再贴现贴现累计不低于300亿元。其中，办理民营、小微企业再贴现贷额占比不低于80%。通过人民银行小微再贷款向金融机构提供低成本资金，加大对民营、小微企业优惠利率信贷支持
2020年2月5日	北京市政府办公厅	关于应对新型冠状病毒感染的肺炎疫情影响 促进中小微企业持续健康发展的若干措施（简称"16条"）	(1) 进一步增加信贷投放。全年普惠型小微企业贷款增速高于各项贷款增速，其中国有大型银行普惠型小微企业贷款增速不低于20%。对因受疫情影响经营暂时出现困难但有发展前景的企业不抽贷、不断贷、不压贷，对受疫情影响严重的中小微企业到期还款困难的，可予以展期或续贷。 (2) 降低企业融资成本。加快和扩大LPR定价基准的运用，推动2020年全市普惠型小微企业贷款综合融资成本较2019年再下降0.5个百分点。对疫情防控重点保障企业给予贷款贴息支持。 (3) 拓宽直接融资渠道。中小企业股权质押重点企业疫情期间到期的，可与证券公司等金融机构协商，展期3～6个月。积极推进拟在上市公司IPO、新三板创新层企业申请转层，组织辅选精选层辅导验收工作，采取非现场等灵活高效方式进行辅导验收，组织辅导机构加大企业线上市场挂牌上市培训力度

续表

发布时间	发布单位	文件名称	主要内容
2020年2月5日	北京市政府办公厅	关于应对新型冠状病毒感染的肺炎疫情影响 促进中小微企业持续健康发展的若干措施（简称"16条"）	（4）提高融资便捷性。加强金融服务响应机制和网络建设，开展"网上畅融工程"快速对接服务，充分发挥银企对接系统作用，提升金融服务可获得性。降低服务成本。完善本市企业续贷服务中心功能，加快建设中小微企业"首贷率"，信用贷款占比提升20个百分点以上。建设基于区块链的供应链债权债务服务平台，为参与政府采购和国企采购的中小微企业提供确权融资服务。 （5）优化融资担保服务。疫情期间，本市政府性担保机构对受疫情影响严重的中小微企业，担保费率降至1%以下；对疫情防控相关企业，担保费率降至1.5%以下。本市政府性再担保机构对受疫情影响的相关业务，担保费率降至1%以下。 （6）加强创新型中小微企业融资服务。进一步降低十大高精尖产业和中关村国家自主创新示范区等地区资金困难的中小微企业贷款利率。力争2020年科创企业信用贷款同比增长不低于15%，有贷款余额的户数同比增长15%，对符合条件的中关村创新型中小微企业给予针对因疫情造成研发评级负面影响的，暂不予以信用降级。对疫情期间提供生活服务保障的相关业务，融资租赁费用补贴、贷款贴息以及债券、融资租赁费用补贴

附表3　天津市中小企业信贷政策

发布时间	发布单位	文件名称	主要内容
2020年11月12日	天津市人民政府办公厅	关于进一步优化营商环境更好服务市场主体若干措施的通知	（1）推动更多银行加入"线上银税互动服务平台"，开展产品"云推介"，贷款"云审核"，实现"全线上、无抵押、免担保、纯信用"，为中小微企业融资提供再担保，发挥市融资担保发展基金作用，发挥海河产业基金、滨海产业发展基金引导作用，深化与专业投资机构利用担保质社会资本合作。完善天津市中小企业融资综合信用服务合作。完善天津市中小企业融资综合信用服务平台。 （2）鼓励引导商业银行支持中小企业以应收账款、生产设备、产品、车辆、船舶、知识产权等动产和权利进行担保融资。推动建立以担保人名称为索引的电子数据库，实现对担保品登记状态信息的在线查询、修改或撤销

续表

发布时间	发布单位	文件名称	主要内容
2020年2月7日	天津市人民政府办公厅	天津市打赢新型冠状病毒感染肺炎疫情防控阻击战进一步促进经济社会持续健康发展的若干措施的通知	(1) 加大创业担保贷款支持力度。在津创业符合条件的各类人员，可申请最高30万元创业担保贷款，贷款期限最长3年，并给予全额贴息。小微企业当年新招用符合创业担保贷款申请条件的人数达到企业现有在职职工人数20%（100人以上企业达到10%）。 (2) 引导金融银行、担保机构等在展期续贷、贷款担保、"雏鹰贷""瞪羚贷""绿色服务通道"等方面，进一步加大对科技型企业在展期续贷融资支持。对科技型高新技术企业开展线上融资对接，以及发放时兑现利息补贴。 (3) 强化信贷支持。对受疫情影响较大的企业，应尽快续贷、不抽贷、不断贷、不压贷，充分利用现有信息政策，对科技型高新技术企业应采取灵活展期，无法本续贷及时享受有效期内税收减免。加快发放首批次全国重点领域技术专项……专项贷款。 (4) 降低企业融资成本。对天津市属主要法人银行以低于同期市场利率水平发放专项贷款，重要国计民生的企业给予贴息，鼓励受人民政府专项再贷款支持的企业给予贴息，群众生活必需品，遇到暂时困难的企业给予……区两级财政按人民银行再贷款利率水平分行，天津银行首批60亿元鼓励再增优惠利率。对享受人民银行专项再贷款利息予以缓收或减收，政府性再担保机构再担保费减半，鼓励金融机构新增 (5) 支持开展融资租赁业务。融资租赁公司开展与疫情防控相关的物资生产、医疗设备、检验检疫设备等租赁业务，鼓励对租金和利息予以缓收或减收，积极提供差异化优惠租赁服务。其他类型担保机构参照执行。
2020年3月15日	天津市人民政府办公厅	天津市支持中小微企业和个体工商户克服疫情影响保持健康发展的若干措施的通知	(1) 确保小微企业和个体工商户贷款总量增加成本下降。各银行机构在满足对防控疫情作出贡献、有发展前景但受疫情影响困难的小微企业和个体工商户信贷需求的基础上，通过适当下调贷款利率、增加信用贷款和中长期贷款等方式，支持相关金融机构加大对小微企业成功信贷灾害影响，确保2020年普惠型小微企业贷款增速高于各项贷款平均增速。用好再贷款再贴现专用额度，推动金融机构加大对科技型企业和个体工商户的信贷支持力度。 (2) 缓解资金流动性困难。按照特事特办、急事急办原则，对于融资所需非必须的申请材料允许"容缺后补"，变更还款付息日期或周期可同期，启动快速审批通道，贷款付息日期可延至2020年6月30日，并免收……政府性融资担保机构对受疫情暂时困难的中小微企业和个体工商户实际理赔赔额度，市财政给…… (3) 降低中小微企业和个体工商户综合融资成本。各级政府性担保机构对小微企业和个体工商户的担保费率降到1%以下，政府性再担保机构相关代偿不良，给予当年人民……对于疫情期间实施的延期增强政府性担保风险损失。鼓励保险企业参照执行，取消反担保要求，鼓励融资担保。创新设立保险产品，合理厘定费率，拓宽保险范围，在2020年度内，根据保险机构实际理赔情况按30%的比例给予补助，每家机构不超过50万元。

续表

发布时间	发布单位	文件名称	主要内容
2020年1月17日	天津市促进中小企业发展工作领导小组	天津市支持中小企业高质量发展的若干政策	(1) 按照产品有市场、技术有依托、发展有项目、增长有潜力的标准，选择一批工业规上企业作为"规升巨"重点培育对象，向金融机构重点推荐，逐步解决"融资难""融资贵"问题。支持规模以上企业进行股份制改造。对上市重点培育企业动态上市企业，每家企业最高不超过100万元；对启动上市企业的贷款担保费用，按照其支付上市相关中介机构费用的50%给予支持，每家企业最高不超过300万元；对报会或上市相关材料经有权单位正式受理的企业，给予100万元资金补助。 (2) 加大高成长企业培育力度。开展雏鹰企业、瞪羚企业、领军企业培育发展。对首次入选的瞪羚企业，给予一次性市财政奖励；对首次入选的雏鹰企业，市财政给予一次性5万元奖励。以上市为目的并完成股改的瞪羚企业、取得符合条件贷款的雏鹰企业，市财政给予一次性30万元奖励。发挥科技创新券政策作用，支持中小企业向创新投入、券服务机构购买与其科技创新活动直接相关的研发、检验检测等科技服务，降低企业创新投入成本。 (3) 鼓励小微企业应用天津市"线上银税互动服务平台"进行贷款申请，实现"银税互动"。享受"全线上、无抵押、免担保、纯信用"的24小时自助贷款服务。银监、人民银行天津分行等部门建立征信互认、信息共享机制，税务部门银保监局向银保监局推送纳税信用A、B、C、D级企业名单，由银保监局分发签约银行。银行业金融机构逐步申请"天津市中小微企业及农村信用信息系统"应用，为金融机构提供数据支持。 支持天津银行分行将大至M级企业扩A级和B级企业扩大至M级企业状况查询服务。推动"天津市中小微企业及农村信用及信息系统"应用，为金融机构提供数据支持。 (4) 拓宽贷款抵（质）押物范围。推动符合法律法规和政策规定的各类不动产、知识产权及其他财产权利，可用于银行、保险、担保、民间融资等机构的抵（质）押物，凡需要办理抵押权、质押权容登记的，市相关部门应当给予登记。 (5) 支持中小微企业应收账款融资。逐步实行供应链核心企业单名制，推动供应链核心企业应收优化业务流程，扩大融资规模。利用人民银行应收账款融资服务平台，鼓励应收账款较多的供应链核心企业与平台进行系统对接，逐步实行供应链核心企业单名制，推动供应链核心企业应收优化业务流程，扩大融资规模。 (6) 鼓励担保机构加大对小微企业且接服务小微企业融资担保业务。实施融资担保业务降费奖补办法。对政策引导性较强的担保机构加大对小微企业支持中小微企业担保业务和担保业务对担保业务进行奖补，鼓励引导增加对小微企业总额增量融资担保。每年评选部分优秀融资担保机构，给予适当资金奖励。对单户贷款1000万元及以下，且综合担保费率不超过2%的补贴，分别对不超过年度新增担保额0.5%的部分，分别对不超过年度新增担保额0.5%的部分、不超过年度担保增量1%的奖励。

附表 4

河北省中小企业信贷政策

发布时间	发布单位	文件名称	主要内容
2020年2月20日	河北省发展改革委、国开行河北省分行	省发改委与国开行河北分行共同发起设立"促复工复产稳投资补短板"融资专项	(1) 河北省发展改革委和国开行河北分行共同发起设立总规模 500 亿元的融资专项，用于支持复工复产稳投资补短板。 (2) 本次融资专项重点支持以下五个方面：一是复工复产专项流贷项目，用于支持受疫情影响企业复工复产所需的生产资料购买、人员工资支付、上下游货款支付、社保缴纳、日常经营费用等用途。二是疫情防控专项急贷款项目，优先为纳入国家疫情防控重点保障企业名单企业的项目提供流动资金贷款，关企业防护用品（口罩、防护服等）、消毒物品、检测药品、治疗药品、救治器械的生产经营。三是重点领域补短板项目，包括民生领域、生态环保、老旧小区改造、棚户区改造和乡村振兴等项目。四是重大基础设施项目，包括雄安新区重大基础性工程、市政基础设施、张家口冬奥场馆建设及配套基础设施、5G 网络等新型基础设施等项目。五是需要融资专项支持的企业和项目，在服务团队、贷款规模、审批流程、授信条件及融资利率上将提供专项政策支持
2020年2月2日	河北省工业和信息化厅、中国建设银行股份有限公司河北省分行	关于联合开展支持工业复产企业复工专项活动的通知	1. 四大重点领域 国家及河北省疫情防控物资重点生产保障企业（后续根据工信厅文件自动追加）；重点包括规上工业企业。 2. 三大重点区域 本次专项活动把因新冠肺炎疫情防控受到影响的石家庄、邢台、廊坊市域内的工业企业列为支持重点。（具体名单由省建行和省工信厅分别从当地市下发）。 3. 三项贷款产品 (1) 流动资金贷款：用于支持企业日常经营周转的短期融资，期限一般在一年以内，既包括大中型企业的工业企业流动资金贷款，也包括使用中小微企业的云税贷、云电贷、结算云贷、抵押云贷等。 (2) 网络供应链融资：用于支持龙头（核心）企业的上下游产业链客户的短期融资需求，主推产品有 e 票通、e 信通、e 销通等，全流程线上无纸化操作，期限最长一年。 (3) 技术改造贷款：专项用于支持企业技术改造项目的固定资产投资建设需求，主要满足一年期以上的中长期贷款需求，用项目自身现金流及企业综合现金流还款。

续表

发布时间	发布单位	文件名称	主要内容
			4. 建立业务办理绿色通道，提供优惠政策扶持 建设银行在总行授权范围内，出台针对疫情防控重点保障企业的贷款融资等方面的优质服务措施，建立活动参与企业与参加建设银行报批的绿色通道，对于超出省分行授权的特别优惠政策用足用好。 (1) 建立绿色通道。省建行企业业务报批时执行"优先受理、优先放行、全面对接重点保障企业"方式发起。同时为重点企业提供线上线下、7×24小时不间断金融服务，针对企业的紧急需求，对口服务的经办经理派专人开展"直通车"服务，随叫随到，开绿灯，保时效。 对名单内企业实行名单制管理，提前在核准、评估、审批、放款部门进行备案。对名单内企业业务报批执行"一对一"专属服务，明确责任人，应批尽批。各分行对本次专项活动支持范围内企业授信申报可通过"直通车"方式发起。
2020年2月2日	河北省工业和信息化厅、中国建设银行股份有限公司河北省分行	关于联合开展金融支持工业企业复工复产的专项活动的通知	(2) 执行优惠利率。对于疫情防控重点保障企业按照总行相关授权执行相差别化定价策略执行优惠利率。对其他大中型企业客户和普惠型小微企业客户执行相关优惠政策。对于疫情保障物资采购等新型冠状病毒肺炎疫情防控相关的贸易融资需求，可参照建行1～5级客户执行最优惠的外币贷款利率（6～8级客户利率可优惠0.15个百分点，9～10级客户利率可优惠0.35个百分点，11～14级客户利率可优惠1.25个百分点）。 (3) 保障贷款规模。对活动参与企业优先配置信贷规模，无论存量贷款还是新增贷款额度，均优先保障。对其中疫情防控重点保障企业名单内企业和纳入确保满足。款规模较大、收回再融资企业需求，暂时受困的企业，不盲目抽贷、断贷、压贷，对因疫情造成临时还款困难的企业，绿色信贷活动规模专项配置，规模不足时优先向总行申请增加，全力确保满足。 (4) 提供贷款延期。对受疫情影响及时给予再融资，期限调整、还款计划调整、结息周期调整等延期支持。根据实际情况及时给予再融资、期限调整、还款计划调整等延期支持。 (5) 实行费用减免。对于疫情防控重点保障企业和专精特新中小企业贷款除贷款利息外，不得搭车收取与贷款直接相关的其他费用。涉及抵押的，抵押物评估费、抵押登记费全部由建行负担，费用承担确有困难的，可以向建行经办支行申请经办费用减免，经办机构应积极按限报批。对于经办支行经办费用较大、应用相关产品较差的范围内客户，应主动申请经办支行经办费用减免，不得拒绝受理。

续表

发布时间	发布单位	文件名称	主要内容
2018年12月19日	河北省委、省政府	关于大力促进民营经济高质量发展的若干意见	（1）支持民营企业上市融资。对沪、深交易所和境外主板以及中小板、创业板首发至河北省以及中小板、或通过借壳上市并将壳公司迁册地至河北省、视同境内外首发上市给予奖励300万元；对将外地上市公司迁册地至河北省，或通过借壳上市并将壳公司注册地迁至河北省，并按挂牌一年内首次融资额1%进行奖励，最高不给予奖励150万元；对转入高层次板块的企业，按照新转入市场奖励标准补奖差额。（2）支持民营企业发债融资。支持实力强、信誉好的民营企业申请直接发债融资，支持符合条件的企业发行创业投资基金类债券，支持以大中型企业为主体发行小微企业增信集合债券，重点支持暂时遇到困难的有市场、有前景、技术先进、有竞争力的民营企业，利用信用风险缓释工具进行银行间市场融资。（3）支持基金投向民营企业。各类投资基金投资省内企业的资金规模达到3000万元（扣除政府引导基金），投资期限满两年（含）以上的，按不超过其实际投资额1%的比例给予一次性奖励，奖励金额最高不超过2000万元。（4）支持民营企业资产证券化融资。对成功发行资产证券化产品的地方法人金融机构，按不超过发行专项计划或专项资产管理计划、资产支持票据、资产支持证券，按不超过发行金额1%的比例予以奖励；在机构间私募产品报价与服务系统成功发行资产支持证券，按不超过发行金额1%的比例予以奖励；在奖励年度内，对成功发行河北省资产证券化产品累计金额排位前5名的证券、基金及银行业金融机构等承销机构，按照单笔最大发行金额对应的银行业金融机构产品获得奖励金额的50%给予奖励。（5）加大对民营企业信贷支持。对民营企业和国有企业一视同仁，引导银行业金融机构合理确定民营企业贷款期限、还款方式，适当提高中长期贷款比例。改革和完善金融机构监管考核和内部激励机制，提高民营企业、小微企业金融服务在银行考核中的权重。鼓励银行业金融机构开展持续经营权、政府采购合同、收费权、知识产权等新型融资方式，对经认定民营企业金融创新信贷产品的银行业金融机构，省级财政按不超过季度平均贷款余额的3‰给予直接奖励。（6）实施民营小微企业信贷普惠计划。支持银行业金融机构发行小微企业贷款资产支持证券，将小微企业贷款基础资产由单户100万元以下放宽至500万元及以下；将单户授信500万元及以下的小微企业贷款纳入中期借贷便利的合格抵押品范围。在风险可控的前提下，对单户授信总额1000万元及以下的小微企业流动资金贷款采取自主支付方式，推行小微企业无还本续贷业务。

续表

发布时间	发布单位	文件名称	主要内容
2018年12月19日	河北省委、省政府	关于大力促进民营经济高质量发展的若干意见	(7) 创新再贷款再贴现政策。运用小微企业再贷款、再贷后借，按月报账模式，引导金融机构增加单户授信3 000万元以下民营企业再贷款。用好普惠和普惠口径小微企业贷款。专项安排50亿元再贴现额度，全部用于支持民营企业票据和票面金额500万元及以下的小微企业票据。 (8) 完善融资担保体系。各市县均要建立中小企业政策性担保体系，并设立融资担保风险补偿金。取消对政府性融资担保公司的营利性考核，重点考核其为民营经济、实体经济服务情况。实施担保费用补贴政策。对为民营经济提供融资担保机构给予综合担保费率不超过3%的保费补助。建立"银税互动"支持系统，鼓励纳税人通过网上银行、手机银行、官方微信公众号推送涉税数据，线上申请信用贷款。 (9) 设立民营企业纾困基金。各市县要将本行政区域内产品有市场、发展前景好，但具有短期流动性风险的民营企业纳入纾困名单，按照市场化、法治化的原则，以重点骨干企业为主，联合金融机构发起设立纾困基金，对纾困名单内符合条件的企业及其控股股东予以必要救助。 (10) 规范金融机构信贷行为。开展清理整治专项行动，指导和督促银行业金融机构全面落实规范服务价格政策规定，重点清理以贷转存、存贷挂钩、以贷收费、浮利分费、借贷搭售、续贷、转嫁成本等不规范行为和各类违规融资通道业务。对生产经营正常、暂时经营困难的民营企业稳贷、续贷，不盲目抽贷、压贷
2019年12月18日	河北省人民政府办公厅	关于开展消费扶贫助力打赢脱贫攻坚战的行动方案	加大对贫困地区从事农产品加工、仓储物流和休闲观光农业、乡村旅游企业的金融支持力度。强化贫困地区农村信用体系建设，引导金融机构特别是涉农信贷投放放量。改善农村信用环境，增加消费扶贫信贷投放。支持信用农户贷款需求，通过发放农村承包土地经营权、农民住房财产权、林权等抵押担保贷款，支持收益较好的产业项目建设。在贫困地区大力推行农村土地承包权、农民住房财产权。推进省级农业信贷担保机构服务产品和服务供应能力。积极争取涉农金融机构创新金融产品和服务方式，中国农业发展银行、农业银行、中国农业发展银行等金融机构在贫困地区消费扶贫领域增强消费扶贫产品和债权融资，增强消费扶贫产品和债权资源整合，促进贫困地区信贷资源整合，构建完善有利于消费扶贫的政策性信贷担保体系

续表

发布时间	发布单位	文件名称	主要内容
2018年11月17日	河北省人民政府办公厅	河北省支持中小企业融资若干措施	（1）加大信贷资金投放力度。在强化信息披露、提高透明度的前提下，支持银行业金融机构发行小微企业贷款资产支持证券，将小微企业贷款基础资产由单户授信100万元及以下放宽至500万元及以下的合格抵押品范围。将单户授信500万元及以下小微企业贷款纳入中期借贷便利的合格抵押品范围。指导中小银行加强对单户授信500万元及以下小微企业贷款的台账管理，按一定条件给予再贷款支持，获得支持的小微企业贷款利率要有明显下降。提高再贴现使用效率，优先办理小微企业票据再贴现，促进金融机构加大对小微企业的融资支持力度。（责任单位：人行石家庄中心支行、河北银保监局） （2）鼓励创新融资产品。推广以税授信，给予优惠信贷支持。鼓励银行业金融机构针对纳税守信、经营状况和发展前景较好的中小企业用信开发知识产权质押、动产质押、应收账款质押、股权质押、订单质押、仓单质押、保单质押等抵押融资业务。引导银行业金融机构针对"专精特新"中小企业创新专属金融产品和服务，适度放宽贷信规模、融资期限，合理确定利率水平。对银行业金融机构投放到列中小微企业的创新贷信产品，省级财政按不超过季度平均贷款余额3%标准给予直接奖励。支持开展小额票据再贴现业务，专项安排30亿元再贴现贴现额度支持河北省小额票据贴现机构发展。省级财政按照小额票据贴现金额的万分之二标准补助小额票据贴现分中心。（责任单位：河北省财政厅、人行石家庄中心支行、省税务局、省财政局、省工业和信息化厅） （3）建立正向激励机制。对地方法人金融机构当年新增用于普惠口径小微企业贷款按照一定条件优先给予支小再贷款支持，引导金融机构降低小微企业融资成本。加大支小再贷款投放力度，推广"一次授信、多次发放"的再贷款发放模式，提高再贷款审批效率，降低金融机构借用再贷款的综合成本。实施好普惠金融领域定向降准考核工作，对达到考核标准的城市商业银行和非县域农村商业银行下调存款准备金率0.5～1.5个百分点。（责任单位：人行石家庄中心支行、河北银保监局、省金融办） （4）创新金融服务方式。银行业金融机构要加强对互联网、大数据、云计算、区块链等信息技术的运用，积极推进与工商、税务、行政审批等部门的数据直联，以信息化手段改造信贷流程和信用评级模型，降低运营管理成本，提高贷款发放效率和服务便利度。引导供应链核心企业（含外贸综合服务企业）、商业银行与应收账款融资服务平台对接，推动政府采购人及时在政府采购网依法公开政府采购合同等信息，帮助小微供应商开展融资。为流动资金周转续贷到期的符合条件的银行贷款开通"绿色通道"，加快续贷不动产抵押登记手续，开展无还本续贷业务。（责任单位：人行石家庄中心支行、河北银保监局、省财政厅、省科技厅、省商务厅、省自然资源厅、省工业和信息化厅、省市场监管局、省税务办）

续表

发布时间	发布单位	文件名称	主要内容
2018年11月17日	河北省人民政府办公厅	河北省支持中小企业融资若干措施	(5)鼓励中小企业挂牌上市融资。以"专精特新"中小企业和科技型中小企业为重点，动态调整拟上市后备企业资源库，加大上市考核力度，实施精准培育，分类对接多层次资本市场。对企业境内外主板、创业板上市、在股权交易市场挂牌的企业，按照省政府有关规定给予奖励。（责任单位：省金融办、河北证监局、省财政厅、省工业和信息化厅） (6)发挥保险融资增信作用。继续推进落实"政银保"融资工作，采取企业自愿参加、保险公司提供贷款保证信用保险、银行提供贷款，财政给予定比例分担的合作融资模式。各市、县（市、区）财政根据本地实际出资补偿额度，专项用于保险投保补贴和风险补偿。保险公司承保后，为企业出具增信保单，银行出具按照不超过同期银行贷款基准利率上浮30%向借款人提供贷款，财政按约定比例给予定额补贴。当贷款（本金和利息）发生损失时，损失部分由银行、保险公司、县级财政出资设立省级财政补偿资金，以市、县（市、区）财政补偿资金上年度实际支出金额为基数，按30%的比例计算予以补助。对年出口额20万～300万美元的中小出口企业给予100%保费扶持。积极推广无抵押、无担保推出口应收账款融资，中小出口企业在中国信保投保短期出口信用保险，将赔款权益转让给银行后，银行向其提供出口保单融资。（责任单位：省财政厅、河北银保监局、省商务厅、各市（含定州、辛集市、下同）、县政府、雄安新区管委会） (7)鼓励中小企业债券融资。在完善债券融资的前提下，支持各类中小企业综合利用金融机构、资本市场等多种渠道进行直接融资。对成功发行资产支持证券、资产证券化产品的企业，按不超过资产支持证券发行金额1‰的比例予以奖励，小微企业专项金融债券融资。对成功发行资产支持票据的企业，按不超过发行金额1‰的比例予以奖励。对成功在河北省区域内发行小微企业专项金融债券、募集资金专项用于支持小微企业的企业，按不超过发行金额1‰的比例予以奖励。鼓励金融机构依法进行工商注册和税务登记的企业，募集资金专项用于支持小微企业。（责任单位：省金融办、省财政厅、人行石家庄中心支行、河北证监局） (8)完善融资担保体系建设。到2020年底，全省所有的县（市、区）都要建立中小企业政策性担保体系，并设立融资担保风险补偿资金。对融资担保公司的营利性考核，重点考核其为中小企业和"三农"担保业务。取消对政府性融资担保公司的营利性考核，重点考核其为中小企业、实体经济等适当保费补助、综合担保业务实施融资担保费用补贴政策，实施保费补助，综合担保费率不超过3%。进一步扩大省再担保财政部门可为中小企业提供融资担保的机构为河北省级再担保机构以再担保业务为纽带，构建全省统一的再担保体系。公司实力，有效对接国家融资担保基金，推动各再担保公司、省再担保公司、合作银行，当地政府按照承担风险约定比例的政银担推动建立融资担保风险由融资担保公司、省再担保公司、合作银行、省工业和信息化厅、各市、县政府的政银担风险分担机制。（责任单位：省金融办、省财政厅、省国资委、省工业和信息化厅、各市、县政府、雄安新区管委会）

续表

发布时间	发布单位	文件名称	主要内容
2018年11月17日	河北省人民政府办公厅	河北省支持中小企业融资若干措施	(9) 完善科技型中小企业贷款风险补偿机制，完善符合支持方向的科技型中小企业，由省财政科技资金提供一定比例的增信资金，完善风险补偿资金池。对合作银行向科技型中小企业发放的信用权质押贷款形成的不良贷款，按照损失的70%进行补助，补助金额不超过其当年实际发放相应贷款的4%；对合作银行向此类中小企业发放的其他形式贷款形成的不良，按照损失的50%进行补助，补助金额不超过其当年实际发放的科技型中小企业贷款总额的3%。（责任单位：省科技厅、省财政厅、省金融办、河北银保监局、人行石家庄中心支行） (10) 支持各类金融主体落地发展。推动银行、证券、信托、保险、金融租赁、基金、期货等金融业态向雄安新区、石家庄市和其他重点城市布局，设立分支机构和子公司。发展好创业投资、天使投资、中小企业发展等引导基金的作用。对有河北省中小企业股权超过6个月、直接投资额达到3 000万元（含）以上的股权投资基金（除投资于房地产业之外），由省级财政按不超过其实际投资额的1%给予奖励，最高不超过1 000万元。（责任单位：省金融办、河北银保监局、河北证监局、人行石家庄中心支行、省科技厅、省财政厅、省工业和信息化厅、各市、县政府、雄安新区管委会） (11) 加大中小企业金融资服务力度。自2019年起，市、县两级政府根据实际情况，在本级财政预算中安排中小企业发展专项资金。鼓励各类服务机构为中小企业提供投资融资、财会税务、产权交易服务等服务。进一步强化财政资金的引导撬动作用，综合运用风险补偿、无息委托金融机构形式支持中小企业技术改造、加快转型升级步伐。积极为金融机构和企业提供多层次、多形式的银企对接服务，省级每半年、市县级每季度举办一次银企对接活动。（责任单位：省金融办、省工业和信息化厅、河北银保监局、人行石家庄中心支行、各市、县政府、雄安新区管委会） (12) 建立完善中小企业应急周转池。按照"政府推动、企业互助、银行支持、市场运作、安全有偿"的原则，鼓励市、县政府设立中小企业应急资金周转池，以政银企互助的形式，鼓励中小企业出资加入资金周转池，企业按照约定比例承担风险的政银风险分担机制，解决中小企业应急性流动资金的短缺难题。（责任单位：河北银保监局、省金融办、各市、县政府、雄安新区管委会）

续表

发布时间	发布单位	文件名称	主要内容
2018年11月17日	河北省人民政府办公厅	河北省支持中小企业融资若干措施	(13) 加快信用信息共享机制和共享平台建设。在加强全社会诚信体系建设的前提下，充分利用网络信息化技术手段，发挥全省信用信息平台的核心枢纽作用，加快推进各地各部门信用信息系统互联互通，全面建成集合金融、注册登记、税收缴纳、社保缴费、行政执法等信用信息的统一平台，有效解决银企信息不对称问题。按照《企业信息公示暂行条例》《河北省政府部门涉企信息统一归集公示管理暂行办法》有关规定，积极推动政府有关部门将涉企信用信息通过"河北省法人库"统一归集至国家企业信用信息公示系统（河北），并向社会公示，提高中小企业信用信息透明度。（责任单位：省发展改革委、人行石家庄中心支行、省市场监管局、省税务局、石家庄海关、省人力资源社会保障厅、省商务厅、省科技厅、省农业农村厅等部门，各市、县政府，雄安新区管委会）
			(14) 夯实中小企业信用基础。建立完善企业守信"红名单"和失信"黑名单"制度，引导中小企业强化市场意识、履约意识、诚信意识，依法开展生产经营活动，提高企业信用等级。鼓励有条件的中小企业设立信用管理部门，培养复合型金融人才。支持银行业金融机构依法维护金融债权，依法打击恶意逃废银行债务行为。（责任单位：省发展改革委、人行石家庄中心支行、省工业和信息化厅、省市场监管局、省税务局等部门，各市、县政府，雄安新区管委会）

参 考 文 献

[1] 常莹莹，曾泉. 环境信息透明度与企业信用评级——基于债券评级市场的经验证据 [J]. 金融研究，2019 (5)：132 - 151.

[2] 陈超，李镕伊. 审计能否提高公司债券的信用评级 [J]. 审计研究，2013 (5)：59 - 66.

[3] 陈燕. 资本结构理论和企业最优资本结构研究 [J]. 对外经贸，2010 (9)：94 - 95.

[4] 迟国泰，于善丽. 基于违约鉴别能力最大的信用等级划分方法 [J]. 管理科学学报，2019，22 (11)：106 - 126.

[5] 迟国泰，张亚京，石宝峰. 基于 Probit 回归的小企业债信评级模型及实证 [J]. 管理科学学报，2016，19 (6)：136 - 156.

[6] 丁东洋，周丽莉. 基于贝叶斯方法的信用评级模型构建与违约概率估计 [J]. 统计与信息论坛，2010，25 (9)：8 - 15.

[7] 杜永强，迟国泰. 基于指标甄别的绿色产业评价指标体系构建 [J]. 科研管理，2015，39 (9)：119 - 127.

[8] 樊锰，汪媛维，张竹海，仇新卫. 基于 AHP 法的中小企业信用评级模型研究 [J]. 财会通讯，2010 (6)：139 - 142.

[9] 高柳娜. 供应链金融下中小企业的信用评级分析 [J]. 全国流通经济，2020 (25)：150 - 152.

[10] 耿得科. 融资异质性、信用评级与发债成本 [J]. 学术研究，2018 (6)：92 - 99.

[11] 顾小龙，施燕平，辛宇. 风险承担与公司债券融资成本：基于信用评级的策略调整视角 [J]. 财经研究，2017，43 (10)：134 - 145.

[12] 何靖. 宏观经济环境影响资本结构调整速度吗？——来自中国上市公司的经验证据 [J]. 南方经济，2010，28 (12)：3 - 16.

[13] 何平，金梦．信用评级在中国债券市场的影响力［J］．金融研究，2010（4）：15-28．

[14] 洪艺珣，王志强．国外资本结构动态权衡理论实证研究脉络梳理与未来展望［J］．外国经济与管理，2011，33（5）：57-64．

[15] 侯昊鹏．国内外企业信用评级指标体系研究的新关注［J］．经济学家，2012（5）：88-97．

[16] 侯昊鹏．企业信用评级指标体系创新的引领维度［J］．社会科学研究，2012（5）：60-65．

[17] 侯昊鹏．中小企业信用评级指标体系的缺陷与重构［J］．天府新论，2013（5）：60-64，104．

[18] 胡海青，张琅，张道宏．供应链金融视角下的中小企业信用风险评估模型——基于 SVM 与 BP 神经网络的比较研究［J］．管理评论，2012，24（11）：70-80．

[19] 黄国平．评级功能视角下的利益冲突和付费模式［J］．证券市场导报，2012（10）：67-72．

[20] 黄世忠，叶钦华，徐珊，等．2010～2019年中国上市公司财务舞弊分析［J］．财会月刊，2020（14）：153-160．

[21] 江龙，宋常，刘笑松．经济周期波动与上市公司资本结构调整方式研究［J］．会计研究，2013（7）：28-34，96．

[22] 姜付秀，黄继承．市场化进程与资本结构动态调整［J］．管理世界，2011（3）：124-134．

[23] 姜付秀，屈耀辉，陆正飞，等．产品市场竞争与资本结构动态调整［J］．经济研究，2008（4）：99-110．

[24] 孔爱国，薛光煜．中国上市公司资本结构调整能力的实证研究［J］．复旦学报（社会科学版），2005（4）：39-46．

[25] 寇宗来，盘宇章，刘学悦．中国的信用评级真的影响发债成本吗？［J］．金融研究，2015（10）：81-98．

[26] 黎智俊．企业信用评级与资本结构决策［J］．财经界，2015（35）：51．

[27] 李聪．信用风险对我国上市公司资本结构的影响浅析［D］．济

南：山东大学，2008.

[28] 李飞鹏. 信用评级与债券市场定价影响研究 [D]. 成都：西南财经大学，2012.

[29] 李鸿禧. 企业信用评级的国际经验与方法研究 [J]. 新金融，2020 (1)：54-58.

[30] 李建军，宗良，甄峰. 主权信用评级与国家风险的逻辑关系与实证研究 [J]. 国际金融研究，2012 (12)：41-46.

[31] 李明明，秦凤鸣. 担保机制、信用评级与中小企业私募债融资成本 [J]. 证券市场导报，2015 (9)：56-62.

[32] 李琦，罗炜，谷仕平. 企业信用评级与盈余管理 [J]. 经济研究，2011 (S2)：88-99.

[33] 李薇. 基于 KMV 模型的上市公司信用风险度量研究 [D]. 成都：西南财经大学，2013.

[34] 李亚平，黄泽民. 信用评级、债券增信与中期票据融资成本 [J]. 上海金融，2017 (2)：45-51.

[35] 李悦，熊德华，张峥，等. 公司财务理论与行为——来自167家中国上市公司的证据 [C]. 2007 年中国国际金融年会，2007.

[36] 连玉君，钟经樊. 中国上市公司资本结构动态调整机制研究 [J]. 南方经济，2007 (1)：23-38.

[37] 梁柱. 信用评级、机构异质性与债券利差 [C]. 中国经济可持续发展博士后学术论坛，2013.

[38] 林晚发，陈晓雨. 信用评级调整有信息含量吗？——基于中国资本市场的证据 [J]. 证券市场导报，2018 (7)：29-37.

[39] 林晚发，李国平，何剑波，等. 媒体监督与债务融资成本——基于中国发债上市公司的经验证据 [J]. 中国会计评论，2014 (Z1)：479-498.

[40] 林晚发，刘颖斐. 信用评级调整与企业杠杆——基于融资约束的视角 [J]. 经济管理，2019，41 (6)：176-193.

[41] 林晚发，王雅炯，幸丽霞. 企业定性信息与债券信用评级：基于股权性质的分析 [J]. 中国软科学，2020 (4)：123-131.

[42] 刘爱文. 2007-09 国际金融危机信用风险转移路径剖析 [J].

晋阳学刊, 2012 (5): 48-55.

[43] 刘浩, 彭一浩, 张静. 谁能获得"信用贷款"?——贷款性质结构与会计信息质量关系研究 [J]. 财贸经济, 2010 (7): 26-34.

[44] 陆正飞, 高强. 中国上市公司融资行为研究——基于问卷调查的分析 [J]. 会计研究, 2003 (10): 16-24, 65.

[45] 陆正飞, 何捷, 窦欢. 谁更过度负债: 国有还是非国有企业? [J]. 经济研究, 2015 (12): 54-67.

[46] 马黎政, 杨奔. 信用评级信息对定向增发折价的影响研究 [J]. 财经问题研究, 2015 (10): 53-59.

[47] 麦勇, 胡文博, 于东升. 上市公司资本结构调整速度的区域差异及其影响因素分析——基于2000~2009年沪深A股上市公司样本的研究 [J]. 金融研究, 2011 (7): 196-206.

[48] 孟庆福, 杜元园, 曲华锋. 信用评级的新方法——多元自适应回归样条在民营企业信用评级中的应用 [J]. 广东金融学院学报, 2011, 26 (5): 65-76.

[49] 潘越, 邢天才. 企业信用评级与资本结构决策 [J]. 投资研究, 2015, 34 (1): 108-120.

[50] 庞素琳, 何毅舟, 汪寿阳, 蒋海. 基于风险环境的企业多层交叉信用评分模型与应用 [J]. 管理科学学报, 2017, 20 (10): 57-69.

[51] 卿固, 辛超群. 信用评级方法模型的研究综述与展望 [J]. 西部金融, 2015 (5): 41-45.

[52] 沈红波, 李佳娇, 华凌昊. 信息不对称、担保增信机制与私募债融资成本 [J]. 证券市场导报, 2019 (10): 51-59.

[53] 沈红波, 廖冠民. 信用评级机构可以提供增量信息吗——基于短期融资券的实证检验 [J]. 财贸经济, 2014 (8): 62-70.

[54] 施燕平, 刘娥平. 资本结构调整、信用评级与公司债券融资成本 [J]. 财贸研究, 2018, 29 (1): 86-98.

[55] 史小康, 常志勇. 两类有偏 logistic 分布在信用评分模型中的应用 [J]. 统计与决策, 2015 (14): 19-23.

[56] 史学勇, 李元. 信用评级的方法 [J]. 广州大学学报 (自然科

学版），2004，3（6）：495 – 498.

［57］史志超. 主体信用评级变化与盈余管理［D］. 成都：西南财经大学，2014.

［58］谭中明，胡百灵，卜松. 保险公司资信评级指标体系的设计与应用［J］. 保险研究，2012（11）：21 – 29.

［59］谭中明，张京. 中小企业信用担保机构评级指标体系研究［J］. 财会通讯，2012（7）：22 – 24.

［60］田强. 信用评级对我国上市公司资本结构影响研究［D］. 北京：北京邮电大学，2013.

［61］王芳. 基于 KMV 模型的制造业上市公司信用风险评价研究［J］. 预测，2013，32（2）：60 – 63.

［62］王淑娜. 宏观经济环境、融资约束和资本结构动态调整［D］. 北京：首都经济贸易大学，2014.

［63］王晓鲁，胡李鹏，樊纲. 中国分省份市场化指数报告［M］. 北京：社会科学文献出版社，2021.

［64］王雄元，张春强. 声誉机制、信用评级与中期票据融资成本［J］. 金融研究，2013（8）：150 – 164.

［65］王跃堂，王亮亮，彭洋. 产权性质、债务税盾与资本结构［J］. 经济研究，2010（9）：122 – 136.

［66］吴健，朱松. 流动性预期、融资能力与信用评级［J］. 财政研究，2012（7）：72 – 75.

［67］吴亮，庄亚明，赵磊. 银行间市场中信用事件风险传染分析——基于银行主体信用评级变化的风险传染建模研究［J］. 东南大学学报（哲学社会科学版），2017，19（6）：74 – 79，147.

［68］吴育辉，吴世农，魏志华. 管理层能力、信息披露质量与企业信用评级［J］. 经济管理，2017，39（1）：165 – 180..

［69］吴育辉，翟玲玲，吴世农. 信用评级与资本结构——来自中国 A 股上市公司的经验证据［J］. 厦门大学学报（哲学社会科学版），2019（4）：41 – 52.

［70］吴祖光，万迪昉，吴卫华. 国际信用评级监管改革对我国信用

评级行业的启示 [J]. 金融监管研究, 2013 (4): 58 - 77.

[71] 夏利宇, 何晓群. 基于半参数方法进行拒绝推断的信用评级模型 [J]. 管理评论, 2018, 30 (10): 40 - 48.

[72] 夏颖. 关于信用评级对债券回报率的实证研究. 财经界 [J]. 2010 (8): 50 - 51, 53.

[73] 肖瑞婷, 冀志芳. 美国信用评级监管实践对我国的启示 [J]. 西部金融, 2013 (6): 61 - 63.

[74] 肖作平. 资本结构影响因素和双向效应动态模型——来自中国上市公司面板数据的新证据 [J]. 经济评论, 2004 (2): 98 - 103.

[75] 许友传. 银行信用评级的信息质量及其次级债事前约束 [J]. 金融研究, 2017 (7): 105 - 122.

[76] 杨龙光, 吴晶妹. 基于统计与聚类的信用评级新方法 [J]. 统计与决策, 2016 (3): 13 - 16.

[77] 杨思静, 杜海霞. 商业银行客户信用评级研究——基于平衡计分卡视角 [J]. 技术经济与管理研究, 2015 (4): 89 - 93.

[78] 殷建红, 杜亚怀, 张瑞君. 商业信用评级模型的构建与优化——P 公司案例研究 [J]. 经济理论与经济管理, 2014 (8): 89 - 102.

[79] 于善丽, 迟国泰, 姜欣. 基于指标体系违约鉴别能力最大的小企业债信评级体系及实证 [J]. 中国管理科学, 2020, 28 (6): 38 - 50.

[80] 余雪静. 我国上市公司资本结构动态调整模型及实证研究 [D]. 长沙: 湖南大学, 2013.

[81] 张璨. 商业银行混业经营的利弊分析及我国商业银行经营的现状 [J]. 中国市场, 2010 (39): 42 - 44.

[82] 张瀚文. 证券市场信息不对称状态二次调整——以证券评级提高公众投资者信息利用效益展开 [J]. 学术研究, 2013 (7): 59 - 63.

[83] 张洪祥, 毛志忠. 基于多维时间序列的灰色模糊信用评级研究 [J]. 管理科学学报, 2011, 14 (1): 28 - 37.

[84] 张建行. 企业性质与资本结构动态调整研究 [D]. 北京: 首都经济贸易大学, 2014.

[85] 张金宝. 基于完全信息的测算信用等级违约概率的新方法 [J].

数量经济技术经济研究, 2018, 35 (6): 149 – 164.

[86] 张强, 张宝. 金融危机背景下我国信用评级机构声誉机制研究 [J]. 经济经纬, 2010 (1): 150 – 154.

[87] 张淑君. 论信用等级对债券利差的解释作用 [J]. 现代财经 (天津财经大学学报), 2013 (1): 71 – 79.

[88] 张双双, 张帆, 耿鹏. 我国评级机构信用风险计量模型建设的思考与建议 [J]. 上海金融, 2016 (12): 46 – 50.

[89] 张婷. 信用评级对债券融资成本的影响 [J]. 浙江金融, 2015 (4): 48 – 53.

[90] 张旭昆, 李晓红. 我国债券评级市场效率研究——基于国有企业和民营企业发债的比较分析 [J]. 证券市场导报, 2015 (3): 53 – 57.

[91] 张奕, 艾春荣, 洪占卿. 信用评级与银行风险管理 [J]. 金融论坛, 2014, 19 (1): 50 – 59, 72.

[92] 张泽珩, 胡俊彧, 仇雪阳, 等. 互联网背景下科技型中小企业信用评级指标体系 [J]. 现代商贸工业, 2020, 41 (24): 129 – 130.

[93] 赵立军, 张瑾. 信用评级机构能对发债企业进行有效监督吗?——基于主体信用评级对股利政策影响的视角 [J]. 华东经济管理, 2019, 33 (12): 145 – 153.

[94] 赵新午, 朱小丽. 中国企业信用评级的现状与问题分析 [J]. 时代金融旬刊, 2012 (18): 92 – 93.

[95] 赵雨晴, 李津津, 茅筱远. 信用环境、评级调整与信用利差 [J]. 上海金融, 2020 (5): 44 – 52.

[96] 赵志冲, 迟国泰. 基于似然比检验的工业小企业债信评级研究 [J]. 中国管理科学, 2017, 25 (1): 45 – 56.

[97] 郑大川. 信用评级方法研究综述和展望 [J]. 管理现代化, 2013 (6): 117 – 119.

[98] 周晓彧. 中小企业商业银行信用风险评级体系研究 [J]. 东南大学学报 (哲学社会科学版), 2014, 16 (S2): 33 – 36.

[99] 朱冬琴, 马嘉应. 信用贷款、金融发展与企业家声誉的信号传递 [J]. 上海经济研究, 2012 (5): 36 – 47.

[100] 朱松, 陈关亭, 黄小琳. 集中持股下的独立审计作用: 基于债券市场信用评级的分析 [J]. 会计研究, 2013 (7): 86 - 92, 96 - 97.

[101] 邹纯. 信用评级高估与融资的所有制歧视——基于中国公司债的数据 [J]. 经济与管理研究, 2015 (7): 44 - 52.

[102] Abad P, Robles M D. Credit rating agencies and idiosyncratic risk: Is there a linkage? Evidence from the Spanish market [J]. International Review of Economics & Finance, 2014, 33 (3): 152 - 171.

[103] Amin A S, Jain P, Malik M. Stock market reaction to credit rating changes: New evidence [J]. Asia-Pacific Journal of Accounting & Economics, 2018.

[104] Adam T, Goyal V K. The investment opportunity set and its proxy variables [J]. Journal of Financial Research, 2015, 31 (1): 41 - 63.

[105] Antoniou A, Guney Y, Paudyal K. The determinants of debt maturity structure: Evidence from France, Germany and the UK [J]. European Financial Management, 2006, 12 (2): 161 - 194.

[106] Avramov D, Chordia T, Jostova G, et al. Dispersion in analysts' earnings forecasts and credit rating [J]. Journal of Financial Economics, 2009, 91 (1): 83 - 101.

[107] Bai M, Huang X. How do Chinese listed companies adjust their capital structure toward targets? [C]. Service Systems and Service Management (ICSSSM), 2011 8th International Conference on. IEEE, 2011: 1 - 5.

[108] Bosch O, Steffen S. On syndicate composition, corporate structure and the certification effect of credit ratings [J]. Journal of Banking & Finance, 2011, 35 (2): 290 - 299.

[109] Buyl T, Boone C, Wade J B. CEO narcissism, risk-taking, and resilience: An empirical analysis in U. S. Commercial Banks [J]. Journal of Management, 2019, 45 (4): 1372 - 1400.

[110] Byoun S. Information content of unsolicited credit ratings and incentives of rating agencies: A theory [J]. International Review of Economics & Finance, 2014, 33 (3): 338 - 349.

［111］ Cao Y, Xiong S. A sustainable financing credit rating model for China's small-and medium-sized enterprises ［J］. Mathematical Problems in Engineering, 2014: 1 - 5.

［112］ Chan K C, Lo Y L. Credit ratings and long-term IPO performance ［J］. Journal of Economics and Finance, 2011, 35 (4): 473 - 483.

［113］ Chatterjee A, Hambrick D C. Executive personality, capability cues, and risk taking: How narcissistic CEOs react to their successes and stumbles ［J］. Administrative Science Quarterly, 2011, 56 (2): 202 - 237.

［114］ Chen S S, Chen H Y, Chang C C, Yang S L. How do sovereign credit rating changes affect private investment ［J］. Journal of Banking & Finance, 2013, 37 (12): 4820 - 4833.

［115］ Cheng M, Neamtiu M. An empirical analysis of changes in credit rating properties: Timeliness, accuracy and volatility ［J］. Journal of Accounting & Economics, 2009, 47 (S1 - 2): 108 - 130.

［116］ Clark B J, Francis B B, Hasan I. Do firms adjust toward target capital structures? Some international evidence ［J］. SSRN Electronic Journal, 2009.

［117］ Cook D O, Tang T. Macroeconomic conditions and capital structure adjustment speed ［J］. Journal of Corporate Finance, 2010, 16 (1): 73 - 87.

［118］ De Jong J P J, Freel M. Absorptive capacity and the reach of collaboration in high technology small firms ［J］. Research Policy, 2010, 39 (1): 47 - 54.

［119］ Deangelo H, Roll R. How stable are corporate capital structures? ［J］. Journal of Finance, 2011, 70 (1): 373 - 418.

［120］ DeAngelo H, DeAngelo L, Whited T. Capital structure dynamics and transitory debt ［J］. Journal of Financial Economics, 2011, 99: 235 - 261.

［121］ Deboskey D G, Gillett P R. The impact of multi-dimensional corporate transparency on U. S. firms' credit ratings and cost of capital ［J］. Review of Quantitative Finance & Accounting, 2013, 40 (1): 101 - 134.

［122］ Dhawan R, Yu F. Are credit ratings relevant in China's corporate bond market? [J]. The Chinese Economy, 2015, 48 (3): 235 – 250.

[123] Ding S, Ma Y, Zhou H. Implementation of dynamic credit rating method based on clustering and classification technology [J]. Cluster Computing, 2019, 22 (6): 13711 – 13721.

[124] Drobetz W, Heller S. The impact of credit rating changes on capital structure decisions: Evidence from Non-Listed Firms in Germany [J]. Social Science Electronic Publishing, 2014.

[125] Du Y. Enterprise credit rating based on genetic neural network [C]. MATEC Web of Conferences. EDP Sciences, 2018, 227: 2011.

[126] Faiza S, Muhammad Z. Credit rating as a mechanism for capital structure optimization: Empirical evidence from panel data analysis [J]. International Journal of Financial Studies, 2018, 6 (1): 13.

[127] Faulkender M, Flannery M J, Hankins K W, et al. Cash flows and leverage adjustments [J]. Journal of Financial Economics, 2012, 103 (3): 632 – 646.

[128] Faulkender M, Kadyrzhanova D, Prabhala N, Senbet, L. Executive compensation: An overview of research on corporate practices and proposed reforms [J]. Journal of Applied Corporate Finance, 2010, 22 (1): 107 – 118.

[129] Faulkender M, Petersen M A. Does the source of capital affect capital structure? [J]. Journal of the Louisiana State Medical Society Official Organ of the Louisiana State Medical Society, 2006, 19 (1): 45 – 79.

[130] Flannery M J, Hankins K W. A theory of capital structure adjustment speed [J]. Working Paper, 2007.

[131] Flannery M J, Rangan K P. Partial adjustment toward target capital structures [J]. SSRN Electronic Journal, 2006, 79 (3): 469 – 506.

[132] Gerstner W C, Koenig A, Enders A, Hambrick D C. CEO narcissism, audience engagement, and organizational adoption of technological discontinuities [J]. Administrative Science Quarterly, 2013, 58 (2): 257 – 291.

[133] Getzmann A, Lang S, Spremann K. Target capital structure and ad-

justment speed in Asia [J]. Asia-Pacific Journal of Financial Studies, 2014, 43 (1): 1 – 30.

[134] Gong P, Zhang Z, Management S O. Study of heterogeneity in speed of capital structure dynamic adjustment [J]. Management Review, 2014.

[135] Graham J R, Harvey C R. The theory and practive of corporate finance: Evidence from the field [J]. Journal of Financial Economics, 2001, 60 (1): 187 – 243 (57).

[136] Graham J R, Leary M T, Roberts M R. A century of capital structure: The leveraging of corporate America [J]. Journal of Financial Economics, 2014, 118 (196): 146 – 148.

[137] Grossman G M, Helpman E. Trade, knowledge spillovers, and growth [J]. European Economic Review, 1991, 35 (2 – 3): 517 – 526.

[138] He Y, Wang J, Wei K C J. Do bond rating changes affect the information asymmetry of stock trading? [J]. Journal of Empirical Finance, 2011, 18 (1): 103 – 116.

[139] Hovakimian A, Hovakimian G, Tehranian H. Determinants of target capital structure: The case of dual debt and equity issues [J]. Journal of Financial Economics, 2004, 71 (3): 517 – 540.

[140] Hovakimian A, Li G. Do Firms have unique target debt ratios to which they adjust? [J]. SSRN Electronic Journal, 2009.

[141] Hovakimian A, Opler T, Titman S. The debt-equity choice [J]. Journal of Financial & Quantitative Analysis, 2001, 36 (1): 1 – 24.

[142] Hu X, Huang H, Pan Z, et al. Information asymmetry and credit rating: A quasi-natural experiment from China [J]. Journal of Banking & Finance, 2019, 106: 132 – 152.

[143] Huang Y L, Shen C H. Cross-country variations in capital structure adjustment—The role of credit ratings [J]. International Review of Economics & Finance, 2015, 39: 277 – 294.

[144] Hung C H D, Banerjee A, Meng Q. Corporate financing and anticipated credit rating changes [J]. Review of Quantitative Finance and Account-

ing, 2017, 48: 893 −915.

[145] Jensen M C, Meckling W H. The theory of the firm: Managerial behavior, agency costs and ownership structure. [J]. Journal of Financial Economic Policy, 1976, October (3): 305 −360.

[146] Jorion P, Zhang G. Good and bad credit contagion: Evidence from credit default swaps [J]. Journal of Financial Economics, 2007, 84 (3): 860 −883.

[147] Kapoor A, Sachdeva S, Gupta A. Monitoring abnormality in returns around credit rating announcements [J]. Social Science Electronic Publishing, 2013.

[148] Kaviani M, Kryzanowski L, Maleki H. Credit ratings and capital structure persistence [R]. Working Paper, 2015.

[149] Kemper K J, Rao R P. Credit watch and capital structure [J]. Applied Economics Letters, 2013, 20 (13): 1202 −1205.

[150] Kemper K J, Rao R P. Do credit ratings really affect capital structure? [J]. Financial Review, 2013, 48 (4): 573 −595.

[151] Keynes J M. The General Theory of Employment, Interest and Money [J]. Foreign affairs (Council on Foreign Relations), 1936, 7 (5).

[152] Khieu H, Pyles M. Debt maturity structure and corporate investments following a credit rating change [Z]. Working Paper, 2011.

[153] Kisgen D J. Credit Ratings and Capital Structure [J]. Journal of Finance, 2006, 61 (3): 1035 −1072.

[154] Kisgen D J. Do firms target credit ratings or leverage levels? [J]. Journal of Financial and Quantitative Analysis, 2009, 44: 1323 −1344.

[155] Korajczyk R A, Levy A. Capital structure choice: macroeconomic conditions and financial constraints [J]. Journal of Financial Economics, 2003, 68 (1): 75 −109.

[156] Korteweg A. The net benefits to leverage [J]. Journal of Finance, 2010, 65 (6): 2137 −2170.

[157] Koziol C, Lawrenz J. Optimal design of rating-trigger step-up

bonds: Agency conflicts versus asymmetric information [J]. SSRN Electronic Journal, 2010, 16 (2): 182 – 204.

[158] Krichene A F, Khoufi W. The determinants of issuers' long term credit ratings: American S&P500 index [J]. International Journal of Accounting and Economics Studies, 2015, 3 (1): 78.

[159] Leary M, Roberts M. Do firms rebalance their capital structures [J]. Journal of Finance, 2005, 60: 2575 – 2619.

[160] Li B, Li H, Gong M. Establishment of a mathematical model for enterprise credit risk recognition and rating based on hybrid learning algorithms [C]. IOP Conference Series: Materials Science and Engineering, 2019, 563: 52036.

[161] Matthies A B. Empirical research on corporate credit-ratings: A literature review [J]. SFB 649 Discussion Papers, 2013 (SFB649DP2013 – 003).

[162] May A D. The impact of bond rating changes on corporate bond Prices: New evidence from the over-the-counter market [J]. SSRN Electronic Journal, 2010, 34 (11): 2822 – 2836.

[163] Meng B, Chi G T. New combined weighting model based on maximizing the difference in evaluation results and its application [J]. Mathematical Problems in Engineering, 2015: 1 – 9.

[164] Michelsen M, Klein C. The relevance of external credit ratings in the capital structure decision-making process [J]. SSRN Electronic Journal, 2011.

[165] Mittoo U R, Zhang Z. Bond market access, credit quality, and capital structure: Canadian evidence [J]. Financial Review, 2010, 45 (3): 579 – 602.

[166] Modigliani F, Miller M H. The cost of capital, corporation finance and the theory of investment. [J]. American Economic Review, 1958, 48 (3): 261 – 297.

[167] Mukherjee S, Mahakud J. Dynamic adjustment towards target cap-

ital structure: evidence from Indian companies [J]. Journal of Advances in Management Research, 2010, 7 (2): 250 – 266.

[168] Myers S C. Determinants of corporate borrowing [J]. Journal of Financial Economics, 1977, 5 (2): 147 – 175.

[169] Naeem S. Financial structure of UK firms: The influence of credit ratings [J]. University of Glasgow, 2012, 61 (12): 1199 – 1201.

[170] Nakamura L I, Roszbach K. Credit ratings and bank monitoring ability (No. 13 – 21) [R]. Federal Reserve Bank of Philadelphia, 2013.

[171] Nguyen T, Wu J. Capital Structure Determinants and Convergence [J]. Social Science Electronic Publishing, 2011.

[172] Nunes P M, Serrasqueiro Z, Leitão J. Is there a linear relationship between R&D intensity and growth? Empirical evidence of non-high-tech vs. high-tech SMEs [J]. Research Policy, 2012, 41 (1): 36 – 53.

[173] Ortega-Argilés R, Piva M, Potters L, et al. Is corporate R&D investment in high-tech sectors more effective? [J]. Contemporary Economic Policy, 2010, 28 (3): 353 – 365.

[174] Ostry J D, Ghosh A R, Chamon M, et al. Tools for managing financial-stability risks from capital inflows [J]. Journal of International Economics, 2012, 88 (2): 407 – 421.

[175] Pigou A C. The economics of welfare [M]. London: Macmillan, 1920.

[176] Poon W P H, Chan K C, Firth M A. Does having a credit rating leave less money on the table when raising capital? A study of credit ratings and seasoned equity offerings inChina [J]. Pacific-Basin Finance Journal, 2013, 22: 88 – 106.

[177] Nunkoo P K, Boateng A. The empirical determinants of target capital structure and adjustment to long-run target: Evidence from Canadian firms [J]. Applied Economics Letters, 2010, 17 (10): 983 – 990.

[178] Rajan R G, Zingales L. The influence of the financial revolution on the nature of firms [J]. American Economic Review, 2001, 91 (2):

206 – 211.

[179] Rauh J D, Sufi A. Explaining corporate capital structure: Product markets, leases, and asset similarity [J]. Review of Finance, 2012, 16 (1): 115 – 155.

[180] Robert J R. Why credit rating agencies exist [J]. Economic Notes, 2015, 44 (2): 161 – 176.

[181] Romer P M. Endogenous technological change [J]. Journal of political Economy, 1990, 98 (5, Part 2): S71 – S102.

[182] Romer P M. Growth based on increasing returns due to specialization [J]. The American Economic Review, 1987, 77 (2): 56 – 62.

[183] Romer P M. Increasing returns and long-run growth [J]. Journal of political economy, 1986, 94 (5): 1002 – 1037.

[184] Samaniego-Medina R, Pietro F D. Rating and capital structure: How do the signs affect the speed of adjustment? [J]. Journal of International Financial Management & Accounting, 2019, 30 (3): 188 – 202.

[185] Samuelson P, Nordhaus W. Micro-economics: Principles, problems, and policies [M]. 14th ed. McGraw-Hill, Inc, 1992.

[186] Shi B, Chi G, Li W. Exploring the mismatch between credit ratings and loss-given-default: A credit risk approach [J]. Economic Modelling, 2020, 85: 420 – 428.

[187] Silvia A, Sebastiano M. The financing of innovative SMEs: A multicriteria credit rating model [J]. European Journal of Operational Research, 2015, 244 (2): 540 – 554.

[188] Smith D J, Chen J, Anderson H D. The relationship between capital structure and product markets: evidence from New Zealand [J]. Review of Quantitative Finance & Accounting, 2012, 38 (1): 1 – 24.

[189] Solow R M. Technical change and the aggregate production function [J]. The review of Economics and Statistics, 1957: 312 – 320.

[190] Stiglitz J E, Weiss A. Credit rationing in markets with imperfect information [J]. The American economic review, 1981, 71 (3): 393 – 410.

［191］ Sumon K B, Vinh D, Ali M K. Implications of bank ownership for the credit channel of monetary policy transmission: Evidence from India ［J］. Journal of Banking & Finance, 2011, 35 （9）: 2418 – 2428.

［192］ Syau Y R, Hsieh H T, Lee E S. Fuzzy numbers in the credit rating of enterprise financial condition ［J］. Review of Quantitative Finance and Accounting, 2001, 17 （4）: 351 – 360.

［193］ Titman S, Tsyplakov S. Originator performance, CMBS structures and yield spreads of commercial mortgages ［J］. SSRN Electronic Journal, 2007, 23 （9）: 3558 – 3594.

［194］ Titman S, Wessels R. The determinants of capital structure choice ［J］. Journal of Finance, 1988, 43 （1）: 1 – 19.

［195］ Utzig S. The Financial crisis and the regulation of credit rating agencies: A European Banking Perspective ［J］. Electronic Journal, 2010, 34 （188）.

［196］ Wales W J, Patel P C, Lumpkin G T. In pursuit of greatness: CEO narcissism, entrepreneurial orientation, and firm performance variance ［J］. Journal of Management Studies, 2013, 50 （6）: 1041 – 1069.

［197］ Wojewodzki M, Poon W P H, Shen J. The role of credit ratings on capital structure and its speed of adjustment: an international study ［J］. European Journal of Finance, 2018, 24 （7 – 9）: 735 – 760.

［198］ Yang H, Ahn H J, Kim M H, Ryu, D. Information asymmetry and investor trading behavior around bond rating change announcements ［J］. Emerging Markets Review, 2017, 32 （sep.）: 38 – 51.

［199］ Zhang X, Gao S, Jiao J. Moral hazard effects of corporate bond guarantee purchases: Empirical evidence from China ［J］. Journal of Economics and Behavioral Studies, 2018, 10 （5）: 100 – 115.

［200］ Zhi H, Yang Z. Research on credit rating of SMEs based on combination evaluation ［C］. International Conference on Business Management & Electronic Information. IEEE, 2011.

［201］ Zhou T, Xie J. Ultimate ownership and adjustment speed toward target capital structures: Evidence from China [J]. Emerging Markets Finance and Trade, 2015: 1 – 10.

[202] Zhu D H, Chen G. Narcissism, director selection, and risk-taking spending [J]. Strategic Management Journal, 2015, 36: 2075 – 2098.

图书在版编目（CIP）数据

京津冀高科技中小企业信用评级体系构建及应用效果
研究/刘婷著. —北京：经济科学出版社，2022.7
ISBN 978 - 7 - 5218 - 3882 - 4

Ⅰ. ①京…　Ⅱ. ①刘…　Ⅲ. ①高技术企业 - 中小企业 -
信用评级 - 研究 - 华北地区　Ⅳ. ①F279. 244. 4

中国版本图书馆 CIP 数据核字（2022）第 130885 号

责任编辑：初少磊　尹雪晶
责任校对：蒋子明
责任印制：范　艳

京津冀高科技中小企业信用评级体系构建及应用效果研究
刘　婷/著
经济科学出版社出版、发行　新华书店经销
社址：北京市海淀区阜成路甲 28 号　邮编：100142
总编部电话：010 - 88191217　发行部电话：010 - 88191522
网址：www. esp. com. cn
电子邮箱：esp@ esp. com. cn
天猫网店：经济科学出版社旗舰店
网址：http://jjkxcbs. tmall. com
北京季蜂印刷有限公司印装
710 × 1000　16 开　17.5 印张　270000 字
2022 年 7 月第 1 版　2022 年 7 月第 1 次印刷
ISBN 978 - 7 - 5218 - 3882 - 4　定价：78.00 元
（图书出现印装问题，本社负责调换。电话：010 - 88191510）
（版权所有　侵权必究　打击盗版　举报热线：010 - 88191661
QQ：2242791300　营销中心电话：010 - 88191537
电子邮箱：dbts@ esp. com. cn）